拍卖法律案例研究

刘双舟　编著

中国财政经济出版社

图书在版编目（CIP）数据

拍卖法律案例研究／刘双舟编著．—北京：中国财政经济出版社，2015.9
ISBN 978－7－5095－6240－6

Ⅰ．①拍…　Ⅱ．①刘…　Ⅲ．①拍卖法－案例－中国　Ⅳ．①D922.294.5

中国版本图书馆CIP数据核字（2015）第117126号

责任编辑：肖　蕾　　　　责任校对：王　英
封面设计：汪俊宇　　　　版式设计：董生平

中国财政经济出版社出版
URL：http：//www.cfeph.cn
E－mail：jiaoyu@cfeph.cn

社址：北京市海淀区阜成路甲28号　邮政编码：100142
营销中心电话：010－88190406　编辑部门电话：010－88190683
北京财经印刷厂印刷　各地新华书店经销
787×1092毫米　16开　10.75印张　243 000字
2015年7月第1版　2015年7月北京第1次印刷
定价：38.00元
ISBN 978－7－5095－6240－6/F·5025
（图书出现印装问题，本社负责调换）
本社质量投诉电话：010－88190744
打击盗版举报热线：010－88190492、QQ：634579818

序

我自2002年开始关注和研究拍卖法律，至今已有十余年了。这期间出于教学的需要，曾收集整理了一些拍卖活动中常见的法律案例，并形成了中央财经大学拍卖研究生课程进修班的内部使用教材。2008年受拍卖行业委托，在内部教材的基础上主撰完成了拍卖师资格考试用书《拍卖法案例分析教程》。随着我国法制建设的不断完善，与拍卖相关的一些法律法规陆续被修订。这些年拍卖行业也发生了很大变化，拍卖实践中又产生了许多新的法律问题。在为拍卖企业提供法律咨询过程中，逐步积累了一些新的带有一定典型意义的案例。我一直希望能把这些新的案例系统归纳和整理出来，重新编写一本研究拍卖法律案例方面的新书。但是由于忙于教学和其他事务，始终未能如愿。

直到2014年寒假期间，才得以正式着手开展写作。考虑到本书兼具有法律教学用书和拍卖实务指南的双重功能，我采取了与原《拍卖法案例分析教程》不同的编写体例，将拍卖法律原理与典型案例紧密结合起来。同时对搜集到的司法案例重新进行了改编，使每个案例要说明的核心问题更加突出，文字表述更为简练。初稿完成后，范干平、郑鑫尧和王旭三位老师对书稿提出了许多非常宝贵的建议，使得本书能够最终得以完善。

本书从以案说法的角度，运用拍卖法律原理分析了70余个典型的拍卖法律案例。除了供高等院校教学使用外，也可以供参加拍卖师资格考试的人士作为复习考试参考用书，还可以用作拍卖从业人员的工作指南。

由于理论水平有限，写作时间匆忙，书中难免有不当之处，敬请读者批评指正！

刘双舟

2014年11月3日

目　　录

第一章
拍卖原则与规则

第一节　拍卖原则

拍卖活动是一种特殊的民事活动，应当遵守民事活动的基本原则。《中华人民共和国拍卖法》（以下简称《拍卖法》）明确规定，拍卖活动应当遵守有关法律、行政法规，遵循公开、公平、公正、诚实信用的原则。这是我国民事法律确定的民事活动基本原则在拍卖活动中的具体要求和体现。《拍卖法》确立的基本原则可以归纳为：公开拍卖原则、公平拍卖原则、公正拍卖原则和诚实信用拍卖原则，它们共同构成了拍卖活动的基本原则体系。

一、法律原理概要

（一）公开拍卖原则

公开拍卖原则是指拍卖活动应当具备高度的社会透明度，拍卖的时间、地点、场所、拍卖标的物及竞价过程都要向社会公开。在拍卖活动中，拍卖公开原则具体体现为《拍卖法》中确立的几项制度，这些制度包括：拍卖公告制度、拍卖标的展示制度和公开举行拍卖会制度等。拍卖活动应遵循的公开原则并不是绝对的公开，为了保障拍卖当事人的合法权益，《拍卖法》设定了一些保密的义务。如《拍卖法》第 21 条规定："委托人、买受人要求对其身份保密的，拍卖人应当为其保密"。再如《拍卖法》第 28 条第 1 款规定："委托人有权确定拍卖标的的保留价，并要求拍卖人保密"。这些都是国际拍卖业的通行做法。公开拍卖原则与拍卖活动当事人的应承担的保密义务并不矛盾。

（二）公平拍卖原则

公平原则是我国民法平等原则在拍卖法中的具体要求和体现，是指拍卖法律关系当事人之间在设定权利义务和承担民事责任等方面应当公平，双方权利义务一致，任何一方都不应享有特殊的权利，也不允许任何一方把不合理的义务强加给对方。拍卖活动本质上是商品交换中的一种特殊交易方式，而公平是商品交换在法律上的必然要求。从《拍卖法》的立法目的上看，确立公平拍卖原则主要是要求拍卖人在开展拍卖活动时必须公平，不损害其他当事人的合法权益。公平原则要求拍卖人必须向所有符合拍卖条件的竞买人提供平等的、公平竞买的机会。除了法律、行政法规另有规定外，不得以任何理由拒绝竞买人的竞买申请，妨碍其参与公平竞争。在竞买中，对同一应价或报价除法律规定允许某竞买人有优先购买权的以外，当竞价已达到或超出保留价时，所有竞买人均享有以最高报价或应价取得拍卖标的的权利。

（三）公正拍卖原则

公正拍卖原则是指法律应当维护拍卖活动各方当事人的合法权益，不得袒护一方，损害另一方。任何一方违反了法律规定或者合同约定都要承担相应的法律责任。拍卖是以拍卖人为中介，并通过其中介服务向不特定的竞买人以公平竞价的方式出让拍卖标的的活动。拍卖人具有中介组织的性质。同时，拍卖又是一种即时兑现、不得反悔的成交方式。因此，法律上要求拍卖法律关系当事人进行拍卖活动时必须公正。拍卖公正原则的要求具体体现在一系列条文规定中，比如，《拍卖法》第 22 条规定，“拍卖人及其工作人员不得以竞买人的身份参与自己组织的拍卖活动，并不得委托他人代为竞买”；第 23 条规定，“拍卖人不得在自己组织的拍卖活动中拍卖自己的物品或财产权利”；第 30 条规定，“委托人不得参与竞买，也不得委托他人代为竞买”；第 37 条规定，“竞买人之间、竞买人与拍卖人之间不得恶意串通，损害他人利益”，等等。

（四）诚实信用拍卖原则

诚实信用是一切商业行为的行事原则，是道德观念的法律化。在民事活动中，诚实信用原则要求民事主体行使民事权利，与他人之间设立、变更民事法律关系时应诚实、不作假、不欺诈，不损害他人利益和社会利益；要求民事主体应恪守信用，自觉履行义务；因不履行义务给他人造成损害时，应自觉承担责任。诚实信用原则也是拍卖企业的立业和经营之本，拍卖法律关系当事人在进行拍卖活动时同样要遵守这些要求。诚实信用原则在拍卖活动中要求所有拍卖主体都应以对待自己事务的态度那样对待他人的事务，不得损人利己。比如，委托人应向拍卖人告知其知道或应当知道的有关拍卖标的的瑕疵，同时拍卖人也应向竞买人指明或提示其知道或应当知道的有关拍卖标的的瑕疵。除法律、法规另有规定外，委托人、拍卖人对拍卖标的应当承担瑕疵担保责任。因委托人故意隐瞒标的瑕疵并造成拍卖人、买受人损失的，或拍卖人隐瞒标的瑕疵而造成买受人损失的，视为有欺诈的不公正行为，责任人应负法律责任。拍卖人与委托人及拍卖人与买受人之间应自觉履行委托拍卖合同、拍卖成交确认书中所约定的各自的义务，以保证拍卖活动的顺利进行。在整个拍卖活动中，拍卖法律关系各方当事人的意思表示及行为应真实、善意和诚实。①

---

① 刘双舟著：《拍卖法原理》，中国政法大学出版社 2010 年版。

二、典型案例剖析

案例 1

某拍卖行接受委托拍卖异地的一套房产，并决定在拍卖行所在地举办拍卖会。之后，拍卖行在拍卖活动举办地发布了拍卖公告，展示了该房产的相关图片、证照，并就该房产的具体情况制作了书面说明材料。共有王某和郭某两个竞买人办理了竞买登记。其中王某按要求交纳了5万元保证金，郭某登记时只交纳了3万元保证金，答应剩余保证金于拍卖当日补交。拍卖会举行前，郭某称由于出门时走得匆忙，未及带钱，要求先参加拍卖会，拍卖会结束后再补交剩余的保证金，拍卖行表示同意。经过公开竞价，王某竞得了该房产，与拍卖行签订了拍卖成交确认书。到了付款期限，王某拒绝付款，理由是：经调查，发现该房产已经出租，拍卖行隐瞒了房屋已经出租这一事实，认为拍卖无效，要求拍卖行退还已收的保证金，否则将向法院起诉。这时，该房产的承租人也找到拍卖行，指出拍卖行只在拍卖活动举办地发布了拍卖公告，而未在房产所在地发布拍卖公告，剥夺了承租人的优先购买权，要求拍卖行将拍卖结果作废，否则也将向法院起诉。

法律问题

1. 本案中拍卖行的行为违背了《拍卖法》的哪些基本原则？
2. 拍卖应遵守的各项基本原则的具体要求是什么？

法理分析

本案中，拍卖行进行的是异地拍卖，按照法律要求，应当在拍卖标的所在地和拍卖活动举行地都发布拍卖公告。拍卖行只在拍卖活动举行地发布拍卖公告，而未在拍卖标的所在地发布公告的行为违背了《拍卖法》规定的拍卖活动应当坚持公开的原则。拍卖行只在拍卖活动举行地对拍卖标的的相关图片、证照进行了展示，未在拍卖标的所在地对拍卖标的进行公开展示，这一行为也违背了《拍卖法》规定的公开原则。拍卖行未对拍卖标的已经出租这一权利瑕疵进行真实披露，这一行为既违背了《拍卖法》规定的诚实信用原则，也违背了《拍卖法》规定的公开原则。拍卖行对两个竞买人收取了不同数额的保证金，事实上对两个竞买人实行了不同的资格标准，这种行为违背了《拍卖法》规定的公平和公正的原则。

拍卖活动是一种特殊的民事活动，应当遵守民事活动的基本原则。《拍卖法》规定，拍卖活动应当遵守有关法律、行政法规，遵循公开、公平、公正、诚实信用的原则。这是我国民事法律确定的民事活动基本原则在拍卖活动的具体要求和体现。

公开原则在拍卖活动中的具体体现是《拍卖法》中确立的公告制度、拍卖标的展示制度、瑕疵披露制度等。拍卖公开原则的具体要求是：第一，公告拍卖信息。拍卖人接受拍卖委托，在举行拍卖之前必须在法律规定的地点和时限内，以媒体公告的形式，提前公开发布拍卖信息，公布标的名称、拍卖时间、地点、竞买条件等。对于法律规定限制流通或定向拍卖的，拍卖人还必须公开说明竞买人应具备哪些资格。第二，展示拍卖标的。除在拍卖公告中标明拍卖标的基本情况外，拍卖人应公开展示拍卖标的，允许竞买人查看、查验标的物。拍卖人还应提供有关标的物的品质、材质、数量等文字说明。在拍卖时还应以实物、图像等公开展示标的物。同时拍卖人应向竞买人说明拍卖标的的瑕疵。第三，公开举行拍卖活动。拍卖活动一经公布，视为拍卖人发出要约邀请，凡有两个以上符合资格的竞买人对拍卖标的提出竞买申请的，拍卖人不得无故撤回该标的或终止拍卖，更不得以其他形式转让拍卖标的。拍卖人必须公开举办拍卖会，允许所有具备资格并报名参加的竞买人参与竞买。因法律、法规所规定的原因及其他原因导致拍卖活动中止或终结的，拍卖人应通过公开的方式予以说明。

公平原则是我国民法平等原则在《拍卖法》中的具体要求和体现，它是指拍卖法律关系当事人在拍卖活动中民事权利义务平等、民事法律地位平等。从立法目的上看，确立公平原则主要是要求拍卖人的拍卖活动必须公平，不损害其他当事人的合法权益。公平原则的具体要求是：第一，凡具备相应的民事行为能力并符合竞买资格的民事主体，均可平等地参加竞买活动。拍卖人必须向所有符合条件的竞买人提供平等的、公开竞买的机会，不得以法律、法规另有规定以外的理由拒绝竞买人的竞买申请，妨碍其参与公平竞争。第二，在竞买中，对同一应价或报价除法律规定允许某竞买人有优先购买权的以外，当拍卖竞价已达到或超出保留价时，所有竞买人均享有以最高报价或应价取得拍卖标的的权利。第三，拍卖法对每一竞买人的平等竞买资格予以保护，拍卖交易中任何当事人都不得强行要求成交或妨碍、影响其他竞买人自由竞买。

拍卖是以拍卖人为中介并通过其中介服务，向不特定的竞买人以公平竞价的方式出售拍卖标的的活动。拍卖人具有中介人的性质。同时拍卖又是一种即时兑现、不得反悔的成交方式。因此法律上要求拍卖法律关系当事人进行拍卖活动时必须公正。拍卖公正原则的具体要求是：第一，拍卖人及其工作人员不得以竞买人身份参加本拍卖机构举办的拍卖活动，也不得委托他人代为竞买。因为拍卖人及其工作人员有可能了解拍卖保留价、竞买申请登记情况等商业机密，参加竞买就会损害委托人的利益，影响其他竞买人成交。第二，拍卖人不得有不公正对待竞买人的行为。拍卖活动中，拍卖人不得有歧视竞买人、故意误导竞买人使其无法成交或超高价成交的行为。更不允许对竞买人有欺诈、舞弊、私下交易、恶意串通等侵犯竞买人民事权利的行为。第三，委托人不得竞买其自己所委托的拍卖标的，也不能委托他人代为竞买。为确保拍卖活动的公正性，拍卖人应认真审查竞买人的资格，不得应允委托人或其他代理人参加委托人自己委托拍卖标的的竞买。以避免出现委托人或其代理人故意哄抬价格，诱导其他竞买人以高价成交而从中牟利的不公正现象。

诚实信用是一切商业行为的行事原则，更是拍卖这一特殊交易行为的立业、经营之本。拍卖法律关系当事人在进行拍卖活动时必须恪守诚实信用原则。诚实信用原则在拍卖活动中的具体要求是：第一，委托人应向拍卖人，同时拍卖人也应向竞买人指明或提示其知道或应当知道的有关拍卖标的的瑕疵。除法律、法规另有规定外，委托人、拍卖人对拍卖标的应当承担瑕疵担保责任。因委托人如故意隐瞒标的瑕疵并造成拍卖人、买受人损失的，或拍卖人隐瞒标的瑕疵而造成买受人损失的，视为有欺诈的不公正行为。责任人应负法律责任。第二，拍卖人与委托人及拍卖人与买受人之间应自觉履行委托拍卖合同、拍卖成交确认书中所约定的各自的义务，以保证拍卖活动的顺利进行。第三，在整个拍卖活动中，拍卖法律关系各当事人的意思表示及行为应真实、善意和诚实。

案例 2

某市工商行政管理局查结了一起拍卖公司与竞买人恶意串通的房产拍卖案。这处经由拍卖公司拍卖的房产为一栋 3 层 12 间的楼房，面积 383.62 平方米，是贷款户以 31.7 万元抵债执行给银行的，系国有资产。银行委托拍卖公司进行拍卖。拍卖公司于 2010 年 12 月 10 日在当地报纸上刊登了拍卖公告，申明拍卖将在 2011 年 1 月 1 日公开进行。公开拍卖的前 3 天，银行私下与竞买人赵某签下了一份协议书，以 24.2 万元的价格将该房产卖给了赵某，并要求拍卖公司在拍卖会后 20 天之内将房产交于韦某。赵某在签订协议当天将购房款交给拍卖公司，并转入委托银行的账户。对此，委托银行资产经营分部事后解释说，提前转账是为了银行年底结算的需要。2011 年 1 月 1 日拍卖会当天，作为唯一一名到场的竞买者赵某，以 24.2 万元"竞买"到该房产。同时，为了满足拍卖形式的需求，赵某又拿来朋友夏某的身份证，将夏某作为另一竞买人在拍卖公司办理竞买登记。经执法人员调查了解，夏某自始至终都未参加此次拍卖活动。夏某称：他从来没有打算，也没有能力去购买此处房产，同时也没有去办理竞买登记手续，拍卖会也未参加，只是把身份证借给了赵某，但当时赵某并没有说明借用身份证的用途。从调查情况看，拍卖公司在拍卖会未举行前，就已暗中操作，并收取了房款。拍卖公司还利用赵某提供的夏某的身份证，在明知虚假的情况下，仍制作了另一竞买人的竞买资料，并伪造夏某的签字。此次拍卖是拍卖公司与竞买人恶意串通而促成的拍卖成交，违反了国家相关法律法规，拍卖合同是无效的。市工商局据此对拍卖公司和竞买人赵某进行了处罚。

法律问题

1. 拍卖中的恶意串通主要违反了哪一项拍卖原则？
2. 为贯彻公正原则，《拍卖法》作出了哪些规定？
3. 什么是恶意串通？其构成要件和法律责任分别是什么？

法理分析

拍卖中的恶意串通主要违反了公正拍卖原则。公正拍卖原则是指法律应当维护拍卖活动各方当事人的合法权益，不得袒护一方，损害他方。任何一方违反了法律或者合同约定都要承担相应的法律责任。公正拍卖原则的要求体现在《拍卖法》的一些规定当中。例如《拍卖法》第 30 条规定，"委托人不得参与竞买，也不得委托他人代为竞买"。禁止委托人竞买其自己所委托的拍卖标的和委托他人代为竞买的主要目的是为了确保拍卖活动的公正性，以避免出现委托人或其代理人为了自身利益故意哄抬价格，诱导其他竞买人以高价成交并从中牟利的不公正现象。《拍卖法》第 22 条规定，"拍卖人及其工作人员不得以竞买人的身份参与自己组织的拍卖活动，并不得委托他人代为竞买"。第 23 条规定，"拍卖人不得在自己组织的拍卖活动中拍卖自己的物品或财产权利”。拍卖人及其工作人员有可能了解拍卖保留价、竞买申请登记情况等商业机密。允许其参加竞买可能会损害委托人的利益，影响其他竞买人成交。《拍卖法》第37条规定，“竞买人之间、竞买人与拍卖人之间不得恶意串通，损害他人利益。”恶意串通，尤其是拍卖人与竞买人之间的恶意串通是对公正拍卖原则的公然违反，除了侵犯委托人的合法权益外，对其他参与竞买活动的主体而言也是非常不公平的。

关于“恶意串通”的问题，在我国《民法通则》和《合同法》中都有所规定。《民法通则》第58条规定了七种无效民事行为，其中第四种就是“恶意串通，损害国家、集体或者第三人利益的”民事行为无效。《民法通则》第61条规定，“民事行为被确认为无效或者被撤销后，当事人因该行为取得的财产，应当返还给受损失的一方。有过错的一方应当赔偿对方因此所受的损失，双方都有过错的，应当各自承担相应的责任。双方恶意串通，实施民事行为损害国家的、集体的或者第三人的利益的，应当追缴双方取得的财产，收归国家、集体所有或者返还第三人。”《合同法》第52条规定了五种合同无效的情形，其中之一是“恶意串通，损害国家、集体或者第三人利益”的合同无效。《合同法》第59条规定，“当事人恶意串通，损害国家、集体或者第三人利益的，因此取得的财产收归国家所有或者返还集体、第三人。”《民法通则》和《合同法》都是将恶意串通视为一种认定民事行为无效或认定合同无效的条件之一来规定的。

《民法通则》和《合同法》都未对恶意串通的含义进行过明确的解释。《拍卖法》是将恶意串通作为一种禁止性行为而规定的。《拍卖法》第37条规定，“竞买人之间、竞买人与拍卖人之间不得恶意串通，损害他人利益。”但是也未对恶意串通的含义进行明确的界定。通常认为，恶意串通是指民事活动中的当事人，为牟取不法利益合谋实施的损害他人利益的违法行为。拍卖中的恶意串通是指在拍卖活动中，拍卖当事人为了谋取不法利益，共同合谋实施的损害他人利益的违法行为。

拍卖实践中，拍卖当事人恶意串通的情况比较复杂，大体上可以分为三种类型：一类是竞买人相互之间的恶意串通。主要表现为拍卖前竞买人结成联盟，一致压低价格，拍卖后共同分得利益。这种恶意串通损害的是委托人和拍卖人的利益。另一类是拍卖人与竞买人之间的恶意串通。主要表现为竞买人通过贿赂手段在拍卖前从拍卖人处获取应当保密的拍卖信息，比如透漏保留价等行为。这种恶意串通损害的主要是委托人的利益，同时也侵犯了其他竞买人的公平竞争的权利。还有一种类型是委托人、拍卖人和竞买人三方共同串通，其损害的主要是国家利益或社会利益，同时也侵犯了其他未参与恶意串通的竞买人的公平竞买权。《拍卖法》第37条规定，“竞买人之间、竞买人与拍卖人之间不得恶意串通，损害他人利益”。可见，我国《拍卖法》只对前两中恶意串通行为进行了禁止性规定，没有涉及第三种恶意串通。但是这并不意味着第三种恶意串通行为是合法和不受禁止的。根据《民法通则》和《合同法》的相关规定，这种恶意串通，损害国家、集体或者第三人利益的行为属于无效的民事行为，拍卖结果当然也是无效的。

《拍卖法》上所讲的恶意串通实际上是指恶意串通行为而言的，恶意串通行为本质上属于民法上的一般侵权行为。根据民法一般侵权行为的构成理论，可以将恶意串通的构成要件进行简要归纳：首先，恶意串通的当事人为了谋取自身的不法利益，在主观上存在着共同的侵犯他人合法权益的“故意”。恶意串通这个概念中的“恶意”本身就说明行为人主观上应当是故意的。其次，行为人要有恶意串通损害他人合法权益的行为表现。关于恶意串通行为的表现主要是由国家工商行政管理局颁布的《拍卖监督管理办法》规定的。有一个问题在这里需要澄清，即“是否有实际上的损害结果”不是构成恶意串通行为的必要条件。损害结果只是衡量恶意串通行为法律后果或责任的一个条件。《民法通则》第 58 条规定了七种无效民事行为，其中第四种就是“恶意串通，损害国家、集体或者第三人利益的”民事行为无效。《合同法》第 52 条规定了五种合同无效的情形，其中之一是“恶意串通，损害国家、集体或者第三人利益”的合同无效。《拍卖法》第 65 条也规定，“违反本法第 37 条的规定，竞买人之间、竞买人与拍卖人之间恶意串通，给他人造成损害的，拍卖无效，应当依法承担赔偿责任。由工商行政管理部门对参与恶意串通的竞买人处最高应价 10% 以上 30% 以下的罚款；对参与恶意串通的拍卖人处最高应价 10% 以上 50% 以下的罚款”。可见，“是否给他人造成损害”只是衡量恶意串通行为的法律后果及是否应当承担法律责任的条件之一，而不是恶意串通行为本身的构成要件。从拍卖实践和司法实践来看，行为人只要具备行为要件就可以认定恶意串通了。因为很难举证证明行为人主观上是否是故意的，主观上是否故意只能透过客观行为来说明，只要有恶意串通的行为，一般就可以推定其主观上是故意的。

《拍卖法》第 65 条规定，“违反本法第 37 条的规定，竞买人之间、竞买人与拍卖人之间恶意串通，给他人造成损害的，拍卖无效，应当依法承担赔偿责任。由工商行政管理部门对参与恶意串通的竞买人处最高应价 10% 以上 30% 以下的罚款；对参与恶意串通的拍卖人处最高应价 10% 以上 50% 以下的罚款”。这里需要注意的是，构成恶意串通本身并不必然意味着拍卖无效。恶意串通行为只有在同时具备给他人造成损害这一结果时，其法律后果才应该是拍卖无效。这是《拍卖法》中唯一明确规定拍卖无效的地方。不论是否应当追究当事人的其他法律责任，只要构成恶意串通，给他人造成损失，拍卖本身就是无效的。如果仅有恶意串通的行为，而不具备给他人造成损失这样的结果，则不能当然认定为拍卖无效。构成恶意串通并且给他人造成损害结果的，行为人应当承担的民事责任，即民事赔偿责任。民事责任并不仅仅限于损失的赔偿问题，还包括退还已收的款项和费用等民事上的返还责任。如果恶意串通侵害了国家的利益，行为人因此取得的财产还应收归国家所有。除了民事责任外，行为人还应当承担行政责任。

《拍卖法》第 65 条规定，“违反本法第 37 条的规定，竞买人之间、竞买人与拍卖人之间恶意串通，给他人造成损害的，拍卖无效，应当依法承担赔偿责任。由工商行政管理部门对参与恶意串通的竞买人处最高应价 10% 以上 30% 以下的罚款；对参与恶意串通的拍卖人处最高应价 10% 以上 50% 以下的罚款”。关于恶意串通者的行政责任，要注意两问题：一是谁来追究行政责任，即行使权力的主体，按《拍卖法》规定应当是工商行政管理部门；二是不同的主体承担行政责任的形式和起算的基础是一样的，形式都是“罚款”，起算基础都是“最高应价”。但是计算的标准不一样。对参与恶意串通的竞买人处以最高应价 10% 以上 30% 以下的罚款，而对参与恶意串通的拍卖人则处以最高应价 10% 以上 50% 以下的罚款。由此可见，立法对拍卖人参与恶意串通的处罚力度要比对参与恶意串通的竞买人的处罚力度要大，这是因为拍卖人参与恶意串通的后果要比竞买人参与恶意串通要严重，给社会造成的危害也更大。

拍卖实践中，在追究行为人的法律责任时，也有一些具体问题不好解决，比如在一场拍卖中，竞买人恶意串通都不应价，对此应如何追究他们的法律责任呢？在这种情况下，由于没有最高应价，也无法确认给他人造成的损失，因此无法计算具体的罚款额。所以在拍卖实践中，如果确有证据证明他们事前通谋，构成恶意串通，一般采取的办法是取消这些竞买人的竞买资格或者在该标的再次拍卖时禁止其参与该标的的再次竞买。①

三、补充思考案例

永强食品公司因长期欠缴税款，当地税务机关扣押了该公司一批罐头食品，查封了公司两台商务车。并委托拍卖公司拍卖该批扣押、查封的抵税物资。其间，永强公司提出，扣押的罐头食品为该公司生产的商品，应当优先委托商业企业销售，如果拍卖的话，价格存在不确定，会有损永强公司利益。税务机关未理会永强公司要求，仍然指示拍卖公司继续拍卖。拍卖公司随后积极准备拍卖事宜，发布了《拍卖公告》。共有3名竞买人在拍卖前办理了登记手续参加竞买，其中有本次委托拍卖的税务机关公职人员常女士，非本案经办人员，对本次拍卖中的商务车有兴趣。她在拍卖前通过经办人员了解到了该车辆配置方面的一些详细数据和资料。拍卖会如期举行，常女士参加了拍卖会，经过公开竞价，以保留价竞得她想要的车辆。

1. 拍卖公司允许常女士参加拍卖是否违反《拍卖法》的基本原则？
2. 本次拍卖中是否存在恶意串通，为什么？

第二节　基本规则

拍卖的基本规则是指在长期拍卖实践过程中逐渐约定俗成的、约束拍卖活动参与者的几个重要的惯例，包括价高者得规则、保留价规则、瑕疵请求权规则。这些惯例被《拍卖法》认可后，成为了拍卖活动法定的核心规则。

一、法律原理概要

（一）价高者得规则

价高者得规则是拍卖方式中的核心规则，也是拍卖过程中的成交规则，即拍卖标的应当交易给出价最高的竞买人。《拍卖法》第51条规定，“竞买人的最高应价经拍卖师落槌或者以其他公开表示买定的方式确认后，拍卖成交。”其中“最高应价”是指竞买人在价格竞争中产生的比较高价，它不能、也不应该在事先以确定的价格表示，而只能随行就市，在具体

① 刘双舟主撰：《拍卖法案例分析教程》，中国财政经济出版社2007年版。

的竞争中完成价格的确定。其中"……经拍卖师……确认……"意在对价高者得规则进行限制，并非所有"最高应价"都能导致"拍卖成交"。在这个过程中拍卖师的确认起关键作用，而确认的依据也就是限制的条件。

（二）保留价规则

保留价指拍卖人与委托人在拍卖前商定的某件拍品成交的最低价格。保留价规则是指保留价发挥作用的机制。《拍卖法》第50条规定，"拍卖标的无保留价的，拍卖师应当在拍卖前予以说明。"该条规定确立了无保留价公示制度。无保留价公示制度在一定程度上保证了拍卖的透明度，因此为拍卖实践所广泛采用。设定保留价并不是所有拍卖的必备条件，在无保留价拍卖中，保留价规则不发挥作用。保留价规则作为一种制衡机制旨在保护委托人的合法利益。

（三）瑕疵请求权规则

"瑕疵"本意指缺点、毛病，在拍卖中泛指拍卖标的在质量、品质、数量等方面存在的缺陷。瑕疵请求权是因拍品的缺陷而产生的，但并非拍品的一切缺陷均产生瑕疵请求权。《拍卖法》第27条规定，"委托人应当向拍卖人说明拍卖标的的来源和瑕疵。"第18条规定，"拍卖人应当向竞买人说明拍卖标的的瑕疵。"如果委托人和拍卖人未能履行上述义务，将因此承担告知不当的责任。《拍卖法》第61条规定，"拍卖人、委托人违反本法规定，未说明拍卖标的的瑕疵，给买受人造成损害的，买受人有权向拍卖人要求赔偿；属于委托人责任的，拍卖人有权向委托人追偿。"委托人和拍卖人承担告知不当的责任是以存在过错为前提的，过错包括明知道瑕疵而不告知和应当知道有瑕疵却由于疏忽而没有告知。拍卖实践中，瑕疵请求权规则的运用并不是绝对的，通常会有一些限制条件，比如委托人和拍卖人无过错、买受人自己存在过错、拍卖人声明不保证、拍品显而易见的瑕疵等等，都可能影响买受人的瑕疵请求权。

二、典型案例剖析

案例1

拍卖公司接受委托拍卖城市道路自动收费停车泊位经营权。拍卖规则内容包括：拍卖项目设有起拍价、保留价、最高限价和停叫价；拍卖开始前，委托方将列有本拍卖项目起拍价、保留价、最高限价、停叫价等内容的1号密函交给鉴证员，鉴证员当场解封，并交予拍卖师；当竞买人的最高应价未达到保留价时，该应价不发生效力，拍卖师应当停止拍卖；当竞买人的最高应价等于或高于保留价，但未超过最高限价（含最高限价）时，拍卖以最高应价成交；当最高应价高于最高限价且在停叫价内（含停叫价）时，按第2号密函制定的规则进行，执行结果产生惟一买受人，拍卖以最高限价成交；当最高应价达到停叫价时，鉴证员明示拍卖师停叫价（或当最高应价等于最高限价，但未达到停叫价，而拍卖师重复三次叫价未有回应时，鉴证员即明示拍卖师停止叫价），由鉴证员宣布最高限价和停叫价，以及最高限价与停叫价（含最高限价与停叫价）之间参与竞拍者的号牌；委托方将第2号密函交给鉴证人当场解封，并交给拍卖师宣布执行，执行结果产生惟一买受人。

拍卖现场，参加竞拍者共有9家，起拍价为900元（每个停车泊位平均每年上缴财政的经营权有偿使用费金额），加价幅度为100元。拍卖开始后，竞价异常激烈，几乎每个阶梯都有4个以上的竞买人举牌应价。在2400元价位有6位竞买人举牌，有的竞买人干脆高举号牌不放，直到应价突破2800元。90、66、8、63和178号5位买家一直角逐到3300元，仍是同时应价。此时，鉴证员明示拍卖师停止叫价，并宣布停叫价为3300元，最高限价为2800元。按照规则，最高应价在最高限价和停叫价之间的竞买人成为“准参与者”，进入第二轮角逐。

接下来，鉴证员当场宣读2号密函，第二轮竞争将采取摇珠方式确定唯一买受人。规则显然出乎众竞买人们的意料，但大家都认为很公平。按程序，准参与者先要摇珠产生代码，再将标有自己代码的乒乓球投入摇珠机，最后摇出几号珠球，最终买受者就是谁。不用再逐价和再打心理战，入围竞买人们显得轻松起来，纷纷祈祷摇中好字头代码，带来好彩头。并纷纷为摇中吉利数的买家鼓掌，为其好运表示祝贺。66号竞买人摇到一个4号，竟当场微笑摇头，似乎这个数字不会有什么兆头；88号竞买人摇中6号，该公司在场的员工竟然集体起立鼓掌欢呼。5位买家的代码分别为2、7、8、4、6，由拍卖公司投入摇珠机，鉴证员启动按钮。最后，摇出来的珠球为6号，88号竞买人成为最终买受者。88号买家是公司，该公司负责人认为是吉利的数字为其带来了好运，他说：“事前，我们设想过多种可能进行的方式，就是没想到会像买彩票一样，凭运气中标。”该负责人表示极为满意。对于这样的成交方式，众竞买人表示意外，但都认为公平合理。一位竞买人说：“能凭运气拿到经营权也是公平的。”

摇珠方式是否有悖拍卖的原则，负责本次拍卖的拍卖公司表示，一切均按委托方意见行事，城市道路自动收费停车泊位经营权关系到市政设施建设，是特殊的拍品，为了保证市政设施能正常投入运营，只要交易双方认可规则，有所变通是应该的。本次拍卖每个泊位以每年平均定额向市财政上缴2800元的价格成交；27个路段1022个自动收费停车泊位经营权总成交额为1430.8万元。

法律问题

1. 价高者得规则的基本内容是什么？
2. 采用摇珠方式确定买受人是否有悖价高者得规则？

法理分析

拍卖中的价高者得规则是指通过竞买人的竞价确定最高应价者作为买受人的规则。具体的竞价程序可能是由低至高，也可能是由高至低，但拍卖人只能选择与最高应价者成交。价高者得规则是最古老的拍卖规则之一，自从有了拍卖，便有了价高者得规则。该规则是在世界范围内最具统一性的拍卖规则，也是拍卖区别于其他交易形式的典型特征之一。只要采用拍卖方式进行交易，就必须遵循价高者得规则，没有价高者得规则，拍卖与一般的交易方式没有区别了。

我国《拍卖法》第51条规定，“竞买人的最高应价经拍卖师落槌或者以其他公开表示买定的方式确认后，拍卖成交。”这一规定是对我国《拍卖法》中价高者得规则的确立。其中“最高应价”是指多个竞买人在价格竞争中的相对高价，它不能也不应该在事先以确定的价格表示，而只能随行就市，在具体的竞争中完成价格确定。“经拍卖师落槌或者以其他公开表示买定的方式确认”意在对价高者得规则进行限制，并非所有“最高应价”都能导致“拍卖成交”的结果。

价高者得规则对所有拍卖当事人都有约束力。其中，对竞买人具有最直接的约束力，竞买人只有通过竞价，在自己的应价是最高报价时，才能成为实际买受人；拍卖人是拍卖会的组织者，享有确认拍卖成交的权利，但是拍卖人也必须受价高者得规则的约束。即拍卖人在选择成交对象时，不能随心所欲，也不能考虑竞买人的身份、地位、需求等与成交无关的因素。不论其心中是否存有善意，只能按价高者得规则行事；价高者得规则对委托人的约束较为间接。委托人是通过拍卖结果感受到价高者得规则影响的。委托人一旦选择了拍卖方式，实际上就默认了价高者得规则对自己的约束，拍卖人按该规则与最高应价者成交时，委托人不得拒绝。

价高者得规则的核心精神在于强调“公平竞争优者胜”的理念。公平竞争是商品经济的重要运行机制，它普遍作用于商品经济社会的几乎所有领域，拍卖领域当然也不例外。公平竞争的优越性已被完全公认，而最能体现拍卖方式公平竞争性的，莫过于价高者得规则。价高者得规则通过竞价行为，将拍卖本身的公平竞争性集中表现出来。拍卖实践中，常见的运用价高者得规则的目的是在众多竞买人中产生出“一个”与拍卖人成交的买受人。一旦有人运用该规则选出“多个”而不是“一个”优胜者时，我们就会感到违反常规。但是价高者得规则的基本精神并不在于产生出“优胜者”的数量，而在于强调“公平竞争优者胜”的理念。本案例中，基于“城市道路自动收费停车泊位经营权”这一拍卖标的特殊性，考虑到采用一般的拍卖方式可能弊大利小，拍卖公司与委托人共同选择了先运用“价高者的规则”决出“一批”而不是“一个”优胜者，然后再采取其他公开、公平、公正的方式（摇珠）来决出一个“买受人”与拍卖人成交这种独特的拍卖方式。这种方式被拍卖各方当事人所认可，既符合拍卖标的本身的特点，也不违反法律法规的禁止性规定，正是对价高者得规则的创造性运用。因此，本次拍卖中运用价高者得规则产生出一批“准买受人”的做法是合法和有效的。采用“摇珠”方式从准买受人中再挑选出“一个”最终买受人与拍卖人签订《拍卖成交确认书》的是否可取呢？这种方式既不违反拍卖法的基本原则，也不为其他法律、行政法规所禁止。事实上这种靠“碰运气”来选择最终买受人的方式在拍卖实践中并不少见。《最高人民法院关于人民法院民事执行中拍卖、变卖财产的规定》（法释[2004]16号）第16条规定，“拍卖过程中，有最高应价时，优先购买权人可以表示以该最高价买受，如无更高应价，则拍归优先购买权人；如有更高应价，而优先购买权人不作表示的，则拍归该应价最高的竞买人。顺序相同的多个优先购买权人同时表示买受的，以抽签方式决定买受人。”这一规定就是这种方式的典型体现。

案例 2

某拍卖公司接受法院委托，对一家加油站的设备及土地使用权进行拍卖。该拍卖标的的评估值为 70 万元，确定的保留价为 65 万元。拍卖公司按照法定程序的要求，发布了拍卖公告、组织了标的展示，按时举行了拍卖会。经过多轮竞价，最终竞买人王某以 68 万元竞得。然而，该执行案中的债权人却提出，该加油站评估值为 70 万元，而保留价仅为 65 万元，保留价低于评估价格，本次拍卖应当无效。

法律问题

1. 拍卖中的评估价起什么作用?
2. 保留价低于评估价是否导致拍卖无效?

法理分析

《拍卖法》第 28 条第 2 款规定，“拍卖国有资产，依照法律或者按照国务院规定需要评估的，应当经依法设立的评估机构评估，并根据评估结果确定拍卖标的的保留价”。关于拍品评估问题，在土地使用权拍卖、采矿权拍卖和抵税财物拍卖等的相关法律法规中，也有规定。

关于拍品评估问题主要应当注意几点：第一，拍品评估不是所有拍卖中的必经程序。评估主要发生在国有资产拍卖、公物拍卖和人民法院委托的拍卖中。对于一般委托人委托的任意拍卖，是否评估法律没有强制性要求。即使在公物拍卖或民事强制执行的拍卖中，如果拍品有明确的市场价值或者依据市场能够确定拍卖的价格时，也可以省略评估环节。第二，评估价的最直接的作用是作为确定保留价的参考和依据，但是保留价不是必须要高于评估价。第三，拍品的评估价与拍卖效力没有必然的直接联系。例如：某甲以自己的房产为抵押，向某银行申请贷款。经评估，该房产价值为人民币 200 万元，银行向某甲发放贷款人民币 150 万元。后某甲未能如期还款，银行向人民法院起诉，胜诉后即申请强制执行。人民法院委托某拍卖行对该房产进行拍卖。拍卖前经评估，该房产价值仅为 80 万元，法院确认保留价为 85 万元，最终以 90 万元成交。拍卖结束后，银行又另请一家评估机构对该房产进行了评估，评估价值为 120 万元。银行认为，该房产以 90 万元成交，违背市场规律和公平等价原则，使其利益受到重大损失，因此诉至法院，请求确认本次拍卖无效。本案中有三个结果不一致的评估报告，应以哪一个作为确定成交的依据？按照我国法律中关于强制执行的规定，在强制执行中对财产进行拍卖的，必须由人民法院委托评估机构进行评估，并按照评估结果确定拍卖保留价。本案中，拍卖行只能依据人民法院聘请的评估机构作出的评估价格而确定的保留价作为确定成交的依据。可见评估价只是委托人在确定保留价时的一个参考，评估价本身与拍卖是否成交没有直接关系。

关于保留价，拍卖实践中也有几个常见问题：一是谁有权确定保留价；二是保留价是否一定要保密；三是在拍卖会现场保留价可否变更。《拍卖法》第 28 条规定，“委托人有权确定拍卖标的的保留价并要求拍卖人保密。”可见确定保留价一般是委托人的权利，因为保留价制度主要是为了保障委托人的权益而设定的。在拍卖实践中，保留价一般是保密的。保留价保密与否对于拍卖人而言意味着要承担不同的义务。《拍卖法》第50条规定，“拍卖标的无保留价的，拍卖师应当在拍卖前予以说明。拍卖标的有保留价的，竞买人的最高应价未达到保留价时，该应价不发生效力，拍卖师应当停止拍卖标的的拍卖。”但是保留价并不是必须保密的，因为委托人设定保留价可能出于不同的目的。有时候，委托人确定了保留价，但是并不要求保密，这种情况也是常见的。保留价可否在拍卖会现场变更呢？拍卖人或拍卖师应该无权擅自变更保留价，委托人自己是有权调整保留价的，但是委托人调整保留价的权利也不是绝对的。拍卖实践中发生过有些委托人在拍卖成交后，认为原来的保留价过低，对成交价不满意，要求拍卖师现场提高保留价后再行竞价的案例。作者认为在拍卖已经成交的情况下，委托人调整保留价是违背拍卖法的。但是在由于最高应价没有达到原定保留价而导致拍卖停止的情况下，委托人根据实际情况现场调整保留价后要求再行竞价，这种调整应当是允许的。

三、补充思考案例

原告孙先生诉称：其在北京某酒店参加被告某拍卖公司举办的拍卖会，通过竞拍拍得176号拍品，名为画家白雪石的《白云红树山庄》，竞拍价格为12万元，竞拍佣金为1.2万元。拍卖会后，原告有幸与该作家之子白某结识，经其确认该作品为赝品。孙先生认为被告不仅未告知瑕疵还误导原告，这是造成原告确信拍品真实而参与竞拍的直接原因。故诉至法院请求法院判决撤销原、被告的拍卖合同关系；请求法院判决被告返还竞拍佣金1.2万元、拍卖款12万元以及自2007年11月7日起至实际给付之日止以13.2万元为本金的利息。

被告拍卖公司辩称：原告称其在拍卖会竞拍所得白雪石的《白云红树山庄》经画家之子确认为赝品，但画家之子不是国家专业权威鉴定机构，其言论不具备法律效力。原告称《拍卖法》规定拍卖人有义务向竞买人说明拍卖标的瑕疵，但《拍卖法》第61条规定，“拍卖人、委托人在拍卖前声明不能保证拍卖标的的真伪或者品质的，不承担瑕疵担保责任”。拍卖公司在拍卖前作出了瑕疵不担保声明，故公司不应对拍品的真伪瑕疵承担担保责任。

法院经过审理认为，当事人对自己提出的主张有责任提供证据。现原告对本次拍卖交易的程序不持异议，其主张诉争拍品系赝品，但未向法院充分举证。由于被告的拍卖展示程序已有效保障了原告在竞买前有权充分了解诉争拍品的现实状况，故原告在知晓该免责声明的情况下，其自主作出竞买选择亦应承担艺术品拍卖所特有的正常交易风险。故法院最终判决驳回了原告孙先生之诉讼请求。

1. 如何正确理解《拍卖法》第61条的含义？

2. 如何评价本案中法院的判决？

第二章
拍卖活动当事人

第一节 拍 卖 人

拍卖人是拍卖活动中最重要的当事人，是拍卖活动的组织者。拍卖人在各种拍卖法律关系中都是参与者。

一、法律原理概要

（一）拍卖企业的设立条件

《拍卖法》第10条规定，“拍卖人是指依照本法和《中华人民共和国公司法》设立的从事拍卖活动的企业法人。”第12条规定，“设立拍卖企业，应当具备的条件是：有100万元人民币以上的注册资本；有自己的名称、组织机构、住所和章程；有与从事拍卖业务相适应的拍卖师和其他工作人员；有符合本法和其他有关法律规定的拍卖业务规则；符合国务院有关拍卖业发展的规定；法律、行政法规规定的其他条件。”商务部颁布2005年颁布实施的《拍卖管理办法》规定，申请设立拍卖企业的投资者应有良好的信誉，无违反中国法律、行政法规、规章的行为。设立拍卖企业，应当具备下列条件：有100万元人民币以上的注册资本；有自己的名称、组织机构和章程；有固定的办公场所；有3名以上取得拍卖业从业资格的人员，其中至少有一名是拍卖师；并有与主营业务密切联系的行业从业资格的专职或兼职人员；有符合有关法律、行政法规及本办法规定的拍卖业务规则；符合商务主管部门有关拍卖行业发展规划。《拍卖法》还规定，拍卖企业可以在设区的市设立。设立拍卖企业必须经所在地的省、自治区、直辖市人民政府负责管理拍卖业的部门审核许可，并向工商行政管理部门申请登记，领取营业执照。

根据《拍卖管理办法》的规定，设立外商投资拍卖企业应当符合的条件是：有100万元人民币以上的注册资本；有自己的名称、组织机构和章程；有固定的办公场所；有3名以上取得拍卖业从业资格的人员，其中至少有一名是拍卖师；并有与主营业务密切联系的行业从业资格的专职或兼职人员；有符合有关法律、行政法规及本办法规定的拍卖业务规则；符合商务主管部门有关拍卖行业发展规划。符合外商投资企业注册资本和投资总额的有关规定。外商投资拍卖企业的经营年限一般不得超过 30 年，在中西部设立外商投资企业的经营年限一般不超过 40 年。外商投资拍卖企业成立后 6 个月未开业，或开业后连续 6 个月无正当理由未举办拍卖会或没有营业纳税证明的，由有关部门依法吊销其营业执照，商务部门收回拍卖经营批准证书。外商投资拍卖企业根据章程规定事由、股东会或董事会决议或其他事由解散的；或者因违反法律、行政法规及本办法规定被责令关闭的；或者因不能清偿到期债务，被依法宣告破产的，由有关部门依法注销。

拍卖企业分公司是指具有法人资格的拍卖企业依法设立的受总公司管辖、不具有独立法人资格的分支机构。《拍卖管理办法》第 11 条规定，“拍卖企业申请设立分公司，应当符合的条件是：符合拍卖业发展规划；年检合格；企业的注册资本不少于 500 万元人民币且全部缴清，拍卖企业对每个分公司，需拨付不少于 100 万元人民币的资金或实物；分公司应有两名以上取得拍卖业从业资格的人员，并有与主营业务密切联系的行业从业资格的专职或兼职人员；有固定的办公场所；经营拍卖业务 3 年以上，最近两年连续盈利，其上年拍卖成交额超过 5000 万元人民币；或者上年拍卖成交额超过 2 亿元人民币。拍卖企业分公司自领取拍卖经营批准证书之日起，6 个月内未领取营业执照，其拍卖经营批准证书自动失效。拍卖企业分公司成立后 6 个月未开业，或开业后连续 6 个月无正当理由未举办拍卖会或没有营业纳税证明的，由有关部门依法吊销其营业执照，商务主管部门收回拍卖经营批准证书。”

2013 年开始，我国启动公司注册资本登记制度改革，《公司法》相依地做了修订。修订后的《公司法》规定，“有限责任公司的注册资本为在公司登记机关登记的全体股东认缴的出资额。股份有限公司采取募集方式设立的，注册资本为在公司登记机关登记的实收股本总额。法律、行政法规以及国务院决定对有限责任公司注册资本实缴、注册资本最低限额另有规定的，从其规定。”根据公司法的这些规定，一般公司在设立时已经无需事先实缴资本，但是拍卖法对设立拍卖公司明确规定了注册资本的要求，在拍卖法没有修订之前，设立拍卖公司仍需遵守拍卖法的规定。

根据国务院《关于取消和调整一批行政审批项目等事项的决定》，拍卖从业人员资格自 2014 年起取消。因此，设立拍卖企业时专业人员的要求发生了变化，不再需要有 3 名以上取得拍卖业从业资格的人员。分公司“应有两名以上取得拍卖业从业资格的人员”的条件也同时取消。

（二）拍卖人的权利和义务

根据《拍卖法》、《拍卖管理办法》和其他相关法律的规定，拍卖人享有的法律权利包括：

1. 信息知情权。拍卖人有权获得或要求其他拍卖活动当事人提供与其身份或标的有关的信息或资料。

2. 经营性拍卖活动开展权。在我国，拍卖人是法律许可的唯一有权从事经营性拍卖活动的主体。

3. 拍卖标的瑕疵声明权，《拍卖法》第 61 条第 2 款中明确规定：“拍卖人、委托人在拍卖前声明不能保证拍卖标的的真伪或品质的，不承担瑕疵担保责任。”

4. 获得服务报酬权。拍卖法规定，“委托人、买受人可以与拍卖人约定佣金的比例。委托人、买受人与拍卖人对佣金比例未作约定，拍卖成交的，拍卖人可以向委托人、买受人各收取不超过拍卖成交价百分之五的佣金。”

根据《拍卖法》、《拍卖管理办法》和其他相关法律的规定，拍卖人应当履行的法律义务主要包括：

1. 审核义务和信息披露义务。拍卖人在接受委托人的委托前，对委托人的身份、是否对委托拍卖标的具有所有权或处分权、委托标的的状况、是否有瑕疵等一系列问题进行审查和核实。

2. 对当事人的忠诚义务。拍卖人接受委托后，未经委托人同意，不得委托其他拍卖人拍卖。对委托人送交的拍卖物品，拍卖企业应当由专人负责，妥善保管，建立拍卖品保管、值班和交接班制度，并采取必要的安全防范措施。委托人、买受人要求对其身份保密的，拍卖人应当为其保密。

3. 不得自营义务和严守诚信义务。拍卖人及其工作人员不得以竞买人的身份参与自己组织的拍卖活动，并不得委托他人代为竞买。拍卖人不得在自己组织的拍卖活动中拍卖自己的物品或者财产权利。拍卖人不得与竞买人恶意串通，损害他人利益。

4. 依法交割的义务和其他义务。拍卖成交后，拍卖人应当按照约定向委托人交付拍卖标的的价款，并按照约定将拍卖标的移交给买受人。拍卖标的需要依法办理证照变更、产权过户手续的，委托人、买受人应当持拍卖人出具的成交证明和有关材料，向有关行政管理机关办理手续。

5. 其他义务。拍卖人进行拍卖时，应当制作拍卖笔录。拍卖笔录应当由拍卖师、记录人签名；拍卖成交的，还应当由买受人签名。拍卖人应当妥善保管有关业务经营活动的完整账簿、拍卖笔录和其他有关资料。前款规定的账簿、拍卖笔录和其他有关资料的保管期限，自委托拍卖合同终止之日起计算，不得少于5年。

（三）拍卖人的法律责任

《拍卖法》对拍卖人法律责任的规定：未经许可登记设立拍卖企业的，由工商行政管理部门予以取缔，没收违法所得，并可以处违法所得1倍以上5倍以下的罚款。拍卖人未按规定说明拍卖标的的瑕疵，给买受人造成损害的，买受人有权向拍卖人要求赔偿。拍卖人及其工作人员违反拍卖法的规定，参与竞买或者委托他人代为竞买的，由工商行政管理部门对拍卖人给予警告，可以处拍卖佣金1倍以上5倍以下的罚款；情节严重的，吊销营业执照。拍卖人违反拍卖法的规定，在自己组织的拍卖活动中拍卖自己的物品或者财产权利的，由工商行政管理部门没收拍卖所得。拍卖人与竞买人之间恶意串通，给他人造成损害的，拍卖无效，应当依法承担赔偿责任。由工商行政管理部门对参与恶意串通的拍卖人处最高应价10%以上50%以下的罚款。拍卖人违反拍卖法规定收取佣金的，应当将超收部分返还委托人、买受人。物价管理部门可以对拍卖人处拍卖佣金1倍以上5倍以下的罚款。

《拍卖管理办法》对拍卖人法律责任的规定：拍卖人因拍卖法律禁止的标的，给买受人造成损失的，应当给予赔偿；属于委托人责任的，拍卖人有权向委托人追偿。拍卖人违法出租、擅自转让拍卖经营权的，由省级商务主管部门责令其改正，并处3万元以下罚款。拍卖人雇佣未依法注册的拍卖师或其他人员充任拍卖师主持拍卖活动的，由省级商务主管部门视情节轻重予以警告，并处以非法所得额1倍以上的罚款，但最高不超过3万元；没有非法所得的，处以1万元以下的罚款。造成委托人和买受人损失的，拍卖人应当依法给予赔偿。拍卖人对拍卖标的进行虚假宣传，给买受人造成经济损失的；或者采用恶意降低佣金比例或低于拍卖活动成本收取佣金，甚至不收取佣金（义拍除外）或给予委托人回扣等手段进行不正当竞争的，由有关行政机关依法进行处罚。拍卖人在拍卖前违规进行公告或展示的，由省级商务主管部门视情节轻重予以警告，责令改正，延期拍卖或处以1万元以下罚款。拍卖人未说明拍卖标的的瑕疵，给买受人造成损害的，买受人有权要求拍卖企业给予赔偿；属于委托人责任的，拍卖企业有权向委托人追偿。

二、典型案例剖析

案例1

某地举办了一场拍卖会，事后买受人向人民法院起诉称：组织拍卖的拍卖公司未通过工商行政管理部门的年检，由于该公司连续6个月无正当理由未举办拍卖会，也没有营业纳税证明，已经被有关部门依法吊销了营业执照，主管部门也收回了其拍卖经营批准证书。拍卖公司原有的唯一一个拍卖师也于去年去世，拍卖公司一直没有补充拍卖师。这次主持拍卖会的拍卖师是从别的拍卖公司临时借来的。据此，请求法院确认拍卖无效，并要求赔偿给他造成的损失。法院经审理后认为买受人所述属实，随确认拍卖无效，判令拍卖公司对买受人承担返还财产的责任，并赔偿买受人因此遭受的损失。

法律问题

1. 本案例中拍卖公司的主体资格是否合法？
2. 我国《拍卖法》对设立拍卖公司有什么样的规定？
3. 拍卖公司应承担何种行政责任？应由哪一机关来追究？

法理分析

案例中拍卖公司的主体资格不合法。根据《拍卖法》的规定，本案中所谓的“拍卖公司”除了承担民事责任外，还应当承担行政法律责任，应由当地的工商行政管理部门对其予以取缔，没收非法所得，并处以非法所得1倍以上5倍以下罚款。

拍卖人是指依照《拍卖法》和《公司法》设立的从事拍卖活动的企业法人。根据《拍卖法》的规定，拍卖企业可以在设区的市设立。设立拍卖企业必须经所在地的省、自治区、直辖市人民政府负责管理拍卖业的部门审核许可，并向工商行政管理部门申请登记，领取营业执照。这是设立拍卖人的形式要件。

设立拍卖企业，应当具备的实质要件是：有100万元人民币以上的注册资本；有自己的名称、组织机构、住所和章程；有与从事拍卖业务相适应的拍卖师和其他工作人员；有符合本法和其他有关法律规定的拍卖业务规则；符合国务院有关拍卖业发展的规定；法律、行政法规规定的其他条件。拍卖企业经营文物拍卖的，应当有1000万元人民币以上的注册资本，有具有文物拍卖专业知识的人员。违反拍卖法的规定，未经许可登记设立拍卖企业应承担的法律责任是：由工商行政管理部门予以取缔，没收违法所得，并可以处违法所得1倍以上5倍以下的罚款。

商务部出台的《拍卖管理办法》，即商务部2004年第24号令对《拍卖法》的规定进一步予以了补充和细化，主要表现在以下几个方面：一是细化和明确了设立拍卖企业的实质要件，规定设立拍卖企业，还应当具备的实质要件包括：有固定的办公场所；至少有一名是拍卖师；并有与主营业务密切联系的行业从业资格的专职或兼职人员；符合商务主管部门有关拍卖行业发展规划。二是补充了设立拍卖企业的形式要件：即拍卖企业的名称应当符合企业名称登记管理的有关规定。拍卖企业名称中的行业表述应当标明"拍卖"字样。三是具体明确了申请设立拍卖企业应当提交的材料，包括：申请书；公司章程、拍卖业务规则；工商行政管理机关核发的企业名称预先核准通知书；拟任法定代表人简历和有效身份证明；拟聘任的拍卖师执业资格证书；固定办公场所产权证明或租用合同。四是明确了拍卖企业申请设立分公司应当符合条件和提交的材料。五是明确了设立拍卖企业及分公司的程序与法律责任。六是明确了外商投资拍卖企业的设立、变更和终止问题。要完整理解设立拍卖企业的条件，即应从形式要件和实质要件两个方面来理解，尤其不要忽略形式要件。

案例2

原告房地产有限责任公司诉称：2010年2月1日，被告甲拍卖有限公司与被告乙拍卖有限公司签订一份联合拍卖协议书，就双方合作拍卖某大酒店资产权益一事达成协议。按协议约定：由甲公司独资组织实施拍卖活动，并负责交纳履约保证金，以乙公司的名义进行拍卖。协议签订后，由于甲公司没有能力交纳履约保证金，被告涂某找到原告，要求原告交纳保证金，并于2010年2月3日涂某以乙公司名义与原告签订了一份协议书。按照协议书的约定，原告交纳保证金后保证原告在拍卖中以4600万元左右取得该拍卖资产，同时还约定如原告不能按上述价格取得该资产，被告赔偿原告80万元劳务损失。协议书签订后，原告依约交纳了履约保证金840万元，但原告最终没有取得该拍卖资产。之后，原告找到三被告交涉，要求按协议书的约定，赔偿原告的损失。乙公司认为，甲公司与涂某背着乙公司并以乙公司名义与原告签订协议书，原告的损失应由甲公司和涂某赔偿。甲公司和涂某于2010年3月8日书面承诺致函给乙公司，承诺甲公司和涂某未经乙公司同意与原告签订了协议书，由此引起的一切法律后果、经济赔偿责任均由甲公司和涂某承担。原告认为，三被告无能力交纳拍卖履约保证金，为了达到目的，诱骗原告交纳履约保证金，并书面承诺保证原告在交纳履约保证金后能以最低价取得该资产，但事实上原告在交纳了巨额保证金后，最终并没有取得该拍卖资产，三被告的行为构成违约，给原告造成重大经济损失，理应依法予以赔偿。本次拍卖的最终成交价是8500万元。依据协议书的约定，三被告只能按4600万元收取5%拍卖佣金，余下3900万元成交价5%的拍卖佣金195万元应由原告收取。理由是：三被告之所以能取得拍卖权获取高额拍卖佣金就是利用原告交纳的履约保证金才得以完成，三被告多收取的195万元佣金理应依法返还给原告。原告请求判令：三被告共同赔偿原告经济损失195万元，并承担本案诉讼费。

被告甲公司辩称：1. 联合拍卖协议书及协议书上均无我方签章，内容也不涉及我方义务，我方与原告之间不存在合同关系；2. 2010年2月3日协议书附生效条件，而该条件至今未成就，该协议尚未生效，其上×××拍卖有限公司公章属伪造没有法律效力；3. 原告证据无法证明其受到损失，也没有证据证明为×××拍卖有限公司造成；4. 原告起诉超过诉讼时效。

被告乙公司辩称：1. 协议书并非我方真实意思表示，我方从未与原告签订协议，也没有委托他人签订协议，也没有对无权代理的签订行为有过追认，我方对协议后果不应承担责任；2. 2010年2月3日协议书上加盖的我方公章系伪造；3. 原告主张的经济损失195万元没有计算依据；4. 协议内容违反《拍卖法》规定。

法院经过开庭审理，查明法律事实：2010年2月1日，被告甲公司和被告乙公司签订一份联合拍卖协议书，约定：甲公司与乙公司合作拍卖某大酒店资产权益，由甲公司负责向乙公司提供资产相关情况，帮助乙公司完成市场调研和提供买家，由甲公司出资组织拍卖实施，并负责交纳履约保证金，乙公司以自己名义具体操作……。该协议由涂某、万某分别代表甲公司、乙公司签字并加盖公司印章；次日双方又签订了联合拍卖协议书的补充条款，就拍卖佣金重新约定：按总佣金75:25分成，即甲公司占75%，乙公司占25%，税费按比例各自承担，涂某在甲公司代表栏签字并加盖甲公司公章。同年2月3日，涂某又以乙公司名义与原告房地产有限责任公司签订了一份协议书，主要内容为：就原告购买中国信达资产管理公司南宁办事处拥有的北海市某大酒店资产权益一事，原告委托乙公司全权办理，乙公司负责向原告提供拍卖标的物的相关资料，原告代乙公司向中国信达资产管理公司南宁办事处交纳840万元履约保证金，原告交纳保证金后乙公司保证原告以4600万元左右取得该拍卖资产，如乙公司不能在其举行的拍卖会操作过程中保证原告取得该资产，乙公司承诺赔偿原告80万元劳务损失。该协议书签订当日，原告通过银行向中国信达资产管理公司南宁办事处账户汇入840万元，并在账单上注明：代乙公司付北海某大酒店房地产项目报价履约保证金。同年2月9日，中国信达资产管理公司南宁办事处、某投资有限公司与乙公司签订委托拍卖合同，定于3月3日举行拍卖标的的拍卖会。经过拍卖，另外一家房地产开发有限公司以8500万元竞得该标，并向乙公司支付了425万元拍卖佣金。原告最终并未取得该拍卖资产，乙公司将840万元履约保证金退还原告。同年3月5日，原告致函乙公司，要求乙公司赔偿损失共计275万元。同年3月8日，甲公司及涂某向乙公司出具承诺函，声明在争取北海市某大酒店资产项目的拍卖权过程中，未经乙公司同意对外承诺了一些事项及签订的所有合同，对此行为引起的一切法律责任、经济责任由甲公司及涂某负责，均与乙公司无关。3月18日，乙公司复函原告，声明“涂某非我公司员工，也未经我公司授权，其以我公司的名义与贵公司签订合同所盖公章为私刻的假章，……”。同年3月22日，乙公司将部分拍卖佣金2997500元支付给甲公司。原告因未取得拍卖资产多次与乙公司、甲公司及涂某交涉，要求按协议书的约定向其赔偿损失未果，遂于2012年5月10日诉至法院，并提出上述诉讼请求。另查明：涂某于2010年2月3日以乙公司的名义与原告签订的协议书中乙公司的印章经司法鉴定中心鉴定系伪造印章，原被告对此均无异议。

法律问题

1. 涂某以乙拍卖公司名义与原告签订的《协议书》是否有效?

2. 原告的赔偿经济损失195万元的诉求是否应当得到支持?

法理分析

涂某以甲拍卖有限公司的名义与乙拍卖有限公司签订联合拍卖协议书和联合拍卖协议书的补充条款后，紧接着又以乙拍卖有限公司的名义与原告签订协议书，而协议书中乙拍卖有限公司的印章经司法鉴定中心鉴定系伪造印章，乙拍卖有限公司事前既没有授权涂某签订协议书，事后也没有对涂某的行为进行追认，因此乙拍卖有限公司对协议书产生的法律后果不应承担责任。另一方面，从协议书的内容来看，原告的目的是想通过帮助拍卖公司垫付履约保证金的方式以4600万元的价格取得拍卖标的物，这实际上属于恶意串通，明显与法律法规相违背。我国《合同法》第52条第2款规定，“恶意串通，损害国家、集体或者第三人利益的合同无效”，我国《拍卖法》第37条也规定，“竞买人之间、竞买人与拍卖人之间不得恶意串通，损害他人利益”。订立合同、履行合同不得损害国家、集体或者第三人利益，这是我国合同法的立法原则之一，在经济活动领域表现为阻止当事人利用合同的形式为非法的或不道德的行为提供合法的服务，很显然，这样的协议书属于无效协议，是不能得到法律保护的。更何况，原告并没有任何证据证明其因签订了本案中的协议书导致195万元的经济损失，因此，原告要求三被告共同赔偿经济损失195万元的诉讼请求，于法无据，不应予以支持。

三、补充思考案例

澳大利亚籍女士伊丽莎白有着丰富的中国文物与艺术品鉴定经验，并且在英国一家国际知名的大拍卖企业工作多年。受近年来中国拍卖业发展给国际拍卖业带来的巨大影响，她对中国拍卖业未来的发展前景充满了信心。于是打算在中国投资设立拍卖企业。但是她对中国有关外商投资拍卖业的政策和法律并不了解，便找到张律师就外资设立拍卖企业的条件、设立程序、注册资本以及经营范围等问题进行了咨询。

张律师对她的问题进行答复的要点如下:

第一，外资可以在中国投资拍卖业，但是不能设立外资独资的拍卖企业，只能与中国投资者合资成立中外合资拍卖企业，按照中国的《拍卖法》和《公司法》设立即可。

第二，外商投资设立拍卖企业必须经所在地的省、自治区、直辖市人民政府商务部门审核，领取拍卖经营批准证书，并向工商行政管理部门申请登记，领取营业执照。

第三，外商投资的拍卖企业与内资设立的拍卖企业在注册资本方面没有区别，按照《拍卖法》的要求应当有100万元人民币以上的注册资本；拍卖企业经营文物拍卖的，应当有1000万元人民币以上的注册资本。

第四，外商投资的拍卖企业是按照中国法律设立的中国法人，在经营范围上与内资设立的拍卖企业的经营范围一样，没有特别的限制。

张律师的解答是否正确?为什么?

第二节 委 托 人

《拍卖法》第25条规定，委托人是指委托拍卖人拍卖物品或者财产权利的公民、法人或者其他组织。

一、法律原理概要

（一）委托人的含义

委托人是指委托拍卖人拍卖物品或者财产权利的公民、法人或者其他组织，但是这并不意味着所有委托拍卖人拍卖物品或者财产权利的公民、法人或者其他组织都是合格的委托人。《拍卖法》第6条规定，“拍卖标的应当是委托人所有或者依法可以处分的物品或者财产权利。”拍卖实践中，委托人一般应当是拍卖标的的所有权人，但委托人并不必然等于拍卖标的的所有权人。拍卖实践中也会出现非财产所有权人充当委托人的情况。比如国有资产拍卖中，国有资产的真正产权人是国家，而国家不可能在每一项国有资产拍卖中与拍卖公司签订拍卖委托协议充当委托人。因此，在国有资产拍卖中，委托人都不是真正的产权人，而是实际上占有使用国有资产的主体。一般是得到国家授权的主体，比如国家机关。再比如，被采取了行政或司法强制措施的财产拍卖，这些财产拍卖时，委托人实际上并不是财产所有权人。

（二）委托人的主要权利

1. 委托拍卖权。委托人基于自身权利的行使，具有选择拍卖方式来处置拍卖标的的权利，以及选择具体的拍卖人来拍卖的权利。委托人的拍卖委托权还表现在再行拍卖的同意权方面。《拍卖法》规定，“拍卖成交后，如果买受人违约，拍卖人希望对拍卖标的再行拍卖时，需要征得委托人的同意。”

2. 保留价确定权。《拍卖法》第28条规定，“委托人有权确定拍卖标的的保留价并要求拍卖人保密。”拍卖人在委托人确定保留价的过程中，可以运用自己的专业知识和市场预判给委托人一个较为合理的建议。但从权利的属性上考虑，保留价的最终确定权应归属委托人行使。

3. 获得拍卖价款权。《拍卖法》第31条规定，“拍卖成交后，拍卖人应当按照约定向委托人交付拍卖标的的价款。”拍卖实践中，委托人有权按照约定要求拍卖人或者买受人支付拍卖价款。

4. 拍卖活动监督权。作为委托拍卖合同的一方当事人，委托人有权依法或依据合同约定监督拍卖的过程，以避免拍卖活动损害其利益。

5. 中止拍卖权。《拍卖管理办法》第40条规定，“委托人在拍卖会开始前以正当理由书面通知拍卖企业中止拍卖的，拍卖人应当中止拍卖。中止拍卖由拍卖企业宣布。中止拍卖的事由消失后，应恢复拍卖。”

6. 拍卖标的撤回权。《拍卖法》第29条规定，“委托人在拍卖开始前可以撤回拍卖标的。委托人撤回拍卖标的的，应当向拍卖人支付约定的费用；未作约定的，应当向拍卖人支付为拍卖支出的合理费用。”《拍卖法管理办法》第41条规定，“委托人在拍卖会前书面通知拍卖企业终止拍卖的，应当终止拍卖。”虽然委托人有拍卖标的的撤回权，但实践中委托人在撤回拍卖标的时，通常应该与拍卖人协商处理。

（三）委托人的主要义务

1. 证明委托人资格的义务。《拍卖法》第41条规定，“委托人委托拍卖物品或者财产权利，应当提供身份证明和拍卖人要求提供的拍卖标的的所有权证明或者依法可以处分拍卖标的的证明及其他资料。”

2. 说明标的来源和瑕疵的义务。《拍卖法》第27条规定，“委托人应当向拍卖人说明拍卖标的的来源和瑕疵。”委托人作为财产出让一方，对其出让的财产负有品质担保和权利担保的义务。为此，拍卖法规定委托人应当履行向拍卖人说明标的来源和瑕疵的义务，其中说明标的来源是委托人对标的权利担保的体现，而说明标的瑕疵则是委托人对标的品质担保的体现。

3. 移交拍卖标的义务。《拍卖法》第31条规定，“按照约定由委托人移交拍卖标的的，拍卖成交后，委托人应当将拍卖标的移交给买受人。”《拍卖法》第55条规定，“拍卖标的需要依法办理证照变更、产权过户手续的，委托人、买受人应当持拍卖人出具的成交证明和有关资料，向有关行政管理机关办理手续。”

4. 支付拍卖佣金和费用的义务。根据《拍卖法》的规定，“委托人可以与拍卖人约定佣金比例。委托人与拍卖人对佣金比例未作约定，拍卖成交的，拍卖人可以向委托人收取不超过拍卖成交价5%的佣金。拍卖未成交的，拍卖人可以向委托人收取约定的费用；未作约定的，可以向委托人收取为拍卖支出的合理费用。”

（四）委托人的法律责任

《拍卖法》规定，“委托人是指委托拍卖人拍卖物品或者财产权利的公民、法人或者其他组织。”《拍卖法》同时规定，“拍卖标的应当是委托人所有或者依法可以处分的物品或者财产权利。”可见，委托人在行使委托权时必须依法行使，委托人不能将自己不具备所有权或处分权的物品或权利委托拍卖人拍卖。如果委托人委托拍卖其没有所有权或者依法不得处分的物品或者财产权利的，应当依法承担责任。

《拍卖法》规定，“委托人应当向拍卖人说明拍卖标的的来源和瑕疵，而拍卖人应当向竞买人说明拍卖标的的瑕疵。拍卖人、委托人未说明拍卖标的的瑕疵，给买受人造成损害的，买受人有权向拍卖人要求赔偿，属于委托人责任的，拍卖人有权向委托人追偿。”

《拍卖法》规定，“按照约定由委托人移交拍卖标的的，拍卖成交后，委托人应当将拍卖标的移交给买受人。委托人在拍卖开始前可以撤回拍卖标的，委托人撤回拍卖标的的，应当向拍卖人支付约定的费用；未作约定的，应当向拍卖人支付为拍卖支出的合理费用。”另外，《拍卖法》还规定，“委托人可以和拍卖人约定佣金比例。”从这些规定可知，如果委托人违约，不履行约定的义务或者履行义务不符合约定的情况下，委托人应当承担违约责任。

按照《拍卖法》规定，“委托人不得参加自己所委托拍卖标的物的竞买，也不得委托他人代自己参加本人委托拍卖标的物的竞买。委托人参与竞买或者委托他人代为竞买的，工商行政管理部门可以对委托人处以拍卖成交价30%以下的罚款。”

二、典型案例剖析

案例1

2002年1月11日，南海交行与某拍卖行签订了一份《委托拍卖合同》。合同约定：由南海交行将其拥有的国有土地使用权证中的土地使用权委托拍卖行于同年1月11日至3月31日依法公开拍卖；起拍价为2828000元，拍卖以增价方式进行；南海交行在交付拍卖物时，应向拍卖行指出其知道或应当知道的拍卖物瑕疵；拍卖成交后，南海交行应按成交金额的1%支付佣金给拍卖行，否则，由此造成的后果由南海交行负责等。

合同签订后，拍卖行于同年1月21日在《佛山日报》等报纸上发布了《拍卖公告》，并申明拍卖物展示期从该日起至同月27日止。拍卖行报价单载明了拍卖物的起拍价，公开备查的拍卖参考资料中亦附有由南海交行提供的国有土地使用权证及南海交行委托南海市正信价格事务所有限公司于2001年12月21日至同年12月24日间对拍卖物作出的南估价字（2000）306号评估结论书，载明：该地沿盐南路往内10米已被政府规划为扩建道路之用，且该地块上有一组高压线横跨，对未来建设有一定影响。拍卖行于2002年1月15日向原南海市国土局查询拍卖标的的《宗地平面图》，该图未注明该地块位于不准建筑的控制范围内。

竞买人高某咨询了土地登记情况、评估报告，对拍卖物进行了实地勘察与测量，并于2002年1月28日在拍卖行第107期拍卖会上以2828000元的价格竞得该拍卖物，应付佣金141400元，同时签订了拍卖成交确认书。次日，买受人高某支付了上述款项。同年2月4日，拍卖行扣除了28000元佣金后，支付给南海交行拍卖款280万元。

2002年3月，买受人高某向南海市有关部门咨询报建时，被告知该土地在1996年即被确定为市级规划的“五纵四横”路网系统中“南北二线”的一段，建筑控制线为114米（南海市人民政府于1996年11月公布的《南海市城乡建设规划管理实施细则》附表中，规定道路红线宽度为90米），即自道路中心两边各退让57米。南海市规划建设局村镇科在该地号平面图上加注“该地块刚好位于控制不准建筑范围内，所以无法规划建设。”南海交行在委托评估、委托拍卖过程中，知道或应当知道该地块的规划用途情况。为此，买受人高某以拍卖行与南海交行隐瞒真相，恶意串通，构成欺诈为由，请求解除成交确认书，要求退还拍卖款2828000元、拍卖佣金141400元，并赔偿其损失178164元。

广东省高级人民法院以拍卖行拍卖的标的物存在瑕疵且未告知买受人的行为构成欺诈为由作出（2002）粤高法民一终字第175号民事判决，认定拍卖成交确认书无效，判令拍卖行支付拍卖款2828000元、佣金141400元及利息（从2002年1月29日起至付清日止按中国人民银行同期同类贷款利率计算）给高某。

拍卖行于2003年1月13日履行了广东省高级人民法院作出（2002）粤高法民一终字第175号民事判决后，要求南海交行返还相应款项未果，遂于2003年1月27日向法院起诉，请求判令南海交行返还拍卖款280万元及利息（从2002年1月29日起至付清日止，按中国人民银行同期同类贷款利率计付），赔偿损失30199元，在省级报纸上道歉、恢复名誉，并负担诉讼费。

法院审理认为：拍卖行、南海交行签订的委托拍卖合同有效。南海交行委托拍卖行拍卖其所有的土地使用权，拍卖行按约定进行了拍卖并将拍卖所得价款280万元交付给南海交行。但其后，买受人起诉拍卖行，广东省高级人民法院以拍卖行拍卖的标的物存在瑕疵且未告知买受人的行为构成欺诈为由终审判决确认拍卖成交确认书无效，判令拍卖行返还拍卖款、佣金及利息给买受人。按双方签订的委托拍卖合同关于"南海交行在交付拍卖物时应向拍卖行指出其知道或应当知道的拍卖物瑕疵"的约定及《拍卖法》第27条"委托人应当向拍卖人说明拍卖标的的来源和瑕疵"的规定，南海交行作为委托人，应当向拍卖行提供真实、准确的资料及说明标的来源和瑕疵，而其在委托拍卖过程中，未将该地块的规划用途已由商业用途转为不准建筑的道路用地的情况告知拍卖行，对拍卖行隐瞒了该地块存在的瑕疵。其行为是违约行为和违反法律规定的行为。拍卖行在履行委托拍卖合同过程中，已对南海交行提供的拍卖标的的资料进行核实，得到证实南海交行提供的资料是真实的。鉴于《拍卖法》第42条"拍卖人应当对委托人提供的有关文件、资料进行核实"的规定，对该如何核实无明文规定，故拍卖行在核实过程中没有过错。因此，造成本案讼争的拍卖标的的拍卖成交确认书被确认无效是南海交行没有把委托拍卖标的的瑕疵向拍卖行说明造成的。根据《拍卖法》第61条第1款"拍卖人、委托人违反本法第18条第2款、第27条的规定，未说明拍卖标的的瑕疵，给买受人造成损害的，买受人有权向拍卖人要求赔偿；属于委托人责任的，拍卖人有权向委托人追偿"的规定，南海交行应返还所收取的拍卖款予拍卖行并赔偿因其过错而对拍卖行造成的财产损失。

综上，依据上述法律规定及《民法通则》第106条第2款、第134条第1款第（9）项的规定，判决：南海交行应于判决发生法律之日起10日内返还拍卖款280万元予拍卖行；南海交行应于判决发生法律效力之日起10日内赔偿拍卖款利息损失（从2002年1月29日起至付清日止按中国人民银行同期同类贷款利率计算）予拍卖行；南海交行应于判决发生法律效力之日起10日内赔偿诉讼费损失30199元予拍卖行。

南海交行不服一审判决，向广东省佛山市中级人民法院上诉称：土地使用权的瑕疵是指土地使用权的行使因法定原因受到限制。南海交行对拍卖物享有的土地使用权的权能完整。因此，一审认定土地使用权存在瑕疵不当。政府规划会影响拍卖物的商业价值，但规划并不影响土地使用权的效力，南海交行仍有权对土地进行拍卖转让。买受人取得土地使用权后，可依法得到补偿，从而实现受让土地使用权的价值。南海交行向拍卖行提供了国有土地使用证和评估结论书，并在评估结论书中说明该土地的开发利用存在着规划上的风险，已履行向拍卖行的说明义务。一审认定南海交行隐瞒拍卖标的的瑕疵不符事实，混淆了违约责任和侵权责任的区别，从而适用法律错误；南海交行不存在隐瞒拍卖标的瑕疵的事实，一审适用

《拍卖法》第42条判令南海交行承担赔偿责任没有事实依据，适用法律也不当。请求撤销一审判决，驳回拍卖行的诉讼请求，并由拍卖行负担一审、二审诉讼费。但是，上诉人南海交行对其陈述的事实未提供新的证据。

被上诉人拍卖行答辩称：南海交行是隐瞒了拍卖物的瑕疵，即土地性质已由商业用途变成道路建设用地的瑕疵，该事实可由评估结论书予以证明。请求驳回上诉，维持一审判决。被上诉人拍卖行也未为其辩解提供新的证据。

根据上述当事人确认的证据、事实以及对当事人争议的证据的认证，二审法院确认了以上查明的事实。

法律问题

1. 本案中拍卖标的物是否存在瑕疵？
2. 委托人对拍卖标的瑕疵负有何种义务？本案委托人是否尽到了该义务？

法理分析

本案中的拍卖标的物存在瑕疵。该土地使用权指向的地块因规划用途的变化，造成了价值和效用上的严重瑕疵。委托人应当向拍卖人说明拍卖标的的来源和瑕疵。拍卖标的的来源和瑕疵决定着拍卖人能否接受拍卖委托及确定接受委托的价位。说明标的来源、提供有关的所有权证明及资料是委托人的义务，也是拍卖人接受委托的基本要求。为了保护竞买人的利益，拍卖人对标的瑕疵必须予以说明。本案中的委托人没有尽到法定的说明义务，根据《拍卖法》第61条规定，拍卖人、委托人违反本法第18条第2款、第27条的规定，未说明拍卖标的的瑕疵，给买受人造成损害的，买受人有权向拍卖人要求赔偿；属于委托人责任的，拍卖人有权向委托人追偿。

瑕疵在拍卖中指两个方面的含义：一是指拍卖标的的真伪（比如文物字画的真伪）和质量方面的缺陷（比如房屋的合格与否，车辆的状况等）；二是指权利方面存在争议、标的物上存在着第三人的权利、标的物被采取了强制措施导致权利障碍等，比如财产的权利纠纷、抵押或司法查封等影响财产权利交易的措施等。南海交行委托拍卖行拍卖的土地使用权虽然没有争议，不存在第三人的抵押或租赁等权利，也没有被采取查封等强制措施，但是该土地使用权指向的地块因规划用途的变化，造成了价值和效用上的严重瑕疵。这种瑕疵可以看作是拍卖标的物品质方面的瑕疵。

拍卖行依据《拍卖法》第42条关于"拍卖人应当对委托人提供的有关文件、资料进行核实"的规定，对南海交行提供的资料进行核实，得到证实是真实的，查得的宗地平面图又未反映本案所涉地块位于不准建筑控制范围内，而且还有评估结论书佐证。在这种情况下，拍卖人对该标的物无瑕疵应该是深信不疑的。因此可以认定拍卖公司已经尽到了对委托人提供的文件、资料进行审核的义务。拍卖公司在瑕疵披露问题上不存在与委托人恶意串通。

南海交行作为地块的所有人，其在委托评估、委托拍卖过程中，知道或应当知道该地块的规划用途情况，但其向拍卖行提供的《评估结论书》缩小了不准建筑的控制范围，未就该地块规划用途的变化完全告知拍卖行，导致拍卖行未能向竞买人说明地块的瑕疵，违反了

《拍卖法》第 27 条“委托人应当向拍卖人说明拍卖标的的来源和瑕疵”规定的强行性义务，侵害了拍卖行的合法权益。

《拍卖成交确认书》被确认无效的责任在于南海交行没有把委托拍卖标的的瑕疵向拍卖行说明造成的。根据《拍卖法》第 61 条第 1 款“拍卖人、委托人违反本法第 18 条第 2 款、第 27 条的规定，未说明拍卖标的的瑕疵，给买受人造成损害的，买受人有权向拍卖人要求赔偿；属于委托人责任的，拍卖人有权向委托人追偿”的规定，南海交行应返还所收取的拍卖款予拍卖行，并赔偿因其过错给拍卖行造成的财产损失。

案例 2

2004 年 2 月 3 日，原告拍卖有限公司与被告百越壮都旅游开发有限公司签订了一份合同编号为川拍项字 2004 年第 8 号的委托拍卖合同，合同约定：甲方（被告）委托乙方（原告）拍卖“百越壮都”商标品牌、百越壮都旅游开发有限公司 100% 股权、百越壮都项目在南宁良凤江国家森林公园 51% 以上股份及项目配套土地 500 亩使用权。四个标的整体拍卖保留底价为人民币 2000 万元。合同还约定拍卖成交后，乙方须在甲方办理完证照转移、股权转让、股份划分、《可研》批复等手续，在工商局办理变更登记手续后的 3 个工作日内一次性扣除佣金后将拍卖成交款付给甲方，不得延误。否则乙方将按成交款的 5% 支付违约金给甲方，逾期 15 天以上，不支付拍卖成交款给甲方的，则按成交款的 20% 支付违约金等条款。

合同签订后，原告发布了拍卖公告，并于 2004 年 2 月 29 日举行了拍卖会。在该拍卖会上竞买人黄某以 2000 万元人民币的最高应价竞买成交，成为合同标的的买受人，并于当日与原告方签署了《拍卖成交确认书》，同时缴纳了成交定金 200 万元。

之后被告没有交付标的物，而是向原告提出“由买受方在拍卖成交后 15 日内首付 150 万元人民币给委托方。并将其余拍卖成交款在扣除应支付受托方（5%）的拍卖佣金 100 万元人民币外，必须将全部成交款由买受方直接支付给委托方。”的变更合同的请求。原告对被告变更合同的请求不予认可，坚持要求被告履行原合同约定的义务。双方遂引起纠纷。原告诉至法院，要求判令被告支付拍卖成交额 5% 的违约金 100 万元人民币；支付原告各项损失费用 6.6 万元（含广告费 50000 万元、场地租金 5200 元、差旅费等费用）；并承担本案的诉讼费用。

法院另外查明：原告在拍卖前对拍卖标的物曾到工商行政管理局进行备案，但工商局对其中的“百越壮都项目在南宁良凤江森林公园 51% 以上股份及配套用地 500 亩土地使用权”不予备案。而被告亦未向原告提供任何证据证明其对该两项拍卖标的物具有所有权和依法可以处分的有效证据。被告从签订委托合同至拍卖期间，对委托拍卖的四项标的中的“百越壮都项目在南宁良凤江国家森林公园 51% 以上股份及项目配套土地 500 亩使用权”没有实际的所有权和处分权。对此事实原告如认真审核被告提供的有关文件、资料是应当知情的。

法院认为，原告与被告于 2004 年 2 月 3 日签订的《委托拍卖合同》，虽是双方当事人的真实意思表示，但被告从该委托合同签订前至拍卖期间，对委托拍卖的四项标的中的“百越壮都项目在南宁良凤江国家森林公园51%以上股份及项目配套土地500亩使用权”没有实际的所有权和处分权。原告对被告委托其拍卖的标的物的有关文件、资料等也没有尽到认真审核的义务，且在知道被告对其中两项委托拍卖物不具有处分权的情况下，仍然依拍卖合同进行拍卖，则双方所签订的合同应属无效合同，造成合同无效不能履行，原、被告双方均有过错。根据合同无效的处理原则，原、被告双方应各自承担相应的民事责任。故原告要求被告支付拍卖成交额5%的违约金100万元人民币的诉讼请求，于法无据，法院不予支持，鉴于本案造成合同的无效，被告负有主要过错责任，则其应对原告的各项损失56020元负主要责任。法院据此判决被告百越壮都旅游开发有限公司向原告拍卖公司支付广告费、场地租用费和差旅费共计人民币50418元；驳回原告的其他诉讼请求。

法律问题

1. 法院确认本案委托拍卖合同无效是否正确？

2. 拍卖人应承担什么法律责任？

法理分析

法院以委托人对其中两个标的没有实际的所有权和处分权为由确认委托拍卖合同无效是正确的。因为本次拍卖是对四个标的整体拍卖，无法分拆。拍卖人明知委托人对拍卖的物品或者财产权利没有所有权或者依法不得处分的，应当承担连带责任。

《拍卖法》第25条规定，“委托人是指委托拍卖人拍卖物品或者财产权利的公民、法人或者其他组织。”但是，委托人在行使委托权时必须依法行使，委托人不能将自己并不具备所有权或处分权的物品或权利委托拍卖人拍卖。《拍卖法》第6条明确规定，“拍卖标的应当是委托人所有或者依法可以处分的物品或者财产权利”，否者委托人应当承担《拍卖法》第58条所规定的法律责任，即“委托人违反本法第六条的规定，委托拍卖其没有所有权或者依法不得处分的物品或者财产权利的，应当依法承担责任。”但是拍卖法在这里并没有明确委托人承担的法律责任的性质，是民事责任还是行政责任？如果是民事责任，那么是侵权责任还是违约责任？具体承担责任的方式是什么？也没有明确向谁承担责任，是向买受人承担责任还是向拍卖人承担责任？还是向其他第三人承担责任？

《拍卖法》第58条所指的法律责任应当是民事责任。首先，委托拍卖物品或财产权利的行为是一种民事行为，是转移财产所有权的一种民事行为，这种行为导致的结果只能是民法上的结果。如果这种行为合法有效，那么就将产生行为当事人所期望的转移财产所有权的民事法律效果；如果这种行为无效，那么当事人也只须承担民法上民事行为无效后果。其次，《拍卖法》第58条包含两层含义：第一层含义是“委托人违反本法第六条的规定，委托拍卖其没有所有权或者依法不得处分的物品或者财产权利的，应当依法承担责任”；第二层含义是“拍卖人明知委托人对拍卖的物品或者财产权利没有所有权或者依法不得处分的，应当承担连带责任”。“连带责任”是一种民事责任，行政责任和刑事责任在我国不存在“连带责任”问题。由此可以认定，立法者的本意是指“民事责任”。有人可能会说，如果委托人委托的物品是盗窃或抢劫来的，那么委托人也可能构成犯罪承担刑事责任。笔者认为，如果委托人所委托的财物确实盗窃或抢劫的“赃物”，委托人自然应当承担刑事责任。

但是委托人承担刑事责任并不是因为他委托拍卖人拍卖了“赃物”，而是因为他的其他触犯刑律的行为，即便是委托人没有委托拍卖人拍卖“赃物”，他也同样会承担刑事责任。这里探讨的是委托人“委托拍卖其没有所有权或者依法不得处分的物品或者财产权利”应当承担的责任。当然了，如果委托人的这一行为同时触犯了刑法或行政法的时候，也可能会在承担民事责任的同时，承担刑事责任或行政责任。比如，委托人的这一行为可能构成“销赃罪”，但是拍卖人只对其中的民事责任承担“连带责任”。

民事责任一般都是向一个特定的民事主体所承担的法律责任，而不是向国家承担的法律责任。那么委托人承担法律责任的这个主体是谁呢？有观点认为委托人违反《拍卖法》第6条的规定，委托拍卖其没有所有权或者依法不得处分的物品或者财产权利时，买受人的权利首先会受到侵犯，因此委托人应当向买受人承担法律责任。并且由于《拍卖法》第58条规定的首先承担法律责任的主体是委托人而不是拍卖人，据此认为《拍卖法》赋予了买受人直接向委托人主张权利的权利。并进一步认为拍卖法律关系中，委托人与买受人之间存在直接的买卖关系，拍卖人只是一个中介而已。笔者认为这种观点值得商榷。就《拍卖法》第58条的立法原意而言，委托人承担法律责任的对象不应当是买受人，而应当是拍卖人和买受人以外的第三人，即被委托拍卖的财物或财产权利的真正主人。委托人违反《拍卖法》第6条的规定，委托拍卖其没有所有权或者依法不得处分的物品或者财产权利时，首先权利受到侵犯的是被拍卖财产的所有权人。《拍卖法》第58条的立法本意在于保护被拍卖财产的所有权人的合法权益。这就是为什么拍卖法将委托人规定为承担法律责任的第一主体，而将拍卖人规定为承担法律责任的第二位主体的出发点。而且拍卖人承担法律责任还附有条件，即只有在拍卖人明知委托人对拍卖的物品或者财产权利没有所有权或者依法不得处分时，才应当承担连带责任。如果这里立法的本意在于保护买受人的权益，那么应当将拍卖人列为第一位的责任人，而将委托人列为第二位有条件承担连带责任的主体。这样才与整个拍卖法将拍卖人作为一个独立对买受人承担法律责任的立法设计相协调。

委托人违反《拍卖法》第6条的规定，委托拍卖其没有所有权或者依法不得处分的物品或者财产权利而给买受人造成损失时，买受人是否可以直接起诉委托人呢？这一问题比较复杂。如果委托人违反《拍卖法》第6条的规定，委托拍卖其没有所有权或者依法不得处分的物品或者财产权利而导致拍卖无效，这时买受人事实上有权向拍卖人和委托人双方主张权利。因为，拍卖无效意味着成交确认书无效，买受人与拍卖人之间不存在合法有效的合同关系，买受人的损失可以看作是拍卖人与委托人共同侵权的结果。因此，买受人可以将两者看作共同侵权人而直接起诉。但是其法律依据并不是《拍卖法》第58条的规定，而是民法通则等关于民事侵权的规定。

三、补充思考案例

某拍卖公司接受委托，拍卖委托人个人拥有的一处房产，拍卖佣金为成交价的5%，保留价为100万元。拍卖公司向每位竞买人收取了竞买保证金30万元。竞买协议书中约定：佣金为成交价的5%，竞买成功后，保证金自动转为定金。如果买受人违约，则定金不予退还；如果拍卖人违约，则双倍返还定金。拍卖会上，竞买人马某和龙某两人频频举牌应价。

经过激烈竞价，最后马某以120万元竞得该标的，当场与拍卖公司签订了拍卖成交确认书。后来马某觉得成交价太高，未按约定支付成交价款和佣金。拍卖公司在征得委托人同意的情况下，按照第一次委托拍卖合同约定的条件进行了第二次拍卖，龙某以100万元竞得，支付了全部成交价款和佣金后，拍卖公司向龙某出具了成交证明和相关材料。拍卖公司在扣除5万元的佣金后，将剩余价款95万元交给了委托人。委托人认为拍卖公司还应当支付两次拍卖价款之间的差额20万元。拍卖公司则认为差额部分当由第一次拍卖中的买受人马某补足，委托人应当向马某主张。这期间，买受人龙某要求委托人协助办理产权过户手续，委托人以拍卖公司未付清成交价款为由，拒绝办理。龙某无奈，将拍卖公司和委托人列为共同被告，向法院起诉，要求两被告为其办理竞得房产的产权过户手续。委托人则以拍卖公司为被告向法院起诉，要求拍卖公司支付两次拍卖价款的差额20万元。拍卖公司也以马某为被告向法院起诉，要求马某支付第一次拍卖中其本人和委托人应当支付的佣金12万元和两次拍卖价款的差额20万元。

1. 委托人要求拍卖公司支付两次拍卖价款差额20万元的诉讼请求是否成立？为什么？
2. 委托人拒绝协助买受人龙某办理产权过户的理由是否成立？为什么？

第三节　竞　买　人

《拍卖法》规定，“竞买人是指竞购拍卖标的的公民、法人或者其他组织。”这是竞买人的法律定义。

一、法律原理概要

（一）竞买人资格

竞买人的资格一般是没有限制的。《拍卖法》第32条规定，“竞买人是指参加竞购拍卖标的的公民、法人或者其他组织；”第67条规定，“外国人、外国企业和组织在中华人民共和国境内委托拍卖或者参加竞买的，适用本法。”但是竞买人在有些特殊情况下也存在资格问题。《拍卖法》第33条规定，“法律、行政法规对拍卖标的的买卖条件有规定的，竞买人应当具备规定的条件。”《拍卖管理办法》第38条规定，“法律、行政法规和规章对拍卖标的受让人有特别规定的，拍卖企业应当将标的拍卖给符合法律、行政法规和规章要求的竞买人。”最高人民法院《关于人民法院民事执行中拍卖、变卖财产的规定》第15条规定，“法律、行政法规对买受人的资格或者条件有特殊规定的，竞买人应当具备规定的资格或者条件。”《拍卖法》还规定，“拍卖人及其工作人员不得参加自己举办的拍卖会，也不得委托他人代为竞买；委托人不得参加竞买，也不能委托他人代为竞买。”这些规定事实上将拍卖人、拍卖人的工作人员以及委托人及其代理人排除在竞买人的范围之外。拍卖人、拍卖人的工作人员以及委托人及其代理人不具备竞买人资格。

（二）竞买人的权利和义务

根据《拍卖法》的规定，竞买人的主要权利和义务包括：竞买人可以自行参加竞买，也可以委托其代理人参加竞买；竞买人有权了解拍卖标的的瑕疵，有权查验拍卖标的和查阅有关拍卖资料：竞买人一经应价，不得撤回，当其他竞买人有更高应价时，其应价即丧失约束力；竞买人之间、竞买人与拍卖人之间不得恶意串通，损害他人利益。

拍卖中的法定优先购买权，通常可以分为行政先买权和当事人先买权两种。行政先买权是由于国家公权力的介入而产生的，在同等条件下，国家享有优先购买的权利，拍卖品只能由国家或由国家指定的机构购买。《文物保护法》第 58 条规定“文物行政部门在审核拟拍卖的文物时，可以指定国有文物收藏单位优先购买其中的珍贵文物。购买价格由文物收藏单位的代表与文物的委托人协商确定”；国家文物局《文物拍卖管理暂行规定》第 16 条也规定：“国家对文物拍卖企业拍卖的珍贵文物拥有优先购买权”。当事人先买权在拍卖中运用的就更多一些，如承租人、财产共有人及公司股东等在相应拍卖品的拍卖中具有优先购买权。

《拍卖法》第 30 条规定：“委托人不得参与竞买，也不得委托他人代为竞买”。这是我国《拍卖法》中非常重要的关于禁止委托人竞买的规则。但是有一点需要注意，该禁止性规定的效力仅限于委托人参与竞买自己委托的拍卖标的，如果委托人参与竞买同一场拍卖会上其他人委托的拍卖标的，因其身份不再是委托人，则不应在禁止之列。《拍卖法》第 22 条规定：“拍卖人及其工作人员不得以竞买人的身份参与自己组织的拍卖活动，并不得委托他人代为竞买”。禁止参加的拍卖活动限于拍卖人自己组织的拍卖活动。

二、典型案例剖析

案例 1

某拍卖公司受法院委托拍卖农机公司的房产。胡某系广达公司的法定代表人，该公司为 5 位自然人组成的有限责任公司。拍卖公告发布后，胡某办理了竞买手续，拍卖公司工作人员当场讲清了办理手续的有关事项后，胡某领取了《拍卖规则》、《拍卖须知》，填写了登记表，并用广达公司的支票通过转帐方式将保证金转到拍卖公司帐户，拍卖公司为胡某个人开具了保证金收据。拍卖成交后，因法院原因无法履行《拍卖成交确认书》。胡某随后以广达公司名义起诉拍卖公司，要求拍卖公司承担违约责任。

拍卖公司答辩认为原告的诉讼主体错误：一是《拍卖规则》第 15 条、第 16 条、《拍卖须知》第 1 条明确告知：如单位竞买要凭法人证书与委托书等，如自然人竞买凭个人身份证明等；二是胡某只提供了个人身份证明，并填写了竞买登记表，进行了身份确认；三是胡某交纳保证金后，拍卖公司为胡某个人开具了保证金收据；四是成交后胡某个人当场签署了成交确认书。

法院经过审理，在判决书中认为胡某以广达公司支票交纳保证金的行为系公司行为，认定竞买人是胡某的广达公司而不是胡某个人，原告的诉讼主体正确。

法律问题

1. 本案中的竞买人应该是谁？

2. 如何区分法定代表人的个人行为与法人行为？

法理分析

《拍卖法》第32条规定："竞买人是指参加竞购拍卖标的的公民、法人或者其他组织。"本案中的竞买人应当是胡某个人。法定代表人以法人的名义所进行的职权行为是法人行为，其他行为应属法定代表人个人行为。

我国《民法通则》规定："依照法律或者法人组织章程规定，代表法人行使职权的负责人，是法人的法定代表人"。法人的法定代表人是法人的机关，对外代表法人，法定代表人的行为也就是法人的行为。但是法人的法定代表人又是一个自然人，可以自己的名义进行民事活动。因此，并非其实施的一切行为都是法人的行为，只有其以法人的名义、代表法人实施的行为，才能为法人的行为。

企业法定代表人的行为是个人行为还是法人行为，主要应从两个方面来判断：一是看其行为是否是以法人的名义进行的行为；二是看其行为是否是在为执行法人的"职权"。就本次拍卖而言，胡某出示个人的身份证明，以个人的名义登记为竞买人，以个人的名义交纳了保证金（领取了个人名义的收据），以个人的名义参加了拍卖会，以个人名义签署了拍卖成交确认书。整个拍卖过程都不是以"法人"的名义进行的"企业职权"行为。因此，可以肯定，胡某是一个自然人竞买人。

拍卖实践和现实生活中经常发生用他人的支票交款的情况，但是支票本身不能表明履行义务的主体，履行义务的主体往往是通过收取支票一方开具的收据来确定的。保证金的来源不能作为衡量竞买人身份的标准。本次拍卖中，拍卖公司收取了广达公司名义的支票后，给胡某个人开具了收款凭据，因此，交纳保证金的主体应当是胡某个人，而不是广达公司。法院仅凭支票是广达公司的支票这一点理由，就将广达公司认定为竞买人显然是错误的和违背常理的。

案例2

某拍卖公司接受委托，拍卖一商铺的经营权。由于该商铺地理位置优越，报名参加竞买的人很多。晋某是一家商贸公司的法定代表人，同时也是承办这次拍卖活动的拍卖公司的投资人之一，但他从不参与该拍卖公司的具体经营和管理活动活动，只是按照投资协议分享利益和承担责任。晋某也看好这次拍卖的标的，以个人身份报名参加竞买。宋某是一位下岗女工，一直没有找到新的工作，其丈夫在该拍卖公司当会计，宋某也正想开一家自己的商铺，听说此事后，也以个人身份报了名。但是，由于这两位竞买人都与举办拍卖活动的拍卖公司存在某种"关系"，他们的竞买人资格遭到其他竞买人的质疑。

法律问题

1. 《拍卖法》对于禁止拍卖人及其工作人员参加竞买有何规定？
2. 拍卖企业的投资人可否参加竞买？
3. 拍卖企业工作人员的家属可否参加竞买？

法理分析

《拍卖法》第22条规定："拍卖人及其工作人员不得以竞买人的身份参与自己组织的拍卖活动，并不得委托他人代为竞买"。拍卖企业的投资人如果不是拍卖企业的工作人员，可以以个人身份参加竞买。拍卖企业工作人员的家属可以以个人身份参加竞买。

禁止拍卖人及其工作人参加竞买是拍卖法的一项重要规则。禁止拍卖人参与竞买，是因为拍卖人在拍卖法律关系中的地位决定的。我国《拍卖法》第22条明确规定："拍卖人及其工作人员不得以竞买人的身份参与自己组织的拍卖活动，并不得委托他人代为竞买。"就禁止拍卖人参与竞买这一规则的效力范围而言，该规则的效力及于拍卖人及其工作人员。拍卖人是法人，其有意志的活动依赖于法人的工作人员。工作人员的行为有个人行为和职务行为之分，当拍卖人以其工作人员的个人行为推卸责任时，行为界限很难区分。从合理性上考虑，应推定工作人员在工作期间的行为是职务行为，其行为责任由法人承担，《拍卖法》正是据此进行规范的。因此，当拍卖人的工作人员违反规则参与竞买时，无须区分个人行为和职务行为，也不接受个人行为的抗辩，因为法律早已有了明文规定，禁止拍卖人的工作人员参与竞买。该规则的效力也及于任何为拍卖人的利益而参与竞买的人。所谓"任何"是指所有人，只要其行为目的是代表拍卖人的利益，就已属于这一范围。拍卖人可能寻找种种理由为自己辩护：如自己是出于真实的目的参与竞买；在竞买过程中自己并没有利用各种优势；没有人主张损失或根本就没有损失；按保留价买下拍卖标的对委托人有利；等等。上述理由听起来很有道理，拍卖人要证明这些理由也并非难事，然而如允许以上述理由对抗规则的效力，则拍卖的内部机制就变得混沌不清。应当注意的是，规则的效力仅限于拍卖人自己组织的拍卖活动。当甲拍卖公司组织拍卖活动时，只要乙拍卖公司没有参与组织或协办，乙拍卖公司完全有权利参与竞买，不受规则制约。

对于我国《拍卖法》第22条规定的禁止范围也不能随意做扩大化的解释。这一禁止条款的规定的目的在于保证拍卖活动在公开、公平、公正的环境下进行。一方面是因为拍卖人了解拍卖标的的保留价及其他情况，如果允许其竞买，则显失公平。另一方面，由于拍卖人提供的是中介服务，作为中介的一方不得成为中介服务的对象。《拍卖法》还对拍卖人作出了界定，拍卖人是依照《拍卖法》和《公司法》设立的从事拍卖活动的企业法人。这种企业法人应当是能够独立承担民事责任的主体。这种企业可以是股份制，也可以是其他形式组成，但是无论设立拍卖企业的资金是国家投资还是集资入股，仅指向该企业的资金来源，而非其企业本身。企业的投资方并不是企业法人或者其他工作人员，比如大量的拍卖企业的投资人或者控股方都是国家，如果将其混为一谈，那么国家的行政机构或者各级人民政府，均将被排斥在公平参与的拍卖活动之外。因此，在拍卖活动中，其身份不是拍卖企业工作人员的投资方参与竞买是合法的，只是在具体操作时，应当持公开、公平、公正的诚信原则，投资方应当和其他竞买人同样地公平竞争。如果存在“恶意串通”行为并且损害他人利益，则会影响到拍卖的结果。

拍卖是指以公开竞价的形式，将特定物品或者财产权利转让给最高应价者的买卖方式。拍卖是中介服务行为，拍卖人提供中介服务应当遵循中介原则，即提供中介服务的人不得成为接受该服务的对象。拍卖企业及其工作人员是中介服务的提供者，因此，不能成为这一服务的接受对象。而拍卖企业工作人员的家属并未参与提供中介服务，则不受该项原则的限制。《拍卖法》第 22 条的禁止性规定并不指向拍卖企业工作人员的亲属。拍卖企业员工的家属可以参加拍卖企业组织的拍卖活动，只要竞买是在公开的环境下公平地进行的，其行为就是合法有效的。

三、补充思考案例

在某拍卖公司组织的一次拍卖中，拍卖公司的工作人员赵某看好一件拍品，于是报名参加竞买，并为其妻子孙某办理了委托代理手续，由孙某做为他的竞买代理人现场参加了竞买。委托人胡某在本次拍卖中委托拍卖自己创作的一件艺术作品，为了能使自己的作品拍个好价钱，胡某也报名作为竞买人现场参加了拍卖会。另外，在这次拍卖会上，拍卖公司还拍卖了本公司所有的几件二手办公家具。

上述行为都是违法行为。请结合案情说明认定这些行为违法的法律依据、这些违法行为应承担的法律责任以及由哪些部门来追究法律责任。

第四节　买受人

《拍卖法》第 38 条规定，“买受人是指以最高应价购得拍卖标的的竞买人。”而竞买人是指参加竞购拍卖标的的公民、法人或者其他组织。买受人的前身应该是依法取得竞买资格的竞买人，买受人是拍卖中对拍卖标的作出最高应价的竞买人，买受人是最高应价得到拍卖师以公开买定方式认可的竞买人。

一、法律原理概要

（一）买受人的主要权利

根据《拍卖法》、《拍卖管理办法》、最高人民法院司法解释及与拍卖相关的其他法律文件的规定，买受人主要享有以下几项权利：

1. 取得拍卖标的的权利。拍卖活动本质上是一种买卖行为，买受人是这一行为中真正的买方。因此作为买方的买受人应当享有合同法中规定的买方的权利。《拍卖法》第 24 条规定，“拍卖成交后，拍卖人应当按照约定向委托人交付拍卖标的的价款，并按照约定将拍卖标的移交给买受人。”最高人民法院《关于人民法院民事执行中拍卖、变卖财产的规定》第29条规定，“动产拍卖成交或者抵债后，其所有权自该动产交付时起转移给买受人或者承受人。不动产、有登记的特定动产或者其他财产拍卖成交或者抵债后，该不动产、特定动产的所有权、其他财产权自拍卖成交或者抵债裁定送达买受人或者承受人时起转移。”第30条规定，“人民法院裁定拍卖成交或者以流拍的财产抵债后，除有依法不能移交的情形外，应当于裁定送达15日内，将拍卖的财产移交买受人或者承受人。被执行人或者第三人占有拍卖财产应当移交而拒不移交的，强制执行。”

2. 请求出具成交证明权利。拍卖标的在性质上存在着很大的差别，基于不同标的的差异，拍卖成交后，并不是所有的标的都需要由拍卖人向买受人进行实际上的移交。《拍卖法》第55条规定，“拍卖标的需要依法办理证照变更、产权过户手续的，委托人、买受人应当持拍卖人出具的成交证明和有关材料，向有关行政管理机关办理手续。”最高人民法院《关于冻结、拍卖上市公司国有股和社会法人股若干问题的规定》也规定，“拍卖成交后，买受人需要持拍卖机构出具的成交证明向证券交易市场和证券登记结算公司办理股权变更登记。”可见，对于需要依法办理证照变更、产权过户手续的标的，在拍卖成交后，买受人有权要求拍卖人为其出具拍卖成交证明。

3. 约定佣金比例的权利。拍卖佣金的比例一般是在拍卖前由拍卖人与竞买人协商确定，拍卖成交后，成功竞买的竞买人转变成了买受人，买受人应当按照事先的约定支付拍卖佣金但是拍卖实践中，也存在着拍卖成交后才协商佣金比例的情况。《拍卖法》第56条规定，“委托人、买受人可以与拍卖人约定佣金比例”。因此，如果竞买人事先未就拍卖佣金的比例与拍卖人协商一致，在拍卖成交后，买受人仍享有与拍卖人协商约定佣金比例的权利。

4. 请求赔偿的权利。作为拍卖合同的一方当事人，买受人有权就拍卖人的过错给其造成的损失要求赔偿。《拍卖法》第18条和第61条规定，拍卖人应当向竞买人说明拍卖标的的瑕疵。拍卖人未说明拍卖标的的瑕疵，给买受人造成损害的，买受人有权向拍卖人要求赔偿。《拍卖法》第65条规定：“违反本法第三十七条的规定，竞买人之间、竞买人与拍卖人之间恶意串通，给他人造成损害的，拍卖无效，应当依法承担赔偿责任。”根据《拍卖管理办法》第29条和第48条的规定，拍卖企业因拍卖法律、法规禁止买卖的标的，拍卖所有权或者处分权有争议，未经司法、行政机关确权的标的，或者拍卖尚未办结海关手续的海关监管货物，而给买受人造成损失的，拍卖企业应当给予赔偿。根据《拍卖管理办法》第30条和第50条的规定，拍卖企业因雇佣未依法注册的拍卖师或其他人员充任拍卖师主持拍卖活动，造成买受人损失的，拍卖企业应当依法给予赔偿。

5. 要求返还超额佣金的权利。根据《拍卖法》第66条的规定，“拍卖人违反关于佣金比例的规定收取佣金的，应当将超额部分返还给委托人、买受人。”因此，在这种情况下，买受人享有要求拍卖人返还超收佣金的权利。

6. 裁定请求权和协助执行书请求权。在人民法院委托的民事强制执行拍卖中，买受人有请求人民法院依法裁定和签发协助执行书的权利。最高人民法院《关于人民法院民事执行中拍卖、变卖财产的规定》第23条规定：“拍卖成交或者以流拍的财产抵债的，人民法院应当作出裁定，并于价款或者需要补交的差价全额交付后十日内，送达买受人或者承受人。”最高人民法院《关于冻结、拍卖上市公司国有股和社会法人股若干问题的规定》第17

条规定："拍卖成交后，人民法院应当向证券交易市场和证券登记结算公司出具协助执行通知书，由买受人持拍卖机构出具的成交证明和财政主管部门对股权性质的界定等有关文件，向证券交易市场和证券登记结算公司办理股权变更登记。"

（二）买受人的主要义务

根据《拍卖法》、《拍卖管理办法》、最高人民法院司法解释及与拍卖相关的其他法律文件的规定，买受人主要应当履行以下几项义务：

1. 确认成交结果的义务。《拍卖法》第52条规定："拍卖成交后，买受人和拍卖人应当签署成交确认书。"拍卖是一种通过竞买人的竞价行为和拍卖人公开表示买定的行为来达成协议的特殊方式。因此，拍卖成交后，由双方对拍卖成交的事实予以书面确认就显得十分重要。拍卖成交后，签定成交确认书对拍卖人和买受人而言，既是双方的一项重要的权利，也是一项不得推卸的义务。

2. 签署拍卖笔录的义务。《拍卖法》第53条规定："拍卖人进行拍卖时，应当制作拍卖笔录。拍卖笔录应当由拍卖师、记录人签名；拍卖成交的，还应当由买受人签名。"拍卖人进行拍卖时，应由其工作人员制作拍卖笔录。拍卖笔录是拍卖活动过程的书面记载形式，记录拍卖人、竞买人和买受人在拍卖活动中的行为。拍卖笔录一般记载拍卖时间、拍卖人及其拍卖师身份、参加竞买的人数、拍卖标的的基本情况、拍卖开始后各竞买人的应价状况、竞买人的最高应价、拍卖师落槌拍定、拍卖成交、拍卖人与买受人签署成交确认书、或拍卖未成交、拍卖结束等依照法律或拍卖规则应当进行的重要环节，以备有关部门审查其拍卖活动是否公正、合法。如果拍卖成交，按拍卖法的要求，买受人应当在拍卖笔录上签名表示对其行为及拍卖笔录真实性的认可。因此，拍卖成交后，在拍卖笔录上签名是买受人的一项法定义务。

3. 支付成交价款的义务。拍卖是以公开竞价的形式，将特定的物品或者财产权利转让给最高应价者的买卖方式。作为一种特殊的买卖方式，拍卖仍然具有买卖合同的本质特征，作为买卖合同中的买受人，按约定支付拍卖标的的价款是其最核心和最基本的一项合同义务。《拍卖法》第39条规定："买受人应当按照约定支付拍卖标的的价款"。最高人民法院《关于人民法院民事执行中拍卖、变卖财产的规定》第24条规定："拍卖成交后，买受人应当在拍卖公告确定的期限或者人民法院指定的期限内将价款交付到人民法院或者汇入人民法院指定的账户。"

4. 支付拍卖佣金的义务。拍卖企业作为中介机构，为委托人出卖物品及竞买人竞购拍卖标的提供一系列的服务，所以，委托人和买受人应当向拍卖人所付出的劳动支付一定的报酬。拍卖佣金即为委托人和买受人向拍卖人支付的服务报酬。因此，向拍卖人支付拍卖佣金也是买受人的一项主要义务。

5. 受领拍卖标的和支付保管费用的义务。《拍卖法》第40条规定："买受人未能按照约定取得拍卖标的的，有权要求拍卖人或者委托人承担违约责任。买受人未按照约定受领拍卖标的的，应当支付由此产生的保管费用。"可见，按照约定取得拍卖标的是买受人最重要的一项法律权利；同时，拍卖成交后，按照约定受领拍卖标的也是买受人应当履行的一项重要的法律义务。如果买受人未按照约定受领拍卖标的的，则应当支付由此产生的保管费用。拍卖是一种特殊的拍卖方式，拍卖成交后，拍卖人与买受人之间形成了一种买卖合同关系。按照买卖合同的一般原理，为了保证买卖公平及经济秩序的稳定，买受人应按照约定及时受领拍卖标的，这是一项基本的合同义务。由于买受人迟延领取拍卖标的，可能会给拍卖人在保管该拍卖标的方面增加额外的费用，此项增加的费用因买受人的违约行为所致，因此，法律规定由买受人承担。

（三）买受人的法律责任

买受人的法律责任是指在拍卖活动中，买受人因其违法行为、违约行为或者由于法律规定而应承担的不利的法律后果。《拍卖法》第 39 条规定：“买受人应当按照约定支付拍卖标的的价款，未按照约定支付价款的，应当承担违约责任，或者由拍卖人征得委托人的同意，将拍卖标的再行拍卖。拍卖标的再行拍卖的，原买受人应当支付第一次拍卖中本人及委托人应当支付的佣金，再行拍卖的价款低于原拍卖价款的，原买受人应当补足差额。”该条款是拍卖法关于买受人法律责任的规定。从这一规定来看，在拍卖活动中，买受人承担的法律责任主要是民事责任中的违约责任。

二、典型案例剖析

案例 1

原告某工贸有限公司诉称：通过拍卖程序，向被告某拍卖有限公司购买了第三人电力物资公司委托被告拍卖的电缆附件设备，支付了全部货款 58797 元，同时还签署了拍卖成交确认书，但原告去提货时，被告却未能交货，致使原告与他人签订的合同无法履行。故原告诉至法院要求被告交付拍卖标的物。诉讼中，因第三人电力物资公司表示系争标的已被处分，原告遂变更了诉讼请求，要求被告返还拍卖款 58797 元，并赔偿经济损失 65682.12 元。

被告拍卖有限公司辩称：拍卖公司仅是中介机构，不负有交付拍卖标的义务，且按《拍卖法》有关规定，拍卖标的也可由委托人交付，由于系争拍卖物在委托人电力物资公司处，故应由电力物资公司直接向原告交付。原告与案外人所签合同，可得利益金额过高，已超过被告在订立合同时可以预见得因违反合同可能造成的损失，因此被告不应承担赔偿责任，但愿意退还拍卖款 58797 元。

第三人电力物资公司辩称，电力物资公司虽委托被告拍卖过废电线电缆，但该合同已履行完毕，系争标的不属该合同内容，且已被其处分。第三人与原告之间没有任何法律关系，因此第三人不应承担法律责任。第三人还认为原告无许可证不能经营生产性废旧金属，其与案外人所签合同违反了上海市有关部门的规定，属无效合同。

经审理查明：第三人电力物资公司与被告拍卖公司签订了委托拍卖合同，该合同约定由第三人委托被告拍卖废旧电力电缆一批，并附有清单一份。同年 9 月 28 日，被告拍卖公司对上述部分物资进行了拍卖，原告参加了竞拍，拍卖成交后，原告与被告签订了拍卖成交确认书，原告购得报废电缆附件设备一批，拍卖金额为 58797 元。同年 10 月 14 日，原告向被告支付了拍卖款58797元，被告则向原告交付了一张电力物资公司出具的调拨单，该调拨单写明供货单位为电力物资公司，需要单位为拍卖公司，供货内容为废电力电缆2979米、废控制电缆8055米、废市话电缆5149米、废塑铝线11100米、镀锡铜丝97.9米。但原告至第三人仓库提货时，第三人拒绝交付货物。诉讼中，第三人称系争标的已被其处分。

法律问题

1. 《拍卖法》对移交拍卖标的的义务是如何规定的？
2. 原告得不到拍卖标的，应当向谁主张权利？

法理分析

《拍卖法》中有三个条文规定了移交拍卖标的的义务。其中第24条规定，"拍卖成交后，拍卖人应当按照约定向委托人交付拍卖标的的价款，并按照约定将拍卖标的移交给买受人。"第31条规定，"按照约定由委托人移交拍卖标的的，拍卖成交后，委托人应当将拍卖标的移交给买受人。"第55条规定，"拍卖标的需要依法办理证照变更、产权过户手续的，委托人、买受人应当持拍卖人出具的成交证明和有关材料，向有关行政管理机关办理手续。"因此，买受人如得不到拍卖标的，一般应当向拍卖人主张。

《合同法》规定，"出卖人应当履行向买受人交付标的物或者提取标的物的单证，并转移标的物所有权的义务。"买卖合同的买受人的目的就是取得标的物的所有权，所以交付标的物并转移标的物所有权是出卖人最基本的义务。交付是指标的物占有的转移。民法理论将标的物的交付分为现实的交付和拟制的交付两种。现实交付是指出卖人将其标的物的事实管领权转移给买受人，使标的物处于买受人的实际控制之下，由买受人直接占有标的物，现实交付一般是指具体的、可以转移实际占有的物品的交付。拟制交付是指出卖人将标的物的权利转移给买受人，以替代对实物的交付。

买卖合同中买受人的目的是取得标的物的所有权，不言而喻，将标的物的所有权转移给买受人应当是出卖人的基本义务。标的物所有权的转移方法，依法律的规定而定。动产一般以占有为权利的公示方法，因此，除法律另有特别规定或者当事人另有约定以外，动产所有权依交付而转移。不动产和法律有特别规定的动产，如车辆、船舶、房地产等，以登记为权利公示的方法，因此，其所有权的转移须办理登记。无论合同是否作出约定，出卖人都应当协助买受人办理所有权的变更登记手续。

拍卖成交后标的物的交付依据标的物的不同可以分为办理产权过户手续的交付和实物的直接交付，不同标的物交付的具体程序略有不同：

（1）房地产的交付。此类标的物的交付包括转移占有和办理产权转移手续两项内容。一般由买受人凭成交确认书、缴款凭据和买受人身份证原件到委托人处办理移交手续。买受人确认标的与展示的是否一致，如无异议，由委托人将标的交付买受人。使用中的房产由委托人现场将房门钥匙交付买受人。出租的房产或土地，由委托人协助买受人与租赁方办理转租手续，由买受人签署移交确认书。委托人提供标的的国土证、房产证原件或法院裁定书等相关证件材料，由委托人与买受人共同去房产交易所和国土部门办理产权过户手续。

（2）机动车的交付。此类标的的交付需要办理产权过户手续。买受人凭成交确认书、缴款凭据和买受人身份证原件到委托人处办理移交手续。买受人确认标的与展示的是否一致，如无异议，由委托人将车辆及相关资料交付买受人，由买受人签署移交确认书。委托人提供车辆行驶证原件或法院裁定书等相关证件材料，由委托人与买受人共同去车辆管理部门办理产权过户手续。

（3）机器设备及其他实物类标的的交付。机器设备的产权转移以实物交付转移为准。买受人凭成交确认书、全额缴款凭据和买受人身份证原件到委托人处办理移交手续。买受人确认标的与展示的是否一致，如无异议，由委托人将标的及相关资料交付买受人，机器设备主体，附件，配件，成套设备中配套的机电设备等分列清单，由买受人签署移交确认书。机器设备移交后的搬移由买受人自行负责或从当事人的约定。像艺术品、一般办公设备、家具物资等类标的物产权转移以实物交付转移为准，移交程序同机器设备类。

（4）财产权利的交付。此类标的主要是债权，权利转移应由债权方与受让方达成书面转让协议并通知债务方。买受人凭拍卖成交确认书、交款凭据和买受人身份证原件与委托人签订债权转让协议，并通知债务人。

拍卖标的物的交付主要应依据拍卖当事人之间的约定进行。依据合同相对性原则，买受人在得不到竞得标的物时，一般应向拍卖人主张。就本案而言，原告工贸有限公司与被告拍卖公司的拍卖合同依法成立，拍卖成交后，原告作为买受人已向被告支付了拍卖标的的价款，被告作为拍卖人未将拍卖标的移交给买受人，已构成违约，应承担违约责任。鉴于拍卖标的已被第三人处分，继续履行合同已不可能，因此原告要求被告退还已支付的价款及赔偿损失的诉讼请求，应予支持。被告辩称拍卖公司是中介机构，且系争标的在第三人处，故其不负有交付义务，该拍卖标的应由第三人直接向原告交付的意见，缺乏法律依据。按《拍卖法》规定，拍卖人有义务按照约定将拍卖标的移交给买受人，因原告、被告与第三人之间并没有约定拍卖标的由第三人直接交付原告，故可认定被告负有直接向原告交付拍卖标的的义务，故被告的抗辩理由不能成立。至于第三人因何种原因未能交付拍卖标的，系被告与第三人之间的另一法律关系，双方可另行主张权利。

案例 2

2000 年六月中旬，古典家具收藏爱好者吴先生参加了一场在上海世贸商城举办的“2000 年中国古典家具、艺术品专题拍卖会”。在会上，吴先生一眼就看中了 4 把由苏州“元华堂”家具店提供的标明为“民国年代”的红木灵芝冲天太师椅，觉得这四把椅子做工精细、古意盎然，放在自家装饰得古香古色的大客厅里一定相当合适。于是对这四件拍卖品吴先生就特别留意。当时主办拍卖活动的拍卖行推出了一本介绍此次拍卖会上的拍卖家具价格、年代的《宣传手册》，上面清楚地介绍这四把太师椅的有关情况：“起拍价为 4 万元至 5 万元、民国年代制作”。在当天的现场拍卖会上，投影显示屏幕以及主持拍卖会的拍卖师也再三宣称 4 把太师椅为民国时代的家具，吴先生因此投入竞拍，以 4 万元的价格买下了这 4 把太师椅。

几天后，吴先生邀请几位收藏界的朋友到家里来玩，顺便看看自己新购的“民国年代”

太师椅。没想到朋友仔细一看，便当即指出："这不会是赝品吧?"根据朋友的建议，吴先生用热毛巾敷了一下太师椅的扶手，才敷了一分钟，扶手处便呈现出明显褪色。据说苏州不少家具店有一种工艺，就是用黄芪等六种中药材掺上茶叶熬成浓汁，涂在做好的仿古家具上，可以造成古董家具的逼真效果。"难道在拍卖行真的买到了假货?"吴先生找出了当时的购货发票，发现发票并非是苏州"元华堂"家具店开出的，而是上海一家贸易行的发票。为了证明这4把太师椅系苏州"元华堂"的拍卖品，吴先生找到苏州"元华堂"的老板，假装要多买几件民国家具作陈设，要求"元华堂"写一份保证书，保证"元华堂"的家具包括先前由拍卖行拍卖的四把"民国太师椅"都是货真价实的古董家具。"元华堂"老板果然写了一份保证书，并签字盖章。

拿到了证据，吴先生立刻以"涉嫌欺诈"为由把拍卖行和苏州"元华堂"家具店一起告到了上海市静安区人民法院。原告吴先生诉称：2000年6月18日，第一被告拍卖行在上海世贸商城举办的"古典家具、艺术品专题拍卖会"上，原告在第一被告的宣传误导下，以人民币4万元的价格购买了误以为是"民国年代"古董家具的四把太师椅。事后原告得知该拍卖品为赝品，并非为拍卖公司和拍卖品提供者宣称的"民国年代"古董家具。为此，原告起诉至法院，要求两被告退还拍卖款及拍卖佣金4.4万元，并按照消法"双倍赔偿"的惩罚规定赔偿原告经济损失。

为使本案得到公正的裁决，静安区人民法院专门委托上海市文物管理委员会（简称"文管会"）对四把太师椅的制作年代进行了鉴定。2001年3月12日市"文管会"作出了鉴定结论：4把红木冲天灵芝太师椅为"现代仿古红木家具，而非民国时期制品。"

在一审审理当中，第一被告拍卖行辩称：拍卖前，拍卖行已经发给了每一位竞拍者由本行订立的《拍卖规则》，其中明确规定："竞拍人在竞拍前仔细审查拍卖品原件（包括聘请专家协助鉴定），一旦作出竞投决定即表明本人接受拍品一切现状（包括瑕疵）。竞标成功后，不得以任何理由提出退货或拒付货款。"由此推出，拍卖行已经声明不能确保拍品的真伪以及有无瑕疵，一切后果应由竞拍人自己负责。根据拍卖法规定：拍卖行有义务说明拍品的瑕疵，但如果它事先声明自己不能保证拍品真伪的，那它就不用负责。因此拍卖行没有责任。

对此，原告吴先生反驳道：既然拍卖行声明不知真伪，那干嘛还在拍卖会上介绍、宣传太师椅为"民国年代"的古董？这不是自相矛盾吗！拍卖行不能推卸误导竞拍人的责任。更何况拍卖行制定的《拍卖规则》本身就不合法，因为这是典型的非公平格式条款。

第二被告"元华堂"家具店则辩称：太师椅是从民间高价收购来的。"元华堂"认为这的确是民国时期的产物，是古董家具。原告如果有怀疑，一开始就应该请专家鉴定这四把太师椅，或者根本不买。事后后悔想退货，原告应自行承担由此产生的各种损失，而不应把全部责任都推到商家身上。

一审法院认为：原告从第一被告处购买了拍卖品，支付了价款，又按约支付了佣金，表明该拍卖行为系当事人的真实意思表示，于法不悖，本院予以确认。对《拍卖规则》中制定的拍卖人免责条款一节，由于本案的拍卖系采用格式条款订立的，提供格式条款的一方就应当遵循公平原则确定当事人之间的权利和义务，并采取合理的方式提请对方注意免除或者限制其责任的条款。对格式条款的理解发生争议的，应当作不利于提供格式条款一方的解释。第一被告作为拍卖人应当向竞买人说明拍卖标的瑕疵，只有在拍卖前声明不能保证拍卖标的真伪及品质的才能免责。第一被告在拍卖前未声明其不能保证拍卖标的真伪，也没有履行提请对方应当注意的义务，第一被告的行为违反了民事活动应遵循的公平原则和诚实信用原则，故第一被告不能免除其瑕疵担保的责任。关于原告要求认定被告方有欺诈行为，按照消法规定“退一赔一”的赔偿请求，因本案没有证据能证明被告方在确认拍品为民国时期制作的行为中存在主观上的欺诈故意，故对原告此项请求，本院不予支持。在整个拍卖过程中，原告与第一被告直接发生了钱物互易的法律行为，因此，对该行为所产生的法律后果，应当由第一被告承担责任。对于原告主张要求第二被告承担责任的诉讼请求不予支持。

2001 年 6 月 7 日，静安区人民法院作出一审判决：第一被告拍卖行退还原告拍卖款及佣金共计 4.4 万元，赔偿该拍卖款的相关利息，承担受理费 1935 元；原告返还拍卖公司红木灵芝冲天太师椅 4 把，承担受理费 1215 元。

对于一审判决，原、被告均表示不能接受，双方都向上海市第二中级人民法院提出上诉请求。

一审第一被告拍卖行的上诉理由是：首先，一审法院既已确认拍卖行与原告的拍卖行为，却又为何得出“第一被告在拍卖前未能对保证拍卖标的真伪作出声明，也没有履行提请对方应当注意义务”的错误结论。其次，第一被告在拍卖前根本不知道争议的标的物是原告诉称的所谓“假货”，一审判决却认定“第一被告作为拍卖人应当向竞买人说明拍卖标的瑕疵”。然而拍卖行在拍卖前并不知道拍品存有瑕疵，如何“应当说明瑕疵”？第三，拍卖是一种特殊的市场行为，作为居间人性质的拍卖行，只要不是故意作假，即不应承担由拍卖标的真伪引起的法律责任，至于拍卖法关于“拍卖人应当向竞买人说明拍卖标的瑕疵”，其适用前提是拍卖人“明知存在瑕疵”。一审判决违反特别法优于一般法的司法基本规则，无视拍卖人按照拍卖规定作出的免责声明，以合同法“格式条款”的一般规定来抹煞拍卖法的特殊规定，因此一审法院判决拍卖行承担赔偿责任是没有法律依据的。故要求二审法院依法撤销一审判决。

一审原告吴先生则在上诉状里提出：本案一审的第二被告苏州“元华堂”家具店，多年从事古董家具交易，理应具有不同一般的商业信誉和高度责任感。然而第二被告在毫无根据、也未请文物专家进行鉴别的情况下，就在拍卖会上宣称 4 把太师椅为民国时期的制品，说明“元华堂”的行为具有明显的欺诈故意，损害了消费者的合法权益。按照《消费者权益法》第 49 条的规定：经营者提供商品或者服务有欺诈行为的，应当按照消费者的要求增加赔偿其受到的损失，增加赔偿的金额为消费者购买商品价款或者直接接受服务费用的一倍进行赔偿。同时本案一审第一被告拍卖行在其中介服务过程里，为第二被告苏州“元华堂”家具店提供的没有任何权威认定的拍品做宣传，误导消费者相信拍品为古董家具，利用拍卖行的信誉为欺诈者提供方便，因此对本案也应负连带责任。

案件经上海市二中院审理认为，本案应该适用拍卖法而不是消法，但对于拍卖行为中有关订立合同、履行等问题，还应该适用合同法。同时，拍卖行在自己制订的《拍卖规则》中指出竞买人“一旦作出竞投决定即表明本人接受拍品之一切现状（包括瑕疵）”，这一内容并非就具体拍品真伪作出的免除瑕疵担保责任的有效声明，因此拍卖行的责任不能免除。而委托拍卖人未说明椅子制作的真实年代，也不能免除责任。据此，上海市二中院作出终审判决：解除买受人吴先生和拍卖行及委托拍卖人之间的拍卖与买受关系。吴先生返还委托人红木椅子，委托人返还拍卖款吴先生4万元及利息，拍卖公司返还吴先生佣金4000元及利息。

法律问题

1. 拍卖中谁享有瑕疵请求权？行使瑕疵请求权的时效是多长？
2. 本案中拍卖公司的“声明”是否具有免责的法律效力？

法理分析

拍卖活动中，瑕疵请求权是买受人因拍品瑕疵而享有的向拍卖人主张赔偿的权利。根据《拍卖法》第61条的规定，因拍卖标的存在瑕疵未声明的，请求赔偿的诉讼时效期间为1年，自当事人知道或者应当知道权利受到损害之日起计算。因拍卖标的存在缺陷造成人身、财产损害请求赔偿的诉讼时效期间，适用《中华人民共和国产品质量法》和其他法律的有关规定。《拍卖法》规定，拍卖人、委托人在拍卖前声明不能保证拍卖标的的真伪或者品质的，不承担瑕疵担保责任。但是拍卖人和委托人对拍品的瑕疵担保责任，只有在明确告知的情况下才能免责。拍卖行对竞买人关于拍品瑕疵的告知必须是针对特定拍卖品作出的明确和明示的告知。本案中，拍卖人在《拍卖规则》中指出竞买人“一旦作出竞投决定即表明本人接受拍品之一切现状（包括瑕疵）”，这一声明并非是就具体拍品（太师椅）真伪作出的免除瑕疵担保责任的有效声明，因此不具有免除责任的法律效果。

瑕疵请求权的内容实际上属于拍卖当事人权利义务中的一个内容，主要法律依据是《拍卖法》中的第18条、27条、35条、41条、42条、43条、48条、49条、58条、61条共10个条文。其中重要的条文有第第18条、27条、35条和61条。其中第18条、第27条和第35条这三个条文是关于拍卖人、委托人和竞买人在拍品瑕疵问题上的权利和义务的具体规定。第61条是关于当事人未尽拍品瑕疵告知义务而应承但的法律责任以及行使诉权的时效规定。

瑕疵在拍卖法上指两个方面的问题：一是指拍卖标的的真伪（比如文物字画的真伪）和质量方面的缺陷（比如房屋的合格与否，车辆的状况等）；二是指权利方面的争议或障碍，比如财产的权利纠纷、抵押或司法查封等影响财产权利交易的措施等。

《拍卖法》第18条规定：“拍卖人有权要求委托人说明拍卖标的的来源和瑕疵。拍卖人应当向竞买人说明拍卖标的的瑕疵”，第27条规定，“委托人应当向拍卖人说明拍卖标的的来源和瑕疵”，第35条规定：“竞买人有权了解拍卖标的的瑕疵，有权查验拍卖标的和查阅有关拍卖资料”。依照这些规定来看，瑕疵请求权好像是拍卖人和竞买人的权利，其实不然。瑕疵请求权是由《拍卖法》第60条确定的。《拍卖法》60条第1款规定：“拍卖人、委托人违反本法第18条第2款、第27条的规定，未说明拍卖标的的瑕疵，给买受人造成损害的，买受人有权向拍卖人要求赔偿；属于委托人责任的，拍卖人有权向委托人追偿。”可见，瑕疵请求权是因为瑕疵没有披露而给买受人造成损失后，买受人应当享有的一种赔偿请求权。

拍卖人也可以享有瑕疵请求权，但是拍卖人的瑕疵请求权是以买受人的瑕疵请求权为前提的，主要表现为一种追偿权。而且行使这一权利的条件是，拍卖人应先行承担赔偿责任。拍卖人只有在对买受人承担了瑕疵赔偿责任后，才有权向委托人进行追偿。相对于买受人的瑕疵请求权而言，拍卖人和委托人都是义务主体，都负有告知的义务，委托人应当将自己明知或应当知道的拍卖标的的一切瑕疵向拍卖人说明，拍卖人应当将自己明知或应当知道的拍卖标的的一切瑕疵向竞买人说明。拍卖人不能以买受人在参与拍卖中未提出瑕疵说明的要求而对抗买受人的瑕疵请求权。只要委托人或拍卖人事先知道或应当知道瑕疵的存在，而又故意隐瞒的，就应承担法律责任。

买受人的瑕疵请求权并不是无限的，而是受到多个方面的限制：

1. 瑕疵请求权因告知而免除。瑕疵责任是一种过错责任，承担责任的条件是拍卖人、委托人知道或应当知道拍品有瑕疵而没有披露，主观上存在过错。如果委托人、拍卖人履行了瑕疵告知义务（明确、公开的告知），即使拍品有瑕疵，而且给买受人造成了损失，委托人、拍卖人也不再负瑕疵赔偿责任。

2. 声明不保证的免责问题。《拍卖法》第 61 条第 2 款规定，“拍卖人、委托人在拍卖前声明不能保证拍卖标的的真伪或者品质的，不承担瑕疵担保责任。”声明不保证标志着责任的转移和免除。声明解除了拍卖人的责任，将瑕疵责任转移给了买受人，构成了对瑕疵请求权的限制。但是声明不保证的前提条件是，委托人和拍卖人就现有技术水平或认知能力而言，确实无法知道瑕疵。如果委托人，拍卖人已经知道或利用现有技术手段能够知道瑕疵，故意假装不知道而声明的，不具有免责效力。另外，拍卖人的声明必须是针对特定拍卖品所做的明确、公开的和足以对竞买人起到提示作用的声明，像本案例中拍卖人在《拍卖规则》中指出竞买人“一旦作出竞投决定即表明本人接受拍品之一切现状（包括瑕疵）”这样的声明并非是就具体拍品真伪作出的免除瑕疵担保责任的有效声明，因此不具有免除责任的法律效果。

3. 时效对瑕疵请求权的限制。按《拍卖法》61 条第 3 款的规定，“因拍卖标的存在瑕疵未声明的，请求赔偿的诉讼时效期间为一年，自当事人知道或者应当知道权利受到损害之日起计算。”第 4 款规定，“因拍卖标的存在缺陷造成人身、财产损害请求赔偿的诉讼时效期间，适用《中华人民共和国产品质量法》和其他法律的有关规定。”这里需要注意一个问题：《拍卖法》第 61 条第 2 款规定，“拍卖人、委托人违反本法第 18 条第 2 款、第 27 条的规定，未说明拍卖标的的瑕疵，给买受人造成损害的，买受人有权向拍卖人要求赔偿；属于委托人责任的，拍卖人有权向委托人追偿。”而第 4 款规定“因拍卖标的存在缺陷造成人身、财产损害请求赔偿的诉讼时效期间，适用《中华人民共和国产品质量法》和其他法律的有关规定”。这两款规定中，请求赔偿的前提条件都是“造成损害或损失”。而《拍卖法》61 条第 3 款同时又规定“因拍卖标的存在瑕疵未声明的，请求赔偿的诉讼时效期间为一年”。这里并没有明确的“损失或损害”要求。那么如果是发生了第 3 款的情况，买受人要求拍卖人赔偿什么呢？即买受人的损失表现在什么地方？笔者认为，这种情况下买受人的损失主要表现为他用“无瑕疵”的代价竞得了一个“有瑕疵”的拍品，这两者之间的差价即是买受人所受到的损失。

4. 买受人自己的过错对瑕疵请求权的限制。这种限制通常表现为三种情况：一种是买受人自己的疏忽。买受人的疏忽可能导致他未能注意到已告知的瑕疵，或者可能导致他未注意显而易见的瑕疵；但委托人、拍卖人应当采用明确、公开的形式告知瑕疵，应当确保所作的告知覆盖所有竞买人，不得有意造成买受人的疏忽。二是买受人的误解。买受人的误解可能直接导致拍卖标的的瑕疵，而此类瑕疵不能作为瑕疵请求权的依据。例如，拍卖人称某用具曾经被一位不愿透露姓名的政府要人使用，而买受人却误认为该政府要人是总统。误解所产生的瑕疵是虚拟的瑕疵，这类瑕疵原本是不存在的，造成瑕疵产生的原因在买受人。三是买受人自己的不当行为。买受人的不当行为可能导致瑕疵产生，如毁损、污染拍卖标的等；当拍卖标的的瑕疵是由于买受人自己的不当行为引起的，买受人丧失瑕疵请求权。

三、补充思考案例

2003 年 9 月 1 日，某拍卖公司受银行的委托整体拍卖位于该市繁华地段的一栋楼房，该房产原系香港某公司与该银行的贷款抵押物。竞买人钱某在拍卖会上以 931 万元最高应价竞买成功，与拍卖人签订了拍卖成交确认书，并且约定支付佣金为拍卖成交价的 5%。在拍卖公司的多次督促下，买受人钱某仅支付了 60 万元。在买受人不能按照约定支付剩余价款的情况下，委托人不同意办理拍卖标的交割手续。

拍卖公司曾以书面形式多次致函买受人钱某，要求其按照约定支付价款和佣金，但买受人以种种借口拖延支付。并且于2003 年9 月4 日、5 日两次在本地报纸上刊登广告进行招商和招租上述标的物。委托人认为在未能全部支付价款的情况下，买受人即将标的物对外发售招商，侵犯了委托人的合法权益。经拍卖公司认真调查后发现，买受人钱某实际上不具备购买上述标的物的经济能力，而是打算先通过拍卖竞买下来，然后在找借口拖欠拍卖成交价款的同时，对外发售招商，在其收到再次发售的价款后，才能支付拍卖价款。买受人的这种行为涉嫌商业欺诈。

买受人钱某为了掩盖其欺诈行为，在继续拖欠拍卖价款的同时，提出拍卖公司先将全部过户材料送到房产局交易窗口后才能支付剩余价款。为了使本次拍卖能顺利成交，拍卖公司为钱某准备了“房产证”和“他项权证”，但买受人又提出标的物在抵押前为香港某公司的财产，要求拍卖公司提供香港方面的过户公证材料。拍卖公司为此专门派人到香港进行协商，香港公司方面同意配合，但提出买受人只有在交齐价款后才能办理公证材料。此后，拍卖公司多次向买受人钱某催促交付价款，并告知如果不能加紧交付价款，拍卖公司将根据《拍卖法》的相关规定对该标的物进行再次拍卖，同时将追究买受人的违约责任。买受人钱某多次表示加紧交款，但始终未能付诸实施。根据委托人的要求，上述款项必须在 2003 年 12 月 31 日前进行清收，因此拍卖公司于 2003 年 12 月 30 日对该标的物进行了再次拍卖，但是拍卖没有成功。

1. 买受人在未取得标的物前就开始招商分销的行为是否合法？

2. 再次拍卖没有成交的情况下，原买受人承担何种责任？

第三章
拍卖准备

第一节 拍卖委托

拍卖活动的第一个程序就是拍卖委托，即委托人将自己所有或者依法可以处分的物品或者财产权利委托给拍卖人进行拍卖。拍卖委托程序自委托人与拍卖人协商委托拍卖事宜开始，至委托拍卖合同签订为止。

一、法律原理概要

（一）拍卖委托的方式

《拍卖法》规定，委托人可以自行办理委托拍卖手续，也可以由其代理人代为办理委托拍卖手续。由代理人代为办理委托拍卖手续的，委托人应当向代理人出具书面委托书，明确代理人的代理权限。《拍卖法》第 41 条规定，“委托人委托拍卖物品或者财产权利，应当提供身份证明和拍卖人要求提供的拍卖标的的所有权证明或者依法可以处分拍卖标的的证明及其他资料。”由此可知，委托人需要向拍卖人提供的证明文件包括身份证明、拍卖标的所有权证明或者依法可以处分拍卖标的的证明以及其他资料。在拍卖实践中，拍卖人要求委托人提供拍卖标的的所有权证明或者依法可以处分拍卖标的的证明及其材料。主要涉及诸如房地产、机动车、大宗货物以及国有资产等。至于个人所有的家庭用具、文化艺术品等，由于这些物品的购物发票不好保存或缺乏证明材料，因此，拍卖人通常不要求提供。但拍卖人有权要求委托人说明拍卖标的的来源。

（二）核实文件和资料

拍卖委托的第二项内容是拍卖人对委托人提供的有关文件、资料进行核实。《拍卖法》第 42 条规定，“拍卖人应当对委托人提供的有关文件、资料进行核实。”所谓核实，是指拍卖人对委托人提供的文件、资料进行审查，验看是否符合实际情况，以决定是否接受委托人的委托。

拍卖人对委托人提供的有关拍卖标的的其他资料，应重点审核这些资料是否能够真实地说明拍卖标的的基本特征、基本情况。如果委托人是公民，拍卖人对委托人的审核主要是核实委托人的身份及判断其是否有完全的民事行为能力。公民的代理人代为办理委托拍卖手续的，应当查验委托人和代理人的居民身份证或其持有的护照。还要查验其委托人的授权委托书，授权委托书应该载明授权事项并有委托人的签名。拍卖人对委托人证明其身份的证明文件的核实不同于调查，一般仅能从表面上去判断其证明文件的合法性和真实性。

在核实了委托人的身份后，还要对拍卖标的进行核实。主要从两个方面对拍卖标的进行核实：一是委托人是否拥有对委托拍卖标的的所有权和处分权；二是拍卖标的是否能流通。判断不动产标的的标准是委托人依法持有拍卖标的的登记证明及其他资料，如房产证、土地证等。对其他诸如股权等财产权利的核实，主要验看股权登记证明等文件。拍卖人还需要对委托标的流通性进行审核，对限制流通物要验看有关部门出具的允许流通的审查证明。对禁止流通物，拍卖人不得接受委托。

（三）说明标的来源和瑕疵

《拍卖法》第 18 条规定，“拍卖人有权要求委托人说明拍卖标的的来源和瑕疵。”第 27 条规定，“委托人应当向拍卖人说明拍卖标的的来源和瑕疵。”委托人说明标的的来源，可以作为拍卖标的是委托人所有或者依法可以处分的物品或财产权利的佐证。委托人在办理委托拍卖手续时，应当按照拍卖人的要求提供拍卖标的的所有权证明或者依法可以处分拍卖标的的证明及其他资料。同时也应当按照拍卖人的要求说明拍卖标的的来源，以作为对拍卖标的具有所有权的证明或者依法可以处分拍卖标的的证明的佐证。无论是拍卖标的的权利瑕疵还是品质瑕疵，一般情况下都无法直接凭肉眼观察来发现，而委托人通常最了解拍卖标的是否有瑕疵以及有什么样的瑕疵，为了保护竞买人及买受人的合法权益，法律规定了委托人向拍卖人说明拍卖标的瑕疵的义务。

（四）评估与保留价

拍卖标的评估是指由专业机构和人员对委托拍卖的财产或财产权利的价值进行评定和估算的行为。标的评估并非所有委托拍卖的法定程序。拍卖实践中，通常发生在国有资产拍卖、司法强制拍卖以及抵税财物拍卖中。

保留价的主要目的在于保护委托人的权益，因此，保留价的确定权属于委托人。《拍卖法》第 28 条规定，“委托人有权确定拍卖标的的保留价……。拍卖国有资产，依照法律或者按照国务院规定需要评估的，应当经依法设立的评估机构评估，并根据评估结果确定拍卖标的的保留价。”保留价可以是保密的，也可以是公开的。

（五）签定委托拍卖合同

签订委托合同是拍卖人与委托人在委托拍卖程序中要做的最为重要的事项。委托拍卖合同是法定的要式合同。《拍卖法》第 42 条规定，“拍卖人接受委托的，应当与委托人签订书面委托拍卖合同。”根据《拍卖法》的规定，委托拍卖合同应当载明的事项包括：委托人、拍卖人的姓名或者名称、住所；拍卖标的的名称、规格、数量、质量；委托人提出的保留价；拍卖的时间、地点；拍卖标的交付或者转移的时间、方式；佣金及其支付的方式、期限；价款的支付方式、期限；违约责任；双方约定的其他事项。除了这些必须载明的事项外，还可以依据拍卖的具体情况、实际需要，经双方当事人协商，确定其他事项。例如，约定拍卖标的的保管、拍卖标的的保险、争议的解决方式、撤回拍卖标的和撤销拍卖的条件等。

（六）拍卖标的的鉴定

《拍卖法》第43条规定，“拍卖人认为需要对拍卖标的进行鉴定的，可以进行鉴定。鉴定结论与委托拍卖合同载明的拍卖标的状况不相符的，拍卖人有权要求变更或者解除合同。”对拍卖标的进行鉴定，是指有关部门或者专家运用专门知识或者技能对拍卖标的进行鉴别、评定。鉴定的目的在于揭示拍卖标的的真实情况，但是鉴定并不是所有委托拍卖的必经程序。在拍卖实践中，通常对公众一般了解的拍卖标的不需要进行鉴定，但是对文物、艺术品、房屋等公众难以鉴别的拍卖物品有时就需要通过鉴定来确定标的的年代、级别、质地、结构、价值等。拍卖人根据鉴定结果，可以要求变更或解除委托拍卖合同。

二、典型案例剖析

案例1

某拍卖公司接受市国有资产管理办公室和市卫生局的委托拍卖该市某卫生院的国有产权。委托人在委托拍卖合同中加入了限定拍卖人只能向买受人收取5万元佣金的条款。在拍卖会前，拍卖人与所有竞买人签订的拍卖规则、拍卖成交确认书及拍卖规则中均约定买受人应按成交价5%的比例向拍卖人支付佣金。拍卖会上，竞买人江某以4900万元成交，成为该标的买受人并当场签署拍卖成交确认书。买受人江某依照约定向拍卖人支付佣金245万元之后，得知委托拍卖合同中有关限定拍卖人只能向买受人收取5万元佣金的条款后，江某依据委托拍卖合同向拍卖公司提出质疑，认为拍卖公司只能向其收取5万元佣金，多收的240万元及至今的利息应予退还。拍卖公司则坚持认为按照约定的佣金比例收取买受人佣金合法有效。

法律问题

《委托合同》中限定拍卖人向买受人收取佣金的约定对拍卖人是否有约束力？

法理分析

拍卖是一种特殊的买卖方式，在一宗完整的拍卖业务中，涉及三方当事人和两个法律关系，三方当事人是指委托人、拍卖人、买受人；两个法律关系包括委托人与拍卖人之间因签订委托拍卖合同形成的“委托法律关系”，以及拍卖人与买受人之间因拍卖成交而形成的“买卖法律关系”。以上两个法律关系虽有关联，但各自独立存在，互不牵扯，即各自权利义务关系互不约束。一个法律关系中的主体不能援引另一法律关系中的条款主张自己的权利，也不能援引自身所在法律关系中的条款对本法律关系之外的主体主张权利。此即"合同相对性原理"。拍卖纠纷中应严格区分"委托法律关系"和"买卖法律关系"中各自当事人的权利义务，重点把握合同的效力范围只及于合同当事人这一关键点，不能牵扯、混淆。

该案中，委托人与拍卖人之间因签订的委托拍卖合同而形成"委托法律关系"。其中有限定拍卖人收取买受人佣金的条款，这种做法既是为合同外主体（买受人）设定权利，又是为其设定义务，其实质是非法处置了合同外主体的权利义务，违反了"合同相对性"的基本法理，该条内容规定当属无效，即该条款"自始无效"，因不影响合同中其他条款的效力，委托拍卖合同的其他条款依然合法有效。

拍卖人与买受人在平等协商的基础上签订拍卖成交确认书，依法形成买卖法律关系，拍卖成交确认书中关于买受人在拍卖成交后支付拍卖人5%比例佣金的约定，符合《拍卖法》第56条第1款关于"委托人、买受人可以与拍卖人约定佣金的比例"的规定，充分体现了合同意思自治的原则，是合法有效的合同条款。拍卖人、买受人均应按照此约定享有权利和履行义务。

案例 2

白云拍卖公司成立于2010年，注册资本为800万元。下面是该公司与委托人高某签订的一份委托拍卖合同。

根据《合同法》、《拍卖法》和其他有关法规，双方经协商一致，签订本合同：

1. 委托人愿将位于本市幸福路21号面积56平方米的两间门面房、祖传唐三彩骆驼一对、当代某著名画家创作的山水画一幅、"奔驰"牌小轿车一辆委托拍卖人依法公开拍卖。

2. 拍卖方式为有底价（保留价）拍卖。

3. 拍卖人应于2014年8月8日之前完成对本合同载明的拍卖标的的拍卖。

4. 委托人的权利和义务。委托人应保证对拍卖标的物拥有无争议的处分权，保证委托拍卖的标的物上不存在抵押或质押。委托人应向拍卖人提供拍卖标的的有关证明文件和资料。在委托拍卖期间，委托人不得擅自将拍卖标的再行委托其他拍卖人进行拍卖。委托人有权亲自或委托其代理人到拍卖会现场观看，但不得参与竞买，也不得委托他人代为竞买本合同所列各拍卖标的。在本合同签订后，委托人应当将上述标的中除门面房外的其他标的物交拍卖人保管，以便进行标的物展示。

5. 拍卖人的权利和义务。拍卖人应保证自己是依法成立的拍卖企业，并在本合同签订后，将企业的营业执照副本复印件交委托人一份。本合同签订后，拍卖人应依法发布拍卖公告，制定出适合本次拍卖活动的策划实施方案，做好招商宣传及竞买人的登记工作。拍卖人有权依据市场情况确定拍卖标的物的保留价。保留价确定后，拍卖人不得擅自变更，也不得低于保留价拍卖本合同委托的标的。拍卖人在拍卖开始前有确切证据证明委托人对拍卖标的不享有所有权或处分权的，有权终止本合同。拍卖人应对委托人的身份和拍卖标的物的保留价进行保密，不得向他人泄露。拍卖人对委托人移交的标的物负有保管责任，因拍卖人的过错造成标的物损失的，由拍卖人负赔偿责任。

6. 佣金和费用的承担。本合同签订后，委托人应向拍卖人预付受理费2000元，用于对拍卖物进行估价、保管、运输、公告等项费用开支，由拍卖人按实际开支在拍卖会结束后多退少补。拍卖成交后，委托人应向拍卖人支付拍卖佣金。拍卖佣金为成交价款的15%，由拍卖人从拍卖成交价款中一次性扣除。拍卖会前因委托人原因撤销拍卖标的、中止或终止拍卖时，委托人应支付拍卖人因拍卖活动所实际发生的费用。

7. 拍卖标的物交付。拍卖标的经拍卖成交的，由拍卖人将标的物实物移交给买受人，需要办理产权变更手续的，由拍卖人负责办理。

8. 价款的支付方式及期限。拍卖结束后，拍卖人应在交割之日起5日内，将扣除拍卖佣金和相关费用后剩余的拍卖成交款转交给委托人。

9. 违约责任。本合同一经签订，双方均须严格遵守，任何一方违反本合同约定给对方造成损失的，应向对方承担违约责任，违约责任的大小以违约行为给对方造成的损失为限。

10. 其他约定。对需要征税的拍卖物，由委托人交付税金；经税务机关同意，税金可以从拍卖所得价款中扣除。拍卖成交后，拍卖人应按成交价金额开给竞买人发票或符合税务机关规定的收据。拍卖人保证在每个标的物的保留价价位上有竞买人应价，如竞买人的应价没有达到保留价，则将该拍品按保留价拍归拍卖人所有。双方在履行合同过程中发生的争议，应通过协商解决；协商不成的，可向人民法院提起诉讼。本合同自双方签字之日起生效。一式4份，双方各执2份，具有同等效力。

委托人：高××　　　　拍卖人：白云拍卖公司

代理人：　　　　法定代表人：常××

签字日期：2014年8月2日　　　　签字日期：2014年8月2日

法律问题

请利用法律知识仔细审查该合同的内容，指出其中存在的问题，并说明理由。

法理分析

祖传唐三彩骆驼可能属于文物，白云拍卖公司不具备拍卖文物的资格，无权接受该标的的拍卖委托。

该委托合同于2014年8月2日生效，但是却约定拍卖人2014年8月8日之前对本合同所载明的拍卖标的进行拍卖，这个时间太短，不能满足法律对公告期间的要求。

根据拍卖法的规定，委托拍卖合同中，应当注明拍卖的时间和地点，该协议中缺乏对拍卖地点的约定。

《拍卖法》规定，保留价由委托人确定，并应在委托拍卖合同中载明委托人提出的保留价。本委托拍卖合同中约定由拍卖人依据市场情况确定拍卖标的物的保留价不妥。

根据《拍卖法》的规定，拍卖成交后，拍卖标的需要依法办理证照变更、产权过户手续的，委托人、买受人应当持拍卖人出具的成交证明和有关材料，向有关行政管理机关办理手续。本合同中约定“需要办理产权变更手续的，由拍卖人负责办理”，是错误的。

拍卖人及其工作人员不得以竞买人的身份参与自己组织的拍卖活动，并不得委托他人代为竞买。合同中关于"如竞买人的应价没有达到保留价，则将该拍品按保留价拍归拍卖人所有"是违法的。

另外，竞买人在拍卖会上是否应价是竞买人的权利，拍卖人不能保证竞买人一定要在某个价位上应价。合同中关于"拍卖人保证在每个标的物的保留价价位上有竞买人应价"是违法的。

三、补充思考案例

黄某委托蓝月亮拍卖公司拍卖一处私有房产和几件红木家具，并出示了房屋归其所有的产权证明。2014 年 8 月 16 日，蓝月亮拍卖公司按照程序进行了拍卖。经过多轮竞价，最终房产由竞买人程某以 45 万元竞得，几件红木家具则由竞买人秦某以 21 万元竞得。秦某于拍卖成交当日即付清了拍卖价款和佣金，并取走了竞得的红木家具。根据约定，买受人程某应当于 2014 年 8 月 31 日前付清全部成交价款，并于 2014 年 9 月 30 日前办理完房产的过户手续。程某如期履行了付款义务。然而，在 2014 年 9 月 1 日，当地政府发布了拆迁公告，程某竞得的房屋被列入了拆迁范围之内，产权过户无法办理了。程某以拍卖标的物存在尚未告知的瑕疵为由，要求拍卖公司退还房款和佣金，并赔偿因此给其造成的一切经济损失。魏某于 2014 年 9 月 5 日找到蓝月亮拍卖公司，称被拍卖公司拍卖的几件红木家具是其出国前委托黄某代为保管的，从未授权黄某对家具进行处分，要求拍卖公司宣告红木家具的拍卖无效，并设法将家具追回。

1. 如果魏某所述属实，按照《拍卖法》的规定，委托人黄某应当承担何种责任？说明法律依据。

2. 如果蓝月亮拍卖公司明知委托人黄某对拍卖的红木家具不享有处分权，则蓝月亮拍卖公司应当承担何种法律责任？说明法律依据。

第二节　公告与展示

一、法律原理概要

（一）拍卖公告

拍卖活动应该遵循的一个基本原则便是公开原则。依据《拍卖法》的要求，拍卖企业接受拍卖委托后，在正式举行拍卖会之前必须发布拍卖公告。拍卖公告是拍卖人的一种法定行为。《拍卖法》规定，"拍卖人应当于拍卖日七日前发布拍卖公告，拍卖公告应当通过报纸或其他新闻媒介发布。"商务部颁布的《拍卖管理办法》也规定，"拍卖企业举办拍卖活动，应当根据拍卖标的物的属性及拍卖的性质，按照《拍卖法》及相关法律、行政法规规定的日期进行公告。公告应当发布在拍卖标的所在地以及拍卖会举行地商务主管部门指定的发行量较大的报纸或其他同等影响的媒体。”

拍卖公告的内容是指拍卖公告应当向公众告知的有关拍卖的必备事项。拍卖法规定拍卖公告应当载明的事项包括：拍卖的时间和地点、拍卖标的、拍卖标的展示的时间和地点、参与竞买应当办理的手续、需要公告的其他事项。

《合同法》第 15 条规定，“要约邀请是希望他人向自己发出要约的意思表示。寄送的价目表、拍卖公告、招标公告、招股说明书、商业广告等为要约邀请。商业广告的内容符合要约规定的，视为要约。”可见，我国《合同法》明确将拍卖公告定性为“要约邀请”，这是拍卖公告的法律性质。

拍卖公告具有一般广告所具有的许多特征和功能，但是拍卖公告不同于一般的商业广告。发布拍卖公告是拍卖人的一种法定义务，虽然具有招商的成分，但是拍卖公告的主要作用在于发布拍卖的信息、告知与之有关的注意事项，以引起各方的关注。它体现了拍卖信息、操作过程的公开性和透明度。拍卖公告的基本内容是法定的，不能缺少。法定内容以外的信息，拍卖人可以自由发布，也可以不发布。

《拍卖法》第 45 条规定，“拍卖人应当于拍卖日 7 日前发布拍卖公告”。这是关于拍卖公告期间的一般规定。除了《拍卖法》外，还有其他法律文件对拍卖公告的期间作出了特别的规定。归纳起来，这些特别规定包括：第一，司法强制拍卖的特别规定。拍卖动产的，应当在拍卖七日前公告；拍卖不动产或者其他财产权的，应当在拍卖 15 日前公告。最高人民法院《关于冻结、拍卖上市公司国有股和社会法人股若干问题的规定》规定，“拍卖股权，人民法院应当委托拍卖机构于拍卖日前 10 天，在《中国证券报》、《证券时报》或者《上海证券报》上进行公告。”第二，海事拍卖的特别规定。《海事诉讼特别程序法》规定，“海事法院裁定拍卖船舶，应当通过报纸或者其他新闻媒体发布拍卖公告，拍卖外籍船舶的，应当通过对外发行的报纸或者其他新闻媒体发布公告。拍卖船舶的公告期间不少于 30 日。”第三，企业国有产权拍卖的特别规定。国务院国有资产监督管理委员会、财政部联合发布的于 2004 年 2 月 1 日起实行的《企业国有产权转让管理暂行办法》规定，“产权转让公告期为 20 个工作日，采取拍卖方式转让国有企业产权的，应当按照《拍卖法》及有关规定组织实施。”2009 年财政部令 54 号，即《金融企业国有资产转让管理办法》规定，“产权转让公告期不得少于 20 个工作日。”第四，探矿权、采矿权拍卖和土地使用权的特别规定。《探矿权采矿权招标拍卖挂牌管理办法》（试行）规定，“探矿权采矿权拍卖的，主管部门应当于拍卖日 20 日前发布拍卖公告。”《招标拍卖挂牌出让国有土地使用权规定》要求，出让人应当至少在投标、拍卖或者挂牌开始日前 20 日发布招标、拍卖或者挂牌公告，公布招标拍卖挂牌出让宗地的基本情况和招标拍卖挂牌的时间、地点。这些特别规定与《拍卖法》的一般性规定并不一致，在一般委托拍卖中，应当以《拍卖法》的规定为准。在其他情况下，则应当以其他法律法规的规定为准。

《拍卖法》规定，拍卖公告应当通过报纸或者其他新闻媒介发布。这一规定指明了拍卖公告必须在公开发行的媒体上发布。公开发行的媒体是指经国家新闻出版署批准，有一定发行量和一定影响的报纸。最高人民法院《关于冻结、拍卖上市公司国有股和社会法人股若干问题的规定》要求，“拍卖股权，人民法院应当委托拍卖机构于拍卖日前 10 天，在《中国证券报》、《证券时报》或者《上海证券报》上进行公告。"《拍卖管理办法》第35条规定，"拍卖企业举办拍卖活动，应当根据拍卖标的物的属性及拍卖的性质，按照拍卖法及相关法律、行政法规规定的日期进行公告，公告应当发布在拍卖标的所在地以及拍卖会举行地商务主管部门指定的发行量较大的报纸或其他有同等影响的媒体。"因此，在进行异地拍卖时，要注意应当在拍卖标的所在地和拍卖会举行地同时发布拍卖公告。根据最高人民法院《关于人民法院民事执行中拍卖、变卖财产的规定》的要求，拍卖公告的范围及媒体由当事人双方协商确定；协商不成的，由人民法院确定。拍卖财产具有专业属性的，应当同时在专业性报纸上进行公告。当事人申请在其他新闻媒体上公告或者要求扩大公告范围的，应当准许，但该部分的公告费用由其自行承担。因此，在人民法院委托的强制执行拍卖中，要注意公告的范围不是由拍卖人自行决定的，而应当由当事人双方协商确定；协商不成的，由人民法院确定。

（二）标的展示

《拍卖法》规定，拍卖人应当在拍卖前展示拍卖标的，并提供查看拍卖标的的条件及相关资料。拍卖标的展示是拍卖人应当履行的一种法定义务，也是拍卖活动应当遵守的基本法定程序。展示拍卖标的是指将拍卖标的陈列出来，并允许人们观看查验。但是像财产权利这样无法进行陈列的标的，通常需要将有关权利的证明和其他资料展示出来，并予以说明。比如，商标专用权作为拍卖标的时，拍卖人应当将经商标局注册颁发的有关证明展示出来，并就该商标专用权是否已经许可他人使用、有无其他权利瑕疵等情况予以说明。展示拍卖标的实际上是拍卖人履行其法定告知义务的一种方式。按照《拍卖法》的要求，拍卖人必须履行的告知义务是向竞买人如实提供真实、全面的关于拍卖标的物的书面资料，并就拍卖标的的品质瑕疵和权利瑕疵予以说明。意向竞买人通过对拍卖人提供的书面资料进行审查分析，最终作出是否参与竞买的决定。

《拍卖法》规定，"拍卖标的的展示时间不得少于两日。"在实际操作中，两个展示日是法律的最低规定，一般适合于文物艺术品、收藏品的展示。但是在土地、房产等价值较高的不动产拍卖中，展示的时间一般较长，目的是给潜在竞买人充分的时间考察标的，以便进行竞买决策。由于拍卖标的性质上的区别，有些标的展示的时间可能会少于两日。比如，根据《拍卖管理办法》规定，"拍卖企业展示拍卖标的的时间应不少于两日，鲜活物品或者其他不宜保存的物品除外。"

常见标的展示方式有固定展示、巡回展示、资料展示、网上展示等。随着网络技术的发展，许多拍卖企业也开始选择在网站上进行标的展示。这种展示方式主要目的在于招商，应与其他展示方式结合使用，以符合拍卖法关于标的展示的规定。

《拍卖法》规定，"拍卖人应当在拍卖前展示标的，并提供查看拍卖标的的条件及有关资料。"可见，展示拍卖标的一般是要求拍卖人将拍卖标的陈列出来，并允许人们参观查看。但是在理解拍卖人展示拍卖标的的义务时，不应将这种义务局限于"将拍卖标的陈列出来，并允许人们参观查看"这一点，拍卖人还应提供查看拍卖标的的条件和资料。因此，拍卖人制作拍卖资料及提供查看拍卖标的条件，也是履行其标的展示义务的重要内容。《拍卖法》中规定的提供查看拍卖标的的条件主要是指能够清晰地观看、了解拍卖标的的品质、性能、规格、色彩、数量等情况所必须具备的场所、光线、仪器等。提供查看拍卖标的有关材料主要是指能够反映上述资料内容的文字说明和图片资料；标的已经过鉴定的应当提供鉴定结论；标的是财产权利或其他无形资产的，应当提交产权证明和国家机关的认定或批准文件；有关标的物的瑕疵情况等。拍卖人应保证拍卖资料的真实性。需要说明的是，文物艺术品拍卖标的图录资料中的文字及图片，仅供竞买人参考，不是对拍卖标的的色调、质地、真实性及无缺陷等做的担保。因印刷或拍摄照片造成图录作品的色调、颜色等与原物有误差的，以原物为准。

二、典型案例剖析

案例 1

某拍卖公司受法院委托拍卖被执行人市农机公司的房产，于 2015 年 1 月 12 日发布公告，定于 2015 年 1 月 27 日拍卖。后接到法院通知，拍卖公司于 2015 年 1 月 25 日发布公告与延期声明，将拍卖会延期到 2 月 6 日举行。拍卖成交后因与买受人胡某纠纷诉讼至法院。法院经审理，认为拍卖公告期限不足 15 日。拍卖公司辩称：我公司发布的拍卖公告自 2015 年 1 月 12 日至 2015 年 1 月 27 日已够 15 天，经法院同意延期拍卖后，又于 2015 年 1 月 25 日在同一报纸上发布了拍卖公告和延期声明，延期声明不是一个新的公告，故确认我公司拍卖公告不到期是不妥的。

法律问题

1. 案例中的拍卖公告是否符合法定期间的要求？
2. 延期拍卖的公告是不是一次新的拍卖公告？
3. 法院对拍卖公告日期的认定是否妥当？

法理分析

拍卖公司 2015 年 1 月 12 日发布公告，决定于 2015 年 1 月 27 日拍卖。这个公告的时间不符合法律的要求。本次拍卖属于受人民法院委托进行的民事强制执行中的拍卖，拍卖标的为房产。根据最高人民法院《关于人民法院民事执行中拍卖、变卖财产的规定》第 11 条的规定，“拍卖不动产或者其他财权的，应当在拍卖前十五日公告。”因此本次拍卖的公告时间应当不少于 15 天。在计算 15 天的公告日时，拍卖当日和公告当日都不应计算在内。拍卖公司于 2015 年 1 月 12 日发布公告，拍卖日应当是 2015 年 1 月 28 日以后（含 28 日）。因此，拍卖公司的第一次公告时间不足 15 天，不符合法律的要求。但是拍卖公司于 2015 年 1 月 25 日发布延期声明，将拍卖日推迟至 2015 年 2 月 6 日，这一行为应当视为拍卖公司主动对第一次拍卖公告中错误的纠正。由于拍卖公司在第二次公告中明确声明将拍卖会“延期至 2015 年 2 月 6 日上午 10 时”，而且发布公告的报纸为同一名称的报纸，虽然单看这两次公告内容，任意一次都不足法定的 15 日，但是这两次公告应当视为是同一场拍卖会的一个完整的公告行为。拍卖公司的本次拍卖满足了“拍卖不动产或者其他财权的，应当在拍卖前十五日公告”的法律要求，因此是合法和有效的。就本案例而言，延期拍卖的公告不是一次新的拍卖公告。这两次公告应当视为是同一场拍卖会的一个完整的公告行为。法院将拍卖公司的第一次拍卖公告和第二次拍卖公告（延期拍卖声明）看作是两个孤立的行为，从而认定拍卖公告不足法定期间的要求，这种认定是错误的。

本案例涉及的知识点是拍卖公告期间如何计算的问题。《拍卖法》第 45 条规定，“拍卖人应当于拍卖日 7 日前发布拍卖公告”，而 2005 年 1 月 1 日起实行的《最高人民法院关于人民法院民事执行中拍卖、变卖财产的规定》第 11 条规定，“拍卖应当先期公告。拍卖动产的，应当在拍卖 7 日前公告；拍卖不动产或者其他财产权的，应当在拍卖 15 日前公告”。两者的规定并不完全一致。

《拍卖法》第 45 条规定，“拍卖人应当于拍卖日 7 日前发布拍卖公告”。这是拍卖公告的法定程序，属于不可改变的必经程序。问题是如何计算？拍卖界存在两种观点：一种观点认为应当以公告日为准向后计算 7 日；另一种观点认为应当以拍卖日为准向前计算 7 日。坚持以公告日为准向后计算观点的人的主要法律依据是《民法通则》的相关规定，认为拍卖行为是一种民事法律行为，应当适用《民法通则》的规定。按照《民法通则》第 154 条第 2 款的规定，“开始的当天不算入，从下一天开始计算。”这是以行为日为准向后计算的方法。这种观点内部也有分歧，有人认为，按照《民法通则》的规定，如果“期间的最后一天是星期日或者其他法定休假日的，以休假日的次日为期间的最后一天”。而有人则反对这种顺延的观点，认为拍卖行为比较特殊，不应适用这种“节假日顺延”的计算方法。持以拍卖日为准向前计算观点的人则认为，拍卖活动虽然是一种民事活动，但是《拍卖法》属于民事特别法，在计算公告日期时，不应适用民法通则的规定，而应以《拍卖法》自身的规定为准。《拍卖法》的规定指向为“拍卖日 7 日前”，即将拍卖日做为基准日，然后向前计算 7 天。这一表述的特点突出了拍卖举行的日期。坚持这种观点的人内部也有分歧，有人认为公告日当天应当计算在内；有人则认为公告日当天不应计算在内。总之，在拍卖公告日期的计算问题上存在多种不同的计算方法，把本来简单的问题搞得越来越复杂。

对此，笔者认为需要澄清两个问题：

《拍卖法》第 45 条明确规定，“拍卖人应当于拍卖日 7 日前发布拍卖公告”。该条规定指向为“拍卖日 7 日前”，即将拍卖日做为基准日，然后向前计算 7 天。所以向前计算的方法本身不错。但是如果将向前计算的理由归结为《拍卖法》是民事特别法，在《拍卖法》与《民法通则》的规定发生冲突时应坚持“特别法优于普通法”的观点是值得商榷的。因为“特别法优于普通法”的前提是针对效力等级相当的法律而言的。《拍卖法》与《民法通则》并不是同一效力级别的法律文件。《民法通则》是由全国人民代表大会通过的基本法律，而《拍卖法》是由全国人大常委会通过的非基本法律。两者是上位法与下位法的关系。根据“下位法服从上位法”的原则，在计算拍卖公告日时适用《民法通则》的规定也没有错误。可见，问题的关键不在计算方法本身，而在于如何正确地理解“拍卖人应当于拍卖日 7 日前发布拍卖公告”这一规定中的“7 日”是否包括公告日与拍卖日。根据《拍卖法》的规定，“拍卖人应当于拍卖日 7 日前发布拍卖公告”，既然是 7 日“前”那么，如果从后向前计算，第 7 日肯定不符合条件，因此至少应当算到第 8 日。而根据《民法通则》期间

“开始的当天不算入，从下一天开始计算”的规定，如果是从后向前计算，拍卖日当天不应计算在公告期间内，如果是以公告日为准向后计算，公告日当天也不应计算在内。因此，无论是以《拍卖法》的规定为依据，还是以《民法通则》为依据，公告日和拍卖日当天都不应计算在内。从《拍卖法》的立法本意而言，法律的要求是公告日不应少于7日。因此，最简单的计算方法是以拍卖日为准减8或以公告日为准加8的计算方法。例如，拍卖日是2013年10月20日，那么公告日最晚应为2013年10月12日；如果公告日是2013年10月20日，那么拍卖日最早应为2013年10月28日。其他法律规定的公告日计算方法也可以采用法定日加1的计算方法，例如对于证券类拍卖标的的拍卖要求“拍卖日10日前”发布拍卖公告，计算时应加减11；对于土地使用权类拍卖标的的拍卖要求“拍卖日20日前发布公告，”计算时应加减21；另据《海商事特别程序规定》对海商事涉案物品拍卖要求“拍卖日30日前”发布拍卖公告，计算时应加减31。依次类推。这种计算方法不但便于操作，而且非常保险。

《民法通则》第154条规定的“期间的最后一天是星期日或者其他法定休假日的，以休假日的次日为期间的最后一天。”这是按照“工作日”的计算方法来计算的。《拍卖法》中规定的“拍卖日7日前”没有注明是否是“工作日”，因此，应当指向为“日历日”。按照日历日计算的方法并不需要扣除法定节假日。在拍卖实践中，举行拍卖活动时为了招商或者操作的需要，往往需要在节假日举行拍卖会，如果按照“以休假日次日”为准的说法，拍卖会将无法在节假日举行。另外，这也不符合我国国情。因此，笔者的观点是，拍卖公告不适用节假日顺延的规定。

《拍卖法》与其他法律法规对拍卖公告的期间有不同的要求。《拍卖法》规定的是拍卖日七日前发布拍卖公告。最高人民法院《关于人民法院民事执行中拍卖、变卖财产的规定》第11条规定：拍卖动产的，应当在拍卖7日前公告；拍卖不动产或者其他财产权的，应当在拍卖15日前公告。《海商事特别程序规定》对海商事涉案物品拍卖要求“拍卖日30日前”发布拍卖公告。《探矿权采矿权招标拍卖挂牌管理办法》（试行）第36条规定：探矿权采矿权拍卖的，主管部门应当于拍卖日20日前发布拍卖公告。《招标拍卖挂牌出让国有土地使用权规定》第八条规定：出让人应当至少在投标、拍卖或者挂牌开始日前20日发布招标、拍卖或者挂牌公告，公布招标拍卖挂牌出让宗地的基本情况和招标拍卖挂牌的时间、地点。最高人民法院《关于冻结、拍卖上市公司国有股和社会法人股若干问题的规定》第14条规定：拍卖股权，人民法院应当委托拍卖机构于拍卖日前10天，在《中国证券报》、《证券时报》或者《上海证券报》上进行公告。在拍卖中应当如何协调这些不同的规定呢？在一般的委托拍卖中，应当以《拍卖法》的规定为准。在其他情况下，应当以其他法律法规的规定为准。

除了拍卖公告日期的计算问题外，拍卖企业在发布拍卖公告时，还有几个问题值得注意。

一是拍卖公告的媒体选择。《拍卖法》第47条规定，“拍卖公告应当通过报纸或者其他新闻媒介发布。”指明了拍卖公告必须在公开发行的媒体上发布。拍卖企业不能为节约费用，在公司门前或拍卖标的展示地贴一张告示即表示已经公告，这样不利于保护委托人的利益。因为这样的信息传播范围有限，不利于招商的进行，从而影响当事人的合法权益。公开发行的媒体是指经国家新闻出版署批准，有一定发行量和一定影响的报纸。街头小报或自行印刷、发送的内部报纸不能作为拍卖公告的发布媒体。在具体操作中应依据标的价值大小及竞买人可能存在的范围，区域分布等合理选择媒体，一般以地方主要报纸为首选媒体。其优点是报纸发行对象集中、发行量大、费用合理。若标的物的买家在本地之外，还可考虑选择全国性媒体发布。最高人民法院《关于冻结、拍卖上市公司国有股和社会法人股若干问题的规定》第 14 条规定，“拍卖股权，人民法院应当委托拍卖机构于拍卖日前 10 天，在《中国证券报》、《证券时报》或者《上海证券报》上进行公告。”因此，拍卖法人股则必须在国家证监会指定的三家证券类媒体之一发布。拍卖公告发布的其他媒体，主要指广播电台、电视台等立体媒体。这两种媒体的优点是传播范围广、时效性强、感召力强，但其缺点在于不易保留，容易忘记。从我国拍卖业运作的实际看，多数拍卖企业主要选择报纸这一平面媒体作为拍卖公告的发布载体。

二是拍卖公告的发布范围。《拍卖管理办法》第 35 条规定，“拍卖企业举办拍卖活动，应当根据拍卖标的物的属性及拍卖的性质，按照拍卖法及相关法律、行政法规规定的日期进行公告，公告应当发布在拍卖标的所在地以及拍卖会举行地商务主管部门指定的发行量较大的报纸或其他有同等影响的媒体。”因此，在进行异地拍卖时，要注意应当在拍卖标的所在地和拍卖会举行地同时发布拍卖公告。此外，根据《最高人民法院关于人民法院民事执行中拍卖、变卖财产的规定》第 12 条规定，“拍卖公告的范围及媒体由当事人双方协商确定；协商不成的，由人民法院确定。拍卖财产具有专业属性的，应当同时在专业性报纸上进行公告。当事人申请在其他新闻媒体上公告或者要求扩大公告范围的，应当准许，但该部分的公告费用由其自行承担。”因此，在人民法院委托的强制执行拍卖中，要注意公告的范围不是由拍卖人自行决定的，而应当由当事人双方协商确定；协商不成的，由人民法院确定。

三是再次发布公告和连续发布公告的问题。在拍卖实践中，经常会遇到再次发布公告的问题。对于什么情况下需要再次发布拍卖公告，拍卖界的认识并不一致。尤其是对于中止拍卖后又恢复拍卖的情况，是否应当再次发布拍卖公告，分歧较大。笔者认为，任何一次新的拍卖，必须要发布拍卖公告。一次拍卖中，一般发布一次拍卖公告即可满足《拍卖法》对拍卖公告的要求。拍卖中止后又恢复拍卖的，属于同一次拍卖程序的恢复和延续，并不是一次新的拍卖，所以恢复拍卖时可以不再发布拍卖公告。但是如果委托人要求再次发布拍卖公告，或者原有竞买人同意再次发布拍卖公告时，拍卖人也可以在恢复拍卖时再次发布拍卖公告。拍卖终止后，委托人再次委托拍卖人就同一拍卖标的物进行拍卖的，属于一次新的拍卖，拍卖人必须要重新发布拍卖公告。拍卖公告本身具有“招商”的功能。有时候拍卖人出于宣传或招商的目的，会采取在一定时段内连续发布同一内容的拍卖公告。有些是在同一媒体上反复发布，有些是在不同的媒体形式上同时发布。这就涉及以哪一个公告为准来计算公告时间的问题。是以第一个公告为准呢，还是以最后一个公告为准？拍卖公告虽然有“招商”的功能，但是其主要功能并不是“招商”，而是拍卖人履行法定的告知义务的一种程序和手段。如果是出于“招商”的目的，拍卖人可以采用“商业广告”的形式，这样可以发挥一些创意，而且也可以避免引起不必要的纠纷。

案例 2

在一起拍卖纠纷案件中，原告诉称，其参加了某拍卖公司举行的拍卖会，竞买一批出口转内销的毛毯。拍卖前，原告按照该拍卖公司的要求，到被告存货处看样，但仓库管理员告知不能提取样品进行抽验鉴别。拍卖会结束后，原告与拍卖行签订了拍卖成交确认书，按时交付了货款以及佣金。原告提货时，通过检测发现该批货物中有一部分并非毛织品。原告立即向拍卖行提出异议，但被告未给原告任何答复。原告认为：被告作为拍卖人，应当履行明确告知买受人拍卖品真实情况的义务，但被告既不明确告知，也未作出不担保拍卖品存在瑕疵及真伪的声明，故被告的行为损害了原告的利益。被告拍卖公司答辩称，公司是接受有关执法单位的委托组织实施拍卖的，清单是委托单位提供的，公司没有过错。

法律问题

1. 《拍卖法》中对拍卖人展示拍卖标的的义务是如何规定的？
2. 本案例中拍卖公司在标的物展示中有无过错？

法理分析

《拍卖法》第 48 条规定，“拍卖人应当在拍卖前展示拍卖标的，并提供查看拍卖标的的条件及有关资料。拍卖标的的展示时间不得少于两日。”第 27 条规定，“委托人应当向拍卖人说明标的的来源和瑕疵。拍卖人应当向竞买人说明拍卖标的的瑕疵。”即使委托人有意或者疏于拍卖品瑕疵的说明，拍卖人也应当按照《拍卖法》第 18 条的规定，“要求委托人说明拍卖标的的来源和瑕疵。”本案中，被告的过错主要表现在：未按《拍卖法》第 27 条的规定，“将拍卖标的的瑕疵告知竞买人。”被告虽然按照《拍卖法》第 48 条的规定，在拍卖前展示了拍卖标的，但是拒绝竞买人提出的抽验和鉴别拍卖标的品质的正当要求。被告并未在拍卖前声明标的的真伪，甚至在出具成交确认书时依然没有纠正。

本案例涉及的知识点是拍卖人展示拍卖标的的义务问题。拍卖是一种特殊的买卖。在买卖中，卖方应当为买方了解买卖标的的真实情况提供必要的条件。在拍卖中，由于实行公开的竞价交易方式来确定交易价格，而除了成交价格外的其他与拍品有关的因素，都应在竞买前确定。对拍品的了解程度直接影响着竞买人在竞价中的心理底线，因此，在竞价前让竞买人了解拍品的真实情况就显得更为重要。为了使竞买人能够对拍卖标的物的种类、数量、质量、性能、规格等有个全面的了解，以便决定是否参加竞买和以什么样的价格购买标的物，《拍卖法》设计了拍卖前拍卖标的的展示制度，并将之作为拍卖人的一项法定义务和拍卖活动必须遵守的法定程序。展示拍卖标的一般是要求拍卖人将拍卖标的陈列出来，并允许人们参观查看。对于像商标专用权这样无法陈列的财产权利等拍卖标的，就需要把相关的权利凭证和资料展示出来。但是，在理解拍卖人展示拍卖标的的义务时，不应将这种义务局限于“将拍卖标的陈列出来，并允许人们参观查看”。《拍卖法》第 48 条规定，“拍卖人应当在拍卖前展示拍卖标的，并提供查看拍卖标的的条件及有关资料。拍卖标的的展示时间不得少于两日”，即拍卖人还应提供“查看拍卖标的的条件”，而且展示义务有时间上的要求。本案例中，被告虽然按照《拍卖法》第48条的规定，在拍卖前展示了拍卖标的，但是拒绝竞买人提出的抽验和鉴别拍卖标的品质的正当要求。拍卖人的过错就在于没有履行提供“查看拍卖标的的条件”的义务。关于展示的期间，需要注意的有两点：一是《拍卖法》规定的展示期间的计算单位是“日”，一般应理解为正常的工作日（营业日），不应将这两日折算为“时”来计算，也不应理解为必须满48小时；二是对展示期间的要求有例外，《拍卖管理办法》第36条第2款规定，“展示时间应不少于两日，鲜活物品或其他不易保存的物品除外”。因此，要全面完整地理解拍卖人展示拍卖标的的义务。

三、补充思考案例

原告拍卖公司起诉称：被告兰博公司作为竞买人经过事先看样参加我公司举行的拍卖，以总金额204000元竞得克莱斯勒航海家牌厢式旅行车，当场签订成交合同。但被告拒不履行合同，致使我公司信誉及经济蒙受损失。请求法院判令被告支付拍卖物价款及佣金，承担保管费、违约金和利息共计318434元。被告兰博公司答辩称：原告发布虚假广告，将9号拍卖车佯称道奇旅行车，误导我公司参与竞买，具有明显的欺诈，道奇旅行车根本不存在，原告的诉讼请求不能成立。

法院经审理查明：2012年5月23日，6月1日、9日、12日，拍卖公司分别在报纸上刊登拍卖公告。其中，6月12日的拍卖公告中附有拍卖标的清单。清单中对双方争议的拍卖标的物表述为“道奇面包车”，基价18万元。6月12日，海关作为委托人给拍卖公司下达了委托拍卖通知书，列举所委托拍卖的物资名称、规格、型号及数量。其中，发生争议的拍卖标的物的序号为9号，名称“克莱斯勒航海家”牌厢式旅行车。拍卖公司根据海关的委托及省进出口商品检验局对海关罚没汽车的商检，出具第三期拍卖罚没汽车商检抄件及基价表。其中拍卖物资清单注明：9号车，名称克莱斯勒航海家牌厢式旅行车。6月13日，兰博公司以竞买人身份交纳竞买押金，取得17号竞买号牌和拍卖公司提供的上述资料，并于当日对9号车进行了查看。6月14日，拍卖公司对上述物资进行拍卖。在对9号克莱斯勒航海家牌厢式旅行车的拍卖中，拍卖公司以起拍价18万元进行拍卖，加价幅度为2000元。兰博公司在204000元价位举牌应价后无人再加价，拍卖师宣布兰博公司以204000元最高价竞得9号拍卖物。双方当即签订成交确认书，并经公证。但事后兰博公司未履行合同，拍卖公司遂于向人民法院起诉。

法院经审理认为：被告兰博公司按规定办理了竞买手续，查看了拍卖标的物并取得相关资料，进入拍卖场地举牌应价，应视为其行使了拍卖的相应权利并认可拍卖标的物的现状，且被告承认原告展示的拍卖车辆与其查看并竞得的拍卖标的物一致。因此，被告以竞得标的物与原告拍卖公告所称名称有异及车辆识别号码有误为由否认拍卖效力的理由不能成立，并判原告胜诉。

被告兰博公司不服，提起上诉。称：原审判决认定事实不清，对被上诉人拍卖公司发布虚假广告的行为未予认定，并将商标品牌的争议认为是一般名称的差异。认定的拍卖物的现状包括拍卖物的生产厂家、产地和品名标识于法无据。原判认定上诉人违约既无事实也无法律依据，原判适用法律不当。被上诉人拍卖公司答辩称：拍卖公告不是商业广告，不适用

《广告法》。

法院经审理认为：尽管被上诉人拍卖公司在有关报纸上刊登的拍卖公告中载明的拍卖标的物中有道奇面包车，但上诉人兰博公司于6月13日领取的有关拍卖标的物的资料中并无道奇面包车，只有序号为9，名称为克莱斯勒航海家牌厢式旅行车和其他车辆，兰博公司有关人员实际查验的也是9号克莱斯勒航海家牌厢式旅行车。因此，兰博公司是在完全知道拍卖序号为9的标的物情况后进入拍卖现场，参加竞买的。在拍卖过程中，拍卖师是以拍卖资料中载明的序号为9，名称为克莱斯勒航海家牌厢式旅行车这一标的物主持拍卖的，兰博公司也是针对该车进行竞买的。拍卖成交后，兰博公司与拍卖公司签订的拍卖成交确认书中指明的标的物也是该车。兰博公司以最高价竞得9号车并履行相关手续后，又拒领拍卖标的物，拒付拍卖物价款，属违约行为，应承担违约责任。判决驳回上诉，维持原判。

1. 拍卖公告是商业广告吗？如何看待拍卖公告的性质？
2. 公告中对拍卖标的的表述与实际不符是否导致拍卖无效？

第三节 竞买登记

任何人作为竞买人参加拍卖会都必须按照法律规定和拍卖企业的要求办理竞买登记手续。不同类型的拍卖对竞买人的资质条件要求不同，因此，竞买登记的手续也可能有差异。

一、法律原理概要

（一）申请人的资质条件

申请参加竞买的人必须首先具备资质条件。一般而言，可以将竞买人分为三类资质条件。完全自由流通商品的竞买人通常只要求出示身份证明。自然人应该出示身份证或护照、军人证等；委托他人办理的，还应该有委托人签字的授权委托书原件和受托人的身份证明原件。法人单位应该出示营业执照副本和法定代表人的身份证明和授权委托书原件。其他组织的应该出示该组织合法成立的法定文件和授权委托书。拍卖品可以自由流通、但数量有一定条件限制的，竞买人应具备相应的资质条件。例如《最高人民法院关于冻结、拍卖上市公司国有股和社会法人股若干问题的规定》第16条规定，“股权拍卖过程中，竞买人已经持有的该上市公司股份数额和其竞买的股份数额累计不得超过该上市公司已经发行股份数额的30%”。特定拍卖品的竞买人除必须具备一般竞买人的条件外，还必须具备特定的资质，满足特定条件。例如《最高人民法院关于冻结、拍卖上市公司国有股和社会法人股若干问题的规定》第15条规定，“国有股权竞买人应当具备依法受让国有股权的条件。”竞买国家实行专卖的物品的，竞买人应当具备专营资质。

（二）竞买人应承诺的事项

为了便于竞买人充分了解参加竞买的相关事项，避免竞买人的盲目决策和可能发生的纠纷，拍卖企业往往会将与拍卖有关的资料和竞买人必须作出的承诺整理成文，要求竞买人仔细阅读并签字确认。

1. 认可标的的现状。竞买人对拍卖品现状的认可包括：竞买人已经实地查验了拍卖品；仔细阅读了拍卖企业准备的拍卖品说明书或拍卖品目录并已知拍卖企业关于拍卖品品质、缺陷、瑕疵的说明；认可拍卖品可能存在拍卖企业未能告知的缺陷和瑕疵。

2. 确认竞买和成交条件。参加竞买，即视为认可拍卖企业的竞买和成交条件。竞买人应该：承诺办理竞买登记时所提供的身份证明和资质条件的真实性和有效性，并承担相应的法律责任；一旦拍卖成交即与拍卖企业签订成交确认书，并在拍卖笔录上签字；承诺一旦竞买成功即认可成交价格，并按拍卖企业确定的支付方式支付拍卖品价款、佣金和其他应交费用；同意按拍卖企业确定的方式进行拍卖品的交割。

3. 保证遵守拍卖规则，服从拍卖会组织管理。遵守拍卖规则，服从拍卖会的组织管理也是竞买人必须作出的承诺：竞买人必须充分了解并承诺遵守拍卖规则和注意事项等；竞买人承诺不恶意串通、不妨碍其他竞买人正常出价；竞买人遵守拍卖会场纪律，服从拍卖会管理；竞买人认可拍卖师的主持方式和成交方式，并承诺一经出价不会反悔。

竞买人参加竞买时承诺的全部事项需要竞买人以文件形式签字确认。在办理竞买手续时，竞买人经常需要在竞买人登记表、拍卖规则、竞买协议书等文件上签字。有时还要签署竞买申请书、竞买人承诺书等文件。

（三）交纳竞买保证金

我国《拍卖法》对于保证金的收取并未作出明确的规定，只是要求竞买人参与竞买应当办理竞买手续。其他法律法规对竞买保证金有规定的，应该执行；没有规定的，拍卖企业一般根据拍卖品金额和市场行情合理设置。在实际操作中，国内的拍卖企业大都会要求竞买人缴纳竞买保证金，否则就不能取得竞买资格。收取竞买保证金的目的：一是保证竞买人有一定的支付能力；二是以此来约束竞买人的竞买行为，避免竞买人恶意竞买或随意违约。

竞买保证金的数额一般根据拍卖品的价值确定。最高人民法院《关于人民法院民事执行中拍卖、变卖财产的规定》第 13 条规定，“拍卖不动产、其他财产权或者价值较高的动产的，竞买人应当于拍卖前向人民法院预交保证金。保证金的数额由人民法院确定，但不得低于评估价或者市价的 5%。应当预交保证金而未交纳的，不得参加竞买。拍卖成交后，买受人预交的保证金充抵价款，其他竞买人预交的保证金应当在 3 日内退还；拍卖未成交的，保证金应当于 3 日内退还竞买人。”最高人民法院《关于人民法院民事执行中拍卖、变卖财产的规定》第 13 条规定，“申请执行人参加竞买的，可以不预收保证金”。价值不高的一般生活用品的拍卖也可以不收保证金，例如许多慈善拍卖会就不收竞买保证金。

（四）其他事宜

1. 委托竞买。如果竞买人因为种原因不某能亲自到拍卖现场参与竞买的话，可以办理委托竞买手续。竞买人可以向拍卖公司递交委托竞买申请。拍卖企业设委托竞买席协助竞买人参加竞买必须得到竞买人的书面授权。委托竞买协议一般包括：竞买人的姓名、地址、联系方式，授权范围和双方权利义务等。

2. 优先购买权人的确认。拍卖公司在拍卖会前一般会通知涉及拍卖品的优先购买权人行使权利，优先购买权人如果没有按照通知及时办理优先购买权竞买手续的，一般被会被认为自动放弃行使优先购买权。

3. 发放竞买号牌。在完成竞买人资格审查、竞买保证金验资和办理登记手续后，拍卖企业一般会给竞买人发放竞买号牌。竞买号牌可以在竞买登记时随即发放，也可以在拍卖会举办当日凭竞买手续领取。

二、典型案例剖析

案例 1

某拍卖公司于2014年9月30日与委托人签订《委托拍卖合同》，以有保留价增价拍卖方式公开拍卖一处房产，房屋总建筑面积825平方米，底层营业用房110平方米，其余2—6层为办公用房。在拍卖前委托方尚有120平方米办公用房正在出租，承租单位为三家，租赁期满之日为2014年11月20日，但是承租人均明确表示放弃优先购买权，并承诺在租赁合同到期时立即腾空所租房屋。因此，委托拍卖合同明确约定：拍卖成交并支付全部成交价款后即交付房屋所有权证，现房交付日期为2014年11月21日。拍卖人于10月10日在报纸上发布了拍卖公告。共有4名竞买人报名，分别领取了1号、6号、16号、20号竞买号牌，并与拍卖公司签订了《竞买协议》。竞买协议约定，每个竞买人按照拍卖规则的要求交纳了竞买保证金100万元，如果在拍卖中有违反拍卖法或拍卖规则规定的行为，或者拍卖成交后未按照拍卖成交确认书的约定支付成交价款和拍卖佣金，则所交竞买保证金不予返还。

2014年10月21日拍卖会准时举办，所有竞买人都参加了竞买，起拍价1000万元，加价幅度为10万元，经过多轮竞价，最后由16号竞买人常某以1800万元竞得，并当场签订了拍卖成交确认书。拍卖成交后，买受人常某在规定的期限之日前交清了全部成交价款和佣金。结清价款和佣金后，拍卖人将房屋所有权证移交给买受人，买受人出具“收条”表示收到，并向房产登记部门申请办理正式过户。

2014年11月21日原承租单位中有两家按时腾空搬出，尚有一家因故不能按时搬出，实际占用建筑面积约30平方米，拍卖人知情后立即派员协同委托方落实，委托方也以最积极的姿态加以处理，结果还是未能于2014年11月21日全部腾空。拍卖人主动与买受人协商，要求先行接手其他大部分现房，买受人拒绝接手，并于2014年11月28日向人民法院提起诉讼，并将委托人列为第三人。原告常某称：拍卖人到期不能交付拍卖成交标的物，已构成违约，应当双倍返还定金200万元，并承担全部诉讼费用。

人民法院于2014年12月25日开庭审理此案。委托人亲自出庭，帮助拍卖人阐明情况经过，并当庭告知买受人常某剩余30平方米办公楼已彻底腾空，请求法院当庭办理现房移交。原告继续拒绝接手现房，坚持要求被告拍卖公司双倍返还定金200万元。在审理此案的过程中，法院法官产生两种截然不同的意见。一种意见认为不能全部腾空现房交割，买受人拒绝接手房产应视为拍卖人不能履约交付拍卖标的物，虽无明确定金，但保证金也可视作定金，被告拍卖公司应支付违约金200万元；另一种意见认为合同中并无关于定金的约定，在当事人没有明确约定的情况下，保证金不能自动转为定金。拍卖人在买受人付清价款及佣金后即移交房屋所有权证，买受人已提交房产管理部门办理正式过户，应视为交割完毕。涉及现房交付日期，其大部分已腾空，为控制实际损失，买受人应予以接管，实际损失由拍卖人给予赔偿，最多只能视作交割存在缺陷。

在法院的努力调解下，双方当事人和委托人最后达成了《和解协议》，约定拍卖公司支付买受人常某实际损失费20000元；案件由原告撤诉，案件受理费由拍卖人承担。根据《拍卖委托合同》约定，造成交割纠纷的责任全部属委托方，委托方愿意承担全部责任。根据拍卖人"先行承担"原则，违约赔偿和诉讼费用先由拍卖公司支付，然后拍卖公司再向委托人追偿。

法律问题

1. 竞买保证金是否是定金？
2. 竞买保证金在拍卖成交后能否自动转为定金？

法理分析

在拍卖实践中，当事人通常会约定在拍卖成交后，将竞买保证金转为定金，适用担保法和合同法关于定金的规定。但是由于对定金理解上的差异，经常导致拍卖纠纷的产生，不少拍卖人在相关诉讼中也不能正确地利用定金罚则来维护自身的合法权益，为此，笔者认为有必要结合本案例对定金的一些基本知识进行简要介绍，同时对拍卖中的保证金与定金的关系予以说明。

所谓定金，是指合同一方当事人为了担保其债务的履行，面向对方给付的一定金钱或其他替代物。根据《担保法》和《合同法》的规定，当事人可以约定一方向对方给付定金作为债权的担保。债务人履行债务后，定金应当抵作价款或者收回。给付定金的一方不履行约定的债务的，无权要求返还定金；收受定金的一方不履行约定的债务的，应当双倍返还定金。可见，定金是担保方式中的一种。

定金依据担保目的不同，可以区分为立约定金、成约定金、证约定金、解约定金和违约定金。为担保合同的订立而支付的定金为立约定金。这种定金在合同订立之前交付，目的在于保证双方于将来签订正式合同。《最高人民法院关于适用〈中华人民共和国担保法〉若干问题的解释》第115条规定，"当事人约定以交付定金作为订立主合同担保的，给付定金的一方拒绝订立主合同，无权要求返还定金；收受定金的一方拒绝订立合同的，应当双倍返还定金"。以担保合同的成立为目的而给付的定金为成约定金，以证明合同生效为目的而给付的定金为证约定金。即当事人约定合同的成立或者生效以定金的给付为要件。第116条规定，"当事人约定以交付定金作为主合同成立或者生效要件的，给付定金的一方未支付定金，但主合同已经履行或者已经履行主要部分的，不影响主合同的成立或者生效"。以担保合同的解除为目的而支付的定金为解约定金。第 117 条规定，“定金交付后，交付定金的一方可以按合同的约定以丧失定金为代价而解除主合同，收受定金的一方可以双倍返还定金为代价而解除主合同。对解除主合同后责任的处理，适用《中华人民共和国合同法》的规定”。以担保合同的履行而支付的定金为违约定金（或履约定金）。实践中所称的定金罚则实际上就是关于违约定金的处罚规定。除非当事人另有约定，担保法规定的定金兼有证约定金与违约定金的性质。

《担保法》规定的担保方式有：保证、抵押、质押、定金和留置。其中，保证属于人的担保；抵押、质押、留置属于物的担保；定金则是一种以金钱为主的物的担保。定金的法律特征主要表现在以下几方面：

1. 从合同的角度而言：第一，定金合同是从合同，除订约定金外，其他定金合同不可能独立存在，主合同的效力及于定金合同的效力。第二，定金合同是实践性合同。《担保法》第 90 条规定，“定金合同从实际交付定金之日起生效”。第三，定金合同是要式合同，依据《担保法》第 90 条规定，“定金应当以书面形式约定”。《担保法》第 93 条规定了定金的三种书面形式：单独订立的书面合同、具有约定定金性质的信函或传真等、主合同中的定金条款。定金不仅要求书面形式，而且必须在书面协议中写明“定金”字样或约定定金的性质，否则不作定金对待。最高人民法院《解释》第 118 条规定，“当事人交付留置金、担保金、保证金、订约金、押金或者订金等，但没有约定定金性质的，当事人主张定金权利的，人民法院不予支持。”这也正式在拍卖当事人没有明确约定的情况下，为什么拍卖中的保证金不能自动转为定金的主要理由。

2. 从债的担保角度看：第一，定金担保具有惩罚性，《担保法》第 89 条规定，“给付定金的一方不履行约定的债务的，无权要求返还定金；收受定金的一方不履行约定的债务的，应当双倍返还定金”，其中“无权要求返还定金”或“双倍返还定金”都是惩罚性质的具体体现。第二，提供定金担保的主体的具有特定性，定金是由债务人自己为自己提供的担保。抵押、质押、留置等则可能是由第三人提供担保，而保证则必然由第三人提供担保。第三，定金担保的标的物具有独特性，定金既不完全是金钱担保，也不属于一般物的担保，而是主要以金钱为担保的一种担保方式。第四，定金担保具有最高额限制，《担保法》第 91 条对定金的最高数额作出了限制，即“定金的数额由当事人约定，但不得超过主合同标的额的 20%”，超过法定限额的，其超过部分无效。第五，定金担保功能具有双向性，给付定金的一方不履行约定的债务的，无权要求返还定金，收受定金的一方不履行约定的债务的，应当双倍返还定金。

根据《担保法》第 80 条之规定，除非当事人另有约定，定金的效力主要表现在以下四个方面：

1. 当合同履行时，定金应当返还或者作为给付的一部分，由于设立定金的目的在于担保合同的履行，一旦合同得以履行，定金存在的意义也就丧失了。故在合同履行完毕时，定金应予返还。若定金与应为给付的种类相同，则可以作为给付的一部分。

2. 当合同由于可归责于定金给付当事人的事由而陷入不能履行时，给付定金的一方无权要求返还定金。这是由于在此种场合下，给付定金的一方本应向对方当事人就其违约行为负损害赔偿责任，但既然双方当事人已约有定金，则守约方可以迳直占有定金作为损害赔偿，而不必就其因对方违约而蒙受的损失负举证责任。而且，除非当事人另有约定，守约方不能再向给付定金的一方提出损害赔偿请求权。

3. 当合同由于可归责于收受定金当事人的事由而陷入不能履行时，收受定金的一方当事人应当双倍返还定金。在这种场合下，收受定金的一方当事人作为违约方理应向给付定金的对方当事人负损害赔偿责任。由于作为违约方的定金收受方既应向定金给付方赔偿与定金数额相同的损失，又应向收受方定金给付方返还其收受的定金，故作为违约方的定金收受方应向定金给付方双倍返还定金。

4. 当合同由于不可归责于双方当事人的事由而陷入不能履行时，收受定金的当事人应当返还定金。若双方当事人对于主合同的履行不能均无过失时，其双方当事人均应免责，故不发生损害赔偿的问题。而且，原定合同既然已经终止，则定金给付方的定金也就丧失了给付原因，定金收受方自应予以返还。

“订金”与“定金”在日常生活中的含义一般说来是等同的，但从现行法律上说“订金”与“定金”的性质并不相同。“订金”属于预先支付的一部分价款，不具备担保的性质，而“定金”则具备担保的性质，并且有严格的设立条件。由于两者法律性质有别，因而在不履行约定时法律处理上差异较大：对“定金”而言，给付定金的一方不履行约定的债务时，无权要求返还定金；收取定金的一方不履行约定的债务时，应当双倍返还定金。然而对于“订金”而言，如果收取订金的一方不能履行约定，交付订金的一方只可要求返还订金而不能要求双倍返还。换言之，“定金”具备担保和惩罚性的法律效力，而“订金”则不具备担保和惩罚性法律效力。

当事人承担定金责任至少应当具备以下两个要件：

1. 不履行合同。根据我国现行法律关于定金责任的规定，定金责任主要适用于不履行合同的行为。不履行应当包括全部不履行与部分不履行，但对于承担定金责任而言，只有当事人全部不履行或部分不履行行为已构成根本性违约的情况下才能适用定金罚则。如果一方出现非根本性的违约就适用定金罚则，给违约方强加沉重的经济负担，也不利于其继续履约，且与法律上诚实信用原则相悖。所以只有在一方完全不履行或部分不履行合同的行为构成根本违约，使非违约一方基于合同所产生的期待利益丧失，缔约之目的不能达到，方可适用定金罚则。迟延履行一般不应适用定金罚则，迟延履行是一种消极的违约行为，且合同仍有可能继续履行，因而守约方不能要求违约方承担定金责任并直接解除合同。就本案例而言，即使在当事人约定将保证金转为定金的情况下，被告拍卖公司也不应当承担定金责任，因为拍卖公司已经履行完绝大部分合同义务，仅剩30平方米未按时交付，这并不构成根本性的违约。因此，法庭审理中有人主张被告拍卖公司应当承担定金责任的意见是错误的。

2. 主观过错。由于定金责任具有很强的惩罚性，其适用的目的在于对违约行为予以制裁从而担保合同的履行，所以一方具有过错是定金责任的适用要件。这一原则应体现于三个方面：第一，如果合同不能履行非因当事人过错而产生，则不能适用定金罚则；第二，因一方过错导致合同不能履行，违约方应承担定金责任；第三，如果双方均有过错导致合同不能履行，则均丧失了请求对方承担定金责任的权利，定金应返还。本案事实证明被告拍卖公司一直在积极的履行合同约定的义务，并非故意拒绝履行债务，也没有因为被告的原因而造成履行上的不能。被告拍卖公司主观上没有恶意进行违约，被告行为应当是不适当履行，而非不履行。因此，假使本案当事人有关于保证金转定金的约定，拍卖公司也不应当承担定金责任。

定金是一种责任形式，它本身具有担保合同履行的功能。但是它与保证、抵押、质押和留置对债的担保仍然有着极大的区别，具体说来主要有两个方面的区别：第一，两者在设立目的和担保客体上存在差别。设立保证、抵押、质押和留置是为了保证先行履行了义务的债权人实现债权；而设立定金则是为了督促双方去履行合同，进行交易，从而使双方债权都能实现。前者是为了合同中的一方利益而考虑，而后者则是针对双方的债权考虑的。第二，两者的担保效果不同。首先从担保数额看，债权人可以要求债务人通过保证、抵押、质押、留置对合同所有金额担保，在债务人不履行到期债务时，债权人就可因此获得足额受偿实现债债权。而定金的数额约定根据法律的强制性规定，不能超过合同总价款的20%，因此当一方不履行合同时，另一方不可能通过定金实现其全部债权。其次再从担保所产生的权利来看，定金担保仅产生债权而不产生物权，而抵押、质押和留置是可以产生物权的特别担保。

定金中的违约定金与违约金较为类似，是一种特殊的违约金。它们的相同之处在于：都对合同中的违约行为具有惩罚性质；都具有担保合同履行的职能；两者的数额都是预先确定的；都是对违约的补救方式；当两者作为一种责任形式支付时都是独立于履行行为之外的给付，即承担支付违约金责任和定金责任都不能代替合同的履行，不能当然地解除合同，免除债务，守约方仍然享有要求违约方履行合同之权利。违约金与定金的区别有两点：一是支付时间先后不同，定金先行给付，而违约金一般只在违约行为发生后才会给付，这一点正是定金的特殊性所在。二是适用范围不同，定金只针对不履行合同这一种违约形态适用，而违约则可针对所有的违约形态适用。应当说，违约定金属于违约金的一种特殊形式，它具有预付违约金的性质。

定金与违约金竞合时。按照《合同法》第116条规定处理，即“当事人既约定违约金，又约定定金的，一方违约时，对方可以选择适用违约金或者定金条款”。定金与赔偿金的竞合时如何处理，法律没有作出明确的规定，但从定金具有惩罚性质，而赔偿金仅具补偿性出发，在定金处罚已完全可以弥补守约方损失时，不应再适用赔偿金；而在定金处罚不足以弥补守约方损失时，应允许两者并用。

案例2

某拍卖公司接受正在改制的企业平阳商厦的委托，拍卖平阳商厦的“经营权”，委托人要求将竞买人限定在平阳商厦的职工范围内，买受人必须负责对平阳商厦的其他职工进行安置，少安置一人必须交纳少安置人员的养老金，经营期限为40年。接受委托后，拍卖公司按照《拍卖法》的要求发布了拍卖公告，对拍卖标的进行了展示和介绍，其中特别说明了竞买的条件：“竞买人仅限于平阳商厦的职工，买受人应当接收平阳商厦的原有职工，如不愿接收，应当负责交纳未接收人员的养老金”。张某看好平阳商厦，希望参加竞买，但是由于张某不是平阳商厦的职工，拍卖公司拒绝了张某参加竞买的要求。经过拍卖，平阳商厦的职工杨某最终竞得了该标的。张某向法院起诉，称拍卖公司拒绝其竞买登记，侵犯了其合法的竞买权，要求确认此次拍卖无效，并要求拍卖公司重新拍卖。

法律问题

1. 什么叫定向拍卖？委托人有权限定竞买人的范围吗？

2. 本次拍卖中委托人所附的条件是否合法？

法理分析

本案例涉及的知识点是定向拍卖问题。拍卖实践中经常会遇到所谓“定向”拍卖问题。定向拍卖是指将竞买人限定在特定范围内的拍卖。定向拍卖可以分为两种情况：一种是法定的定向拍卖，主要是依法限制流通的物品或者财产权利的拍卖，法律对买受人的条件有一定的限制，竞买人必须具备法定的条件，才能参加竞买。比如专卖商品、土地使用权、文物等。定向拍卖中依标的的不同，竞买人的资格条件会受到身份、国籍、经营主体性质等方面的限制。另一种是由委托人设定竞买人条件的定向拍卖，即任意定向拍卖，像本案例中的拍卖就属于这一种情况。

对于委托人是否有权自行限定竞买人的范围问题，存在着不同的看法。有一种观点认为委托人自行设定竞买条件，事实上剥夺了一些人的竞买权，这种限制违背了《拍卖法》规定的“公平”原则。另一种观点则认为，委托人是拍卖标的真正的所有权人或处分权人，作为“卖方”，有权确定“买方”的条件和选择交易的对象。笔者认为，民事活动应当遵循自愿的原则，委托人作为财产的所有权人或处分权人，有权选择交易的条件和对象，只要委托人确定的竞买人的条件不损害第三人利益、公共利益或国家利益，其选择行为就是合法的。限定竞买人的条件，一般来讲会影响委托人的权益。所以，在没有征得委托人同意的情况下，拍卖人不应自行限定竞买人的条件。在法定的定向拍卖中，除了法定的条件外，除非为了合法的目的，委托人设定附加条件的权利应当受到限制。因为在法定的定向拍卖中，拍卖标的一般都是“公物”，在符合法定条件的情况下，参加拍卖的竞买人越多，拍卖的结果就越能反映出拍卖标的真实的价值。如果允许委托人再进一步缩小竞买人的范围，很容易滋生利用拍卖这一合法手段损害国家利益或他人利益的违法行为，导致国有财产的流失。

本案中，委托人为了维护本企业职工的合法权益，将竞买人限定在本企业职工范围内的做法并无不当。张某向法院起诉的理由不能成立。

三、补充思考案例

某拍卖公司于2015年1月9日与某村委会签订了关于“××煤矿经营权”的委托拍卖合同，合同编号：20150109。接受委托后，拍卖公司于2015年1月14日刊登了拍卖公告，在当地电视台播出拍卖信息，制作了拍卖手册。还设立了拍卖咨询处，负责预展标的的相关资料、办理竞买登记手续。依法在工商行政管理局办理了准予异地拍卖通知书（编号：0062015003），并进行了核准、备案。

拍卖公告刊登和播出后，有4个竞买人报名并交纳了保证金、领取了竞买号牌、拍卖会入场券，查看了预展的相关资料，递交了竞买申请书。

2015年1月21日在银河宾馆贵宾楼会议室举办拍卖会，工商局工作人员现场监督，有关部门责任人也亲临拍卖会现场观摩。主持人宣读了准予异地拍卖活动通知书、拍卖备案登记证。公证人员向拍卖公司递交了密封保留价，拍卖师出示了拍卖师证，宣读了拍卖规则及注意事项后，拍卖会正式开始。拍卖师从2800万元起拍，经过多次竞价，8号姜某以15100万元竞买成功，公证人员现场宣读了公证词，买受人当场签署了拍卖成交确认书。

2015年1月24日，买受人姜某到拍卖公司反映：委托人某村委会的负责人楚某也参与了竞买，并且在拍卖过程中举牌应价。买受人姜某认为楚某的行为属于恶意竞买、故意抬高拍卖价格，严重违反了《拍卖法》，扰乱拍卖的真实效果。

拍卖公司则认为，楚某本人是该村村民，在本次拍卖活动中有竞买人报名资格，何况他本人没有参加报名，而是作为66号竞买人的代理人参加竞买，他的举牌应价行为是66号竞买人的行为。因此，拍卖程序合法有效。买受人不履行拍卖成交确认书的约定，已构成违约，应当承担违约责任。

1. 《拍卖法》中对禁止委托人参与竞买有何规定？
2. 委托人是法人或其他组织时，委托人的内部成员可否参加竞买？
3. 姜某的理由是否成立？楚某的行为是否违法？

第四章
拍卖实施

第一节 公开竞价

一、法律原理

（一）竞价方式

传统的竞价方式包括英格兰式竞价和荷兰式竞价两种，相应地拍卖也分为英格兰式拍卖和荷兰式拍卖。英格兰式竞价是一种价格上行的竞价方式，拍卖中竞买人不断地提高自己的出价，直到没有竞买人再进一步提高自己的出价时，拍卖成交出价最高的竞买人支付他所出的价格并得到物品。荷兰式竞价是一种价格下行的竞价方式，以这种竞价方式开展的拍卖称为荷兰式拍卖或降价式拍卖。拍卖时，由拍卖师先报出拍卖品的最高价，然后逐步降价，直降到第一竞买人应价，即告拍卖成交，并在当前的应价上买下物品。

投标式竞价，又称密封式竞价。是指竞买人在规定时间内将已经填写好的报价单送达到规定地点，拍卖人统一开标后按照“价高者得”的规则决定中标人的一种竞价方式。根据拍卖规则的不同，投标式竞价可以分为第一价格投标式竞价和第二价格投标时竞价。第一价格投标式竞价是指每个竞买人向拍卖人递交密封的出价，拍卖人按各竞买人标价的大小排序，最后在规定的时间、地点宣布标价，出价最高的竞买人将赢得交易，并支付他所报出的价格。第二价格投标式竞价是1996年诺贝尔经济学奖获得者威廉·维克里提出的，因此采用这种竞价方式的拍卖又被称为“维克里拍卖”。在这种拍卖中，由竞买人向拍卖人递交密封的出价，拍卖人按各个标价的大小排序，最后在规定的时间、地点宣布标价，出价最高的竞买人胜出赢得标的，但是仅需按出价中次于最高出价的次高价格支付。

电子竞价拍卖并不是一种完全区别于传统拍卖的新的拍卖方式，而是竞价技术的一种革新，是竞买人应价手段电子化的产物。随着电子技术本身的发展和该技术在拍卖中的普及应用，电子竞价逐渐为人们所认识和接受，进而提出了“电子竞价拍卖”这一概念。电子竞价有多种形式：一是在拍卖会现场，由竞买人利用电子竞价设备来应价，代替传统的举牌、举手应价；二是在降价式拍卖中，运用电子钟来代替拍卖师的口头报价；三是通过拍卖会现场视频同步直播的方式，由未能到拍卖会现场的竞买人通过网络进行同步竞价；四是运用电子技术由全部竞买人通过网络进行竞价，在线拍卖。电子竞价只是一种技术手段的革新，并未改变拍卖“竞价交易，价高者得”的本质。其实从竞价的方式角度而言，所有的电子竞价拍卖都可以归结为传统的英格兰式升价拍卖或荷兰式降价拍卖。

（二）委托竞买

委托竞买席是拍卖人为不能到场或不愿到场参加拍卖会的竞买人提供的一种服务形式。《拍卖法》第 34 条规定，“竞买人可以自行参加竞买，也可以委托其代理人参加竞买”。2005 年 1 月 1 日，商务部出台的《拍卖管理办法》正式生效，其中第 39 条规定，“拍卖企业可以在拍卖会现场设立委托竞买席，并在拍卖会开始时对全体竞买人作出说明”。这种服务形式在国外拍卖中非常常见。拍卖实践中的委托竞投大概分为两种情况：一种情况是在拍卖前，由竞买人与拍卖人在“竞买合同”外单独约定或在“竞买合同”中约定，由拍卖人在拍卖现场设立委托竞买席，拍卖人指派专门的工作人员通过电话的方式，向不能到达拍卖现场的竞买人“现场直播”拍卖现场的情况，由竞买人自己决定是否应价。如果竞买人决定应价，则通过电话告知专门负责接电话的工作人员，然后由该工作人员“代为举牌”应价。另一种是在拍卖前，由竞买人与拍卖人在“竞买合同”外单独约定或在“竞买合同”中约定竞买人愿意作出的“应价”、“应价幅度”或“应价底线”，委托拍卖人指派专门的工作人员在拍卖会现场适时“代为举牌”应价。

（三）优先购买权

根据我国《合同法》的规定，优先购买权是指法人、其他组织或自然人在特定买卖关系中，依法享有在同等条件下优先于其他人购买出卖人财产的权利。拍卖中的优先购买权通常可以分为行政先买权和当事人先买权两种。

行政先买权是由于国家公权力的介入而产生的，在同等条件下，国家享有优先购买的权利，拍卖品只能由国家或由国家指定的机构购买。《文物保护法》第 58 条规定，“文物行政部门在审核拟拍卖的文物时，可以指定国有文物收藏单位优先购买其中的珍贵文物。购买价格由文物收藏单位的代表与文物的委托人协商确定”；国家文物局《文物拍卖管理暂行规定》第 16 条也规定，“国家对文物拍卖企业拍卖的珍贵文物拥有优先购买权”。

当事人先买权在拍卖中运用的就更多一些，如承租人、财产共有人及公司股东等在相应拍卖品的拍卖中具有优先购买权。在拍卖中除国家外的竞买人享有的优先购买权属于当事人优先购买权，主要包括承租人、财产共有人、股东和合伙人。《合同法》规定，“出租人出卖租赁房屋的，应当在出卖之前的合理期限内通知承租人，承租人享有以同等条件优先购买的权利。”《物权法》规定，“按份共有人可以转让其享有的共有的不动产或者动产份额。其他共有人在同等条件下享有优先购买的权利。”《合同法》规定，“合作开发完成的发明创造，除当事人另有约定的以外，申请专利的权利属于合作开发的当事人共有。当事人一方转让其共有的专利申请权的，其他各方享有以同等条件优先受让的权利。”《公司法》规定，“经股东同意转让的出资，在同等条件下，其他股东对该出资有优先购买权。”

拍卖中的法定优先购买权具体如何行使，《拍卖法》对此没有进行规定。在拍卖实践中，拍卖企业或拍卖委托方一般会事先通知到优先购买权人。只要优先购买权人在拍卖企业规定的时间内按照要求办理了竞买手续，就具备了竞买过程中的优先购买权。在司法强制拍卖中，优先购买权的行使应遵守最高人民法院的相关规定。

（四）禁止竞买

《拍卖法》第30条规定，“委托人不得参与竞买，也不得委托他人代为竞买”。这是我国《拍卖法》中非常重要的关于禁止委托人竞买的规则，该禁止性规定的效力仅限于委托人参与竞买自己委托的拍卖标的，如果委托人参与竞买同一场拍卖会上其他人委托的拍卖标的，因其身份不再是委托人，则不应在禁止之列。《拍卖法》第22条规定，“拍卖人及其工作人员不得以竞买人的身份参与自己组织的拍卖活动，并不得委托他人代为竞买”。这里禁止参加的拍卖活动限于拍卖人自己组织的拍卖活动，包括拍卖人单独组织的拍卖活动、与他人合作组织的拍卖活动，以及参与组织的拍卖活动。禁止竞买的范围限于以拍卖人的名义或拍卖人工作人员的名义，为拍卖人的利益或为拍卖人工作人员的利益而从事的竞买活动。

二、典型案例剖析

案例1

某拍卖公司接受市人民政府的委托，举行该市第二次城市客运出租车经营权的拍卖活动，拍卖标的是城市客运出租车经营权，数量为400个，经营期限为五年，凡本市驾龄超过5年以上有意从事城市客运出租车经营的个人均可报名。拍卖公告发布后，在报名期间，先后有729位自然人报名竞买。市客运出租车领导小组和拍卖公司共同根据《拍卖法》、建设部《关于发布城市公共客运交通经营权有偿出让和转让若干规定的通知》和《省城市公共客运管理办法》等有关规定，制定了如下拍卖规则：

1. 拍卖坚持公开、公平、公正、诚实信用原则，严格按照《拍卖法》规定的程序进行。

2. 拍卖采取密封递价式拍卖方式：即由竞买人在密封递价书中各自填报竞买价格，在规定的时间内，投递在会场设置的密封票箱内，在公证员、监拍人员、竞买人代表的监督下，当众开始验票，统计出各竞买人的竞价，然后将竞价自高到低进行排序，由1至400位价高的竞买人成为买受人，成交价格为买受人各自填报的价格，由拍卖师根据统计结果，以落槌方式确定成交。

3. 密封递价应遵循以下规则，否则作无效竞价处理：

（1）竞买人的竞价必须在起拍价之上。（2）竞买人的竞价必须为一个具体数字，且为100元和整数位。（3）每个号牌只能出一份递价书。

4. 竞买人的竞价一经投递进密封票箱内，不得收回，不得重报，不得反悔。

5. 大小写金额不一致时，以大写金额为准。

6. 由高到低确定400个经营权买受人时，最后价位出现多个竞买人时，通过抽签方式确定。

7. 竞买人不得相互串通，否则，取消其竞买资格。

8. 拍卖成交者，凭竞买牌当场签署成交确认书。买受人应于成交后7天内到市出租车管理中心交清全部应价款，办理相关营运手续。否则，视为违约，押金不予退还。经营权收回重新拍卖，依照《拍卖法》第39条之规定追究违约责任，而其不得参加下次经营权拍卖。

拍卖公司在市公证处的参与下，当场向各位竞买人发了密封递价书，由竞买人各自背对背填写竞买价格后，将填写好价格的密封递价书投入在会场设置的密封票箱内，当场公开宣读每个竞买人填写的竞买价格，由高到低确定400个经营权买受人，落槌成交，市公证处当场对整个拍卖过程予以了公证。

拍卖结束后，未竞买到出租车经营权的张某等人向法院提起诉讼，以密封递价式拍卖不符合拍卖法公平、公开、公正、诚实信用的原则为由，要求判决确认此次拍卖无效。

法律问题

在我国密封递价式拍卖是否违反《拍卖法》?

法理分析

在我国，由拍卖企业进行的拍卖活动应当遵守《拍卖法》的规定。《拍卖法》对拍卖活动应采取何种具体拍卖方式没有作出明确规定，拍卖人在拍卖活动中，可以根据拍卖标的的状况自主决定采取何种拍卖方式，只要符合公开竞价、价高者得的原则，拍卖结果就应当是合法有效的。

密封递价式拍卖是由拍卖人事先公布拍卖标的的具体情况和拍卖条件，然后由竞买人在规定的时间内将密封的递价书交给拍卖人，由拍卖人在事先确定的时间公开开启，经比较后选择出价最高者成交的一种拍卖方式。在密封递价式拍卖中，坚持“三公一诚”和“价高者得”等拍卖原则是十分重要的。

密封递价式拍卖适用的范围主要是：第一，标的相同且有较大数量，现场拍卖既不好操作，也不易于拍出好价位实现物品最大值的拍卖标的物。第二，标的较为紧缺或涉及问题多、影响大，权衡现场拍卖弊大利小而采用，它可以使竞买人避开干扰，冷静思考，按自己的意愿出价。国内在债权拍卖时，对于“资产包”的拍卖常采用这一形式。近年来，为了打破少数竞买人的恶意勾结、垄断，不少拍卖人在进行拍卖时采用了密封递价式拍卖的形式，效果较好。第三，邮品拍卖。国内部分拍卖行主持邮品拍卖时经常采用这一拍卖形式。各地的竞买人在规定的时间内，将填好的竞价文件寄到规定的地点，由拍卖行按规定集中处理，这种形式可以打破地点、空间等限制，节约人力、物力、财力。但是并不是所有标的均适合采用这一形式拍卖，进行密封递价式拍卖的程序一定要合法，确保公开、公平、公正。一般情况下，为了显示公正、公平，应聘请公证人员全程参与、监督，必要时还可邀请媒体与投标代表参加监督。

本案例中采用的密封递价式拍卖和常见的增价拍卖、减价拍卖一样，也经常被拍卖企业所采用。密封递价式拍卖方式本身并不违背《拍卖法》规定。本次拍卖的标的是出租车经营权。这种标的相同且有较大数量，现场拍卖既不好操作，也不易于拍出好价位。拍卖人为了使竞买人能避开干扰，冷静思考，按自己的意愿出价，并体现拍卖标的真实价值和特征，采用了密封递价式拍卖。在整个拍卖过程中，始终坚持了公开、公平、公正和诚实信用的原则，最终成交结果符合“价高者得”这一拍卖的通行原则，程序合法，拍卖结果应当是合法和有效的。

案例 2

2002 年 7 月 30 日下午，上海某拍卖公司接受上海市高级人民法院的委托举办拍卖会，拍卖“上海新新商厦”，竞买人之一的上海诺鑫商务咨询有限公司要求通过电话委托参与竞买，并与拍卖公司签订了书面委托书。拍卖公司在拍卖会现场设立了委托竞投席，并指定专人接受竞买人的指令举牌。上海诺鑫商务咨询有限公司最终以 5480 万元的最高应价购得该拍卖标的。事后，此次拍卖会的三方当事人均未对拍卖行为提出任何异议。2003 年 1 月 31 日，上海市工商行政管理局虹口分局向拍卖公司送达了行政处罚决定书（沪工商虹案处字 [2003] 第 090200211512 号）。该局认为，拍卖公司在拍卖会上设立委托席，接受竞买人委托代为举牌竞买的行为违反了《拍卖法》第 22 条的规定，决定给予拍卖公司警告处分。2003 年 2 月 10 日，拍卖公司向上海工商行政管理局提出了行政复议申请，认为自己在拍卖会上设立委托竞买席，接受竞买人指令代为举牌竞买的行为不但不违反《拍卖法》的规定，而且是一项深得竞买人欢迎的服务措施，应依法获得支持。2003 年 4 月 7 日，上海市工商行政管理局作出了行政复议决定书（沪工商复决字 [2003] 第 7 号），认定上海市工商行政管理局虹口分局的“处罚是合法、适当的”，决定维持原处罚决定。2003 年 4 月 18 日，拍卖公司向上海虹口区人民法院提交行政起诉状，请求判决撤消上海市工商行政管理局虹口分局的处罚决定。2003 年 6 月 30 日，上海市虹口区人民法院作出行政判决书（[2003] 虹行初字第 32 号），维持原处罚决定。拍卖公司不服，于 7 月 14 日上诉至上海市第二中级人民法院。

法律问题

1. 如何正确理解《拍卖法》第 22 条的规定？

2. 拍卖公司在拍卖活动中设立委托竞买席是否违法？

法理分析

《拍卖法》第 22 条规定，“拍卖人及其工作人员不得以竞买人的身份参与自己组织的拍卖活动，并不得委托他人代为竞买”。这一规定的内容包含以下几种含义：

1. 拍卖人不得以竞买人的身份参加自己组织的拍卖活动。在我国，拍卖人只能是依法成立的从事拍卖活动的企业法人。企业法人作为一种组织，其活动必须由自然人成员来代理，本身不可能以竞买人身份参加拍卖活动。这里的本意是指拍卖企业的法定代表人不能以法人的名义在拍卖企业自己组织的拍卖活动参加竞买。

2. 拍卖人不得委托他人代表拍卖企业参加竞买。这里的“他人”既包括拍卖企业内除了法定代表人以外的其他工作人员，也包括企业以外的任何人。

3. 拍卖企业的工作人员不得以自己名义参加竞买。这里的“工作人员”是一个较为模糊的概念，一般指在拍卖企业具体参与经营和管理的正式在编人员。比如在该企业注册执业的拍卖师，被该企业正式聘任的具有拍卖业从业人员资格的人，该企业的领导和各部门的具体管理人员，以及以该企业的名义对外代表企业从事活动的业务人员。这里应该注意几个问题：第一，是否从该企业领取薪金或报酬，不是衡量一个人是否是拍卖企业工作人员的绝对标准，工作人员一般要从企业领取薪金或报酬，但是也不排除有些不领薪金的人成为企业工作人员的情况，比如一些在该企业从事实习的工作人员，实习期间可能不领取薪金，但是也应该是企业的工作人员。第二，是否为该企业工作，也不是衡量一个人是否是工作人员的绝对标准。一般为该企业从事与拍卖业务有关工作的人员应当是该企业的工作人员，但是为该企业从事与拍卖活动无直接关系的人，不宜认定为工作人员，比如代理该企业进行诉讼的律师，在诉讼期间应该是为该企业工作的人，但却不能将之视为工作人员。第三，企业的出资人（股东）并不一定是企业的工作人员。拍卖法规定，拍卖人是依据拍卖法和公司法成立的从事拍卖活动的企业法人。而我国《公司法》规定的企业类型既有有限责任公司、也有股份有限公司，还有一人公司、国有独资公司和外资独资公司等多种。因此，拍卖企业投资人的情况也比较复杂。投资人较少的一人公司或有限责任公司的股东绝大部分情况下都参与企业的经营管理，是企业的工作人员，像股份有限公司这样投资人较多的企业类型，除了极少数的股东参与企业经营管理是企业的工作人员外，绝大多数股东都不直接参与企业经营，不应当将他们看作是企业的工作人员。不能因为一个人购买了某拍卖企业的股票，就剥夺其参与竞买的资格。总之，要具体问题具体分析，关键是要看，这些人参与竞买是否会影响拍卖活动的公正性。

4. 拍卖企业的工作人员不得委托他人代为参加竞买。这里的委托他人代为竞买是指委托他人以工作人员自己的名义进行竞买。

5. 禁止参加的拍卖活动限于拍卖人自己组织的拍卖活动，“自己组织的拍卖活动”包括拍卖人单独组织的拍卖活动、与他人合作组织的拍卖活动，以及参与组织的拍卖活动。

6. 禁止竞买的范围限于以拍卖人的名义或拍卖人工作人员的名义，为拍卖人的利益或为拍卖人工作人员的利益而从事的竞买活动。有一种观点认为，《拍卖法》第 22 条禁止一切为了拍卖人及其工作人员的利益而进行的竞买活动。这种观点是错误的。竞买人以自己的名义，为了拍卖人的利益或拍卖企业工作人员的利益而参与的竞买活动可能是违法的，比如有些拍卖人为了使拍卖活动满足拍卖法所要求的竞价条件，私下指使他人参加竞买的行为，为了哄抬成交价格或增强竞价气氛而私下指示他人参与竞买的行为，拍卖企业的工作人员私下指使他人竞买，竞买成功后分取好处的行为等，这些行为都是拍卖法禁止的违法行为。但是这些行为并不是《拍卖法》第 22 条所禁止的行为，而是《拍卖法》第 37 条所禁止的恶意串通行为。《拍卖法》第 37 条规定，“竞买人之间、竞买人与拍卖人之间不得恶意串通，损害他人利益”。因此，将《拍卖法》22 条的含义扩大到禁止一切为了拍卖人或其工作人员的利益而为的竞买行为是不正确的。

2005 年 1 月 1 日，商务部出台的《拍卖管理办法》（商务部令 2004 年第 24 号）正式生效。该《办法》第39条规定，"拍卖企业可以在拍卖会现场设立委托竞买席，并在拍卖会开始时对全体竞买人作出说明"。

三、补充思考案例

常某有一处房产，市值30万元以上。他委托一家拍卖公司拍卖该房产。经与拍卖公司协商，双方约定从保留价30万元开始起拍，加价幅度每次不少于1万元。常某认为，按照当地房地产市场的行情，只要有人竞价，卖30多万元是很容易的事儿。因另有商务，常某没有亲自参加拍卖会，全权委托拍卖公司处理。但令常某想不到的是，拍卖公司事后告诉他拍卖成交价仅为30万元。原来，因宣传力度不够，拍卖会只有一个人报名参加竞买，在这种情况下拍卖公司仍然举办了拍卖会。这个唯一的竞买人在起拍价上举了一次牌，就被拍卖公司确认成交。常某认为，只有一个竞买人不该举行拍卖会，本次拍卖应当无效。拍卖公司却称：根据商务部的《拍卖管理办法》第40条的规定，"没有竞买人参加拍卖的"，"应当中止拍卖"。因此，即使只有一个竞买人也可举行拍卖会并依法成交。

1. 只有一个竞买人能举行拍卖会吗？
2. 拍卖公司对《拍卖管理办法》第40条的理解是否正确？

第二节　拍卖成交

拍卖成交是整个拍卖活动的核心，无论是委托人、拍卖人还是竞买人，拍卖成交是所有拍卖参与者共同追求的目标。

一、法律原理概要

（一）拍卖成交的条件

《拍卖法》第51条规定，"竞买人的最高应价经拍卖师落槌或者以其他公开表示买定的方式确认后，拍卖成交"。拍卖成交是拍卖合同成立的意思，表明合同当事人各方意思表示达成一致，标志着合同产生和存在。合同成立始于承诺生效。《合同法》规定，"承诺生效时合同成立"。在拍卖活动中，竞买人的应价行为是要约，拍卖师公开表示买定的行为是承诺。《拍卖法》第51条规定了拍卖成交的条件，即"竞买人的最高应价经拍卖师落槌或者以其他公开表示买定的方式确认后，拍卖成交"。拍卖成交后，买受人和拍卖人应当签署成交确认书。拍卖成交确认书是对拍卖成交事实的书面确认形式，但是签订拍卖成交确认书不是拍卖成交的条件。因为与拍卖人签订拍卖成交确认书的主体是买受人，不是竞买人。竞买人只有在拍卖成交后其身份才能转化为买受人。

（二）拍卖成交的方式

拍卖成交的方式有别于一般买卖的成交方式。《合同法》规定，“当事人订立合同，采取要约、承诺方式”。要约是指希望和他人订立合同的意思表示。承诺是受要约人同意要约的意思表示。受要约人将承诺的意思送达要约人时，承诺才能生效。承诺一经送达要约人即发生法律效力，合同也随之成立。拍卖是指以公开竞价的形式，将特定物品或者财产权利转让给最高应价者的买卖方式。拍卖是订立合同的一种特殊方式，其特殊性主要体现在合同的订立过程上。与一般的买卖合同订立方式相比，拍卖中的要约和承诺各具特点。竞买人的应价行为是要约。在要约前要经过竞买登记程序，取得竞买人资格的人才能向拍卖人发出要约；要约行为一般应在一个特定的地点和时间进行；竞买人在向拍卖人为要约时，一般应同时将自己的要约无保留地转达给其他竞买人，才能有效（密封报价的拍卖方式除外）；竞买人要约一般采用“公开的明示”方式来表示，比如举牌应价，而不需要采用书面文字的方式；要约主要是针对拍卖标的价款所做的要约，对拍卖人在拍卖公告或竞买规则中列明的拍卖标的的其他内容，诸如数量、质量、交付方式、交付时间、交付地点等，一般在办理竞买登记时已经予以认可；竞买人的要约一经作出，即不得以任何理由撤回，对自己的要约作出的任何变更都将视为是一个新的要约，而且变更必须符合拍卖规则的特殊约定；竞买人的要约在出现了另一个符合拍卖规则的新要约时，将自动失效。拍卖师的落槌行为或其他公开表示买定的行为是承诺。拍卖人一般是以“落槌”的方式来表示承诺，也可以采用约定的其他表示买定的方式；承诺行为一般应在一个特定的地点和时间公开进行；拍卖人只能对最高应价的要约进行承诺；按照拍卖惯例，拍卖人在承诺之前应当进行特殊的提示，比如采用“三声报价”法，在确认确无更高应价时才能承诺；拍卖人的承诺一经作出，立即生效，承诺不能撤回，也不能变更。拍卖会就是多个竞买人竞相向拍卖人发出要约，由拍卖人对代表最高应价的要约进行承诺的特殊形式的合同订立过程。

（三）拍卖成交确认书

《拍卖法》第52条规定，“拍卖成交后，买受人和拍卖人应当签署成交确认书”。根据该规定，可以将拍卖成交确认书简单地定义为：拍卖活动中，竞买人的最高应价经拍卖师以落槌或者以其他公开表示买定的方式确认，拍卖成交后，由买受人与拍卖人签署的对拍卖成交事实予以确认的书面文件。我国《合同法》承认各种合同形式的合法性，将选择合同形式的权利交给了当事人，由当事人决定。同时又规定，法律规定采用书面形式的必须采用书面形式。对有些重大的交易，法律从交易安全和证据学的角度考虑，有时要求当事人采用书面形式，目的是为了避免发生纠纷时举证困难。《拍卖法》的立法比合同法更早，明确要求拍卖成交后买受人和拍卖人应当签署成交确认书，采用书面的方式对拍卖成交的事实做进行进一步确认。拍卖成交确认书不是一个独立的合同，而是拍卖成交合同的一个组成部分。拍卖成交确认书主要涉及成交价的问题，只需载明：买受人在拍卖人某年某月某日举行的拍卖会上以××价格竞得×标的，拍卖成交，双方签字予以确认”即可，不宜将拍卖成交确认书等同于拍卖成交合同。

（四）拍卖中止与终止

拍卖中止是指在拍卖程序没有完成的情况下，暂时停止拍卖程序，待阻碍拍卖进行的事由消失以后，再恢复拍卖程序的制度。《拍卖管理办法》规定，有下列情形之一的，应当中止拍卖：没有竞买人参加拍卖的；第三人对拍卖标的所有权或处分权有争议并当场提供有效证明的；委托人在拍卖会前以正当理由书面通知拍卖企业中止拍卖的；发生意外事件致使拍卖活动暂时不能进行的；出现其他依法应当中止的情形的。中止拍卖由拍卖企业宣布。中止拍卖的事由消失后，应恢复拍卖。

拍卖终止，又称拍卖程序的终结，是指在拍卖进行中，由于出现特定情形，使拍卖程序不能继续进行下去，或者失去了继续进行的意义，从而结束拍卖程序的制度。《拍卖管理办法》第 41 条对此作出了明确的规定，即“有下列情形之一的，应当终止拍卖：人民法院、仲裁机构或者有关行政机关认定委托人对拍卖标的无处分权并书面通知拍卖企业的；拍卖标的被认定为赃物的；发生不可抗力或意外事件致使拍卖活动无法进行的；拍卖标的在拍卖前毁损、灭失的；委托人在拍卖会前书面通知拍卖企业终止拍卖的；出现其他依法应当终止的情形的。”人民法院在民事强制执行中委托拍卖人进行的拍卖，符合条件的，人民法院可以撤回拍卖委托，由此导致拍卖程序的终止。这些情形包括：据以执行的生效法律文书被撤销的；申请执行人及其他执行债权人撤回执行申请的；被执行人全部履行了法律文书确定的金钱债务的；当事人达成了执行和解协议，不需要拍卖财产的；案外人对拍卖财产提出确有理由的异议的；拍卖机构与竞买人恶意串通的；其他应当撤回拍卖委托的情形。拍卖终止则意味着拍卖程序的完结，拍卖终止后，委托人要求继续进行拍卖的，应当重新办理拍卖手续。

（五）拍卖成交的效力

拍卖成交的效力是指拍卖成交这一法律事实对拍卖活动各方当事人产生的约束力。合同成立并不等于合同生效。所谓合同的生效，是指已经成立的合同在当事人之间产生一定的法律拘束力。在大多数情况下，合同成立时即具备了生效的要件，因而合同成立和生效时间通常是一致的。但是合同成立与生效需要的条件是不同的。合同成立的条件是订约当事人就合同的主要条款达成合意，是合同生效的前提之一，合同生效还需要具备其他条件，比如行为人具有相应的民事行为能力、意思表示要真实、合同内容不违反法律或社会公共利益等等。有些合同还须具备特殊要件方能生效，比如附条件或附期限的合同、法律有特殊形式要求的合同。一般情况下，拍卖合同在成立的同时生效，有些拍卖合同成立时由于缺乏生效要件，可能不生效甚至无效。拍卖是否有效还要看当事人是否适格、当事人的意思表示是否真实、拍卖活动是否违反法律和社会公共利益、拍卖合同是否符合法律所要求的形式等。无效拍卖自拍卖活动开始即无法律约束力。

二、典型案例剖析

案例 1

某拍卖公司举行春季拍卖展，由于事先宣传得力，在当地产生了巨大的影响。拍卖现场气氛非常热烈，起拍价 3 万元的一辆轿车经过几十轮的竞价，最后陈某以 9 万的价格竞得。然而，陈某拒绝与拍卖人签署成交确认书，理由是自己举牌是受拍卖现场气氛感染的结果，并非真正想买车。原以为还会有人出更高的价，没想到，自己举牌后，没人再举了。拍卖结果不是自己真实意思表示。拍卖公司向法院起诉，要求陈某承担违约责任，并向法院提供了拍卖现场录像作为“拍卖成交”的证据。

人民法院审理后认为：《合同法》第 10 条规定，“当事人订立合同，有书面形式、口头形式和其他形式。法律、行政法规规定采用书面形式的，应当采用书面形式。当事人约定采用书面形式的，应当采用书面形式”。根据《拍卖法》的规定，拍卖成交后，买受人和拍卖人应当签署成交确认书。这意味着对于拍卖成交合同，法律要求必须采用书面的形式订立。拍卖成交后，双方必须签署书面的拍卖成交确认书，否者，拍卖合同不成立。据此判决：驳回拍卖公司的起诉。

法律问题

1. 拍卖成交的条件是什么？
2. 没有签署拍卖成交确认书拍卖是否成交？

法理分析

本案例涉及的知识点是拍卖成交的条件和拍卖成交确认书的性质和作用。《拍卖法》第 51 条规定了拍卖成交的条件，即“竞买人的最高应价经拍卖师落槌或者以其他公开表示买定的方式确认后，拍卖成交”。但是《拍卖法》又在第 52 条规定，“拍卖成交后，买受人和拍卖人应当签署成交确认书”。正是由于《拍卖法》对拍卖成交问题出现两个条文的规定，导致学界在拍卖成交条件问题上产生了一些分歧。一种观点认为，拍卖成交的条件只有一个，就是《拍卖法》第 51 条的规定，即“竞买人的最高应价经拍卖师落槌或者以其他公开表示买定的方式确认后，拍卖成交”，也就是通常所谓的“落槌成交”。这种观点认为拍卖成交确认书不是拍卖成交的必要条件，拍卖成交确认书只对拍卖成交的事实起书面确认的作用。另一种观点则认为，拍卖成交的条件有两个，首先要有“竞买人的最高应价经拍卖师落槌或者以其他公开表示买定的方式确认”，然后由买受人和拍卖人签署成交确认书，拍卖成交确认书的签订表明“拍卖成交”。持这种观点的人的主要理由是：第一，《合同法》第 10 条规定，“当事人订立合同，有书面形式、口头形式和其他形式。法律、行政法规规定采用书面形式的，应当采用书面形式”。既然《拍卖法》明确规定“拍卖成交后，买受人和拍卖人应当签署成交确认书”，这表明，法律要求拍卖成交合同必须采用书面形式订立，否则，合同不能成立。第二，在司法实践中，如果拍卖人与买受人没有签署“拍卖成交确认书”，则拍卖人要求买受人承担违约责任的诉讼请求往往得不到支持。

合同的订立又称为合同的签订，包括要约和承诺两个阶段。《合同法》第 13 条规定，“当事人订立合同，采取要约、承诺方式”。《拍卖法》第 3 条规定，“拍卖是指以公开竞价的形式，将特定物品或者财产权利转让给最高应价者的买卖方式”。拍卖是订立买卖合同的一种特殊方式，其特殊性主要体现在合同的订立过程上。合同的订立需要经过要约和承诺两个阶段，拍卖这种特殊的合同订立方式也不例外，也包含要约和承诺两个阶段。拍卖会的举行就是一个要约和承诺的过程。与一般的买卖合同订立方式相比，拍卖中的要约和承诺各具特点。

在拍卖中，竞买人的应价行为是要约，拍卖中的要约的特点表现为：第一，要约人在要约前要经过一个特殊的登记程序，只有经过竞买登记，取得竞买人资格的人才能向拍卖人发出要约。第二，要约人的要约行为一般应在一个特定的地点和时间进行。拍卖中，竞买人必须在拍卖人公开举行的拍卖会上，才能向拍卖人做要约表示。在拍卖会前，竞买人向拍卖人所做的要约表示不产生要约的法律效力。第三，拍卖人必须为多个潜在的要约人提供可以同时进行要约的条件和环境。拍卖表现为“公开竞价”，参加拍卖会的竞买人可以向拍卖人发出要约，也可以不发出要约，但是拍卖人必须为多个竞买人提供可以“竞相”进行要约的条件和环境。否者，拍卖结果会因为不具有竞价条件而无效。第四，竞买人在向拍卖人要约时，一般应同时将自己的要约无保留地转达给其他竞买人，才能有效（密封报价的拍卖方式除外）。每一个竞买人都将在同一时间了解到其他竞买人向拍卖人发出的要约内容，同时，也必须将自己向拍卖人发出的要约内容公开告知其他竞买人。第五，竞买人的要约一般采用“公开的明示”方式来表示，比如举牌应价，而不需要采用书面文字的方式。要约也不需要采用诸如邮递、电传等特殊的“送达媒介”来送达。第六，竞买人的要约主要是针对拍卖标的价款所做的要约，对拍卖人在拍卖公告或竞买规则中列明的拍卖标的的其他内容，诸如数量、质量、交付方式、交付时间、交付地点等，一般在办理竞买登记时已经予以认可。虽然在拍卖中，同一个竞买人也会反复作出多次要约，但是都是针对拍卖标的的价款所作出的。第七，与一般买卖合同的订立不同，拍卖中竞买人的要约一经作出，即不得以任何理由撤回。对自己的要约作出的任何变更都将视为是一个新的要约，而且变更必须符合拍卖规则的特殊约定。第八，竞买人的要约在出现了另一个符合拍卖规则的新要约时，将自动失效。

在拍卖中，拍卖师的落槌行为或其他公开表示买定的行为是承诺，拍卖中的承诺的特点主要表现为：第一，拍卖人的承诺方式比较特殊，一般是以“落槌”的方式来表示。也可以采用约定的其他表示买定的方式。承诺的方式成为承诺生效的特殊要件。第二，拍卖人的承诺行为一般应在一个特定的地点和时间公开进行。拍卖人不能私下对竞买人的要约进行承诺。第三，拍卖人只对竞买人代表最高应价的要约进行承诺，拍卖人也只能对最高应价进行承诺，无权选择。第四，按照拍卖惯例，拍卖人在承诺之前应当进行特殊的提示，比如采用“三声报价”法，在确认确无更高应价时才能承诺。第五，拍卖人的承诺一经作出，立即生效，承诺不能撤回，也不能变更。

拍卖会就是多个竞买人竞相向拍卖人发出要约，拍卖人对代表最高应价的要约进行承诺的特殊形式的合同订立过程。拍卖成交是合同订立过程的结果，并不是合同订立过程本身。根据一般的合同理论，合同成立是指当事人通过要约和承诺方式对合同的内容达成合意，“承诺生效时合同成立”。《拍卖法》第51条规定，“竞买人的最高应价经拍卖师落槌或者以其他公开表示买定的方式确认后，拍卖成交”。在拍卖活动中，竞买人的应价行为是要约，拍卖师的落槌行为是承诺。“竞买人的最高应价经拍卖师落槌或者以其他公开表示买定的方式确认”意味着当事人就买卖拍卖标的的核心内容达成一致，因此《拍卖法》第51条规定的“拍卖成交”应当是“合同成立”的意思。签订拍卖成交确认书的前提是“拍卖已经成交”，所以拍卖合同成立的条件是“竞买人的最高应价经拍卖师落槌或者以其他公开表示买定的方式确认后，拍卖成交”，而不是“签订拍卖成交确认书”。

拍卖成交确认书的作用主要表现在两个方面：第一，拍卖成交确认书是对拍卖成交这一事实的书面确认形式。通常讲，书面形式较为安全，发生纠纷时容易举证。我国《合同法》在立法时，基于合同形式自由，承认各种合同形式的合法性，将选择合同形式的权利交给了当事人。由当事人决定。但同时规定，法律规定采用书面形式的必须采用书面形式。因为对有些重大的交易，法律从交易安全和证据学的角度考虑，要求当事人采用书面形式，目的是为了避免发生纠纷时举证困难。《拍卖法》的立法比《合同法》更早，当时拍卖是一个刚刚恢复的行业，拍卖标的主要是“公物”，国家出台《拍卖法》的首要目的是规范拍卖活动，管理的色彩较浓，同时出于对“公物”这些国有财产的保护和防止国有资产流失等因素的考虑，在规定“竞买人的最高应价经拍卖师落槌或者以其他公开表示买定的方式确认后，拍卖成交”后，接着要求“拍卖成交后，买受人和拍卖人应当签署成交确认书”，采用书面的方式对拍卖成交的事实做进行进一步确认。第二，拍卖成交确认书是拍卖合同当事人权利义务的书面载体。拍卖活动中有三方当事人，他们之间存在两种重要的合同关系：一种是委托人与拍卖人之间的委托关系，由委托拍卖合同来体现；另一种是拍卖人与买受人之间的特殊买卖关系，应当由拍卖合同来体现。但是由于拍卖是一种特殊的买卖方式，除了拍卖标的物转让价格这一因素外，其他合同要素，比如标的物的名称、数量、质量，交付标的物的时间、地点、方式，支付成交价款的时间和方式等内容，一般在拍卖会之前拍卖当事人之间已经达成一致。但是《拍卖法》没有对拍卖合同作出专门的规定，因此在拍卖实践中，拍卖成交确认书的内容并不限于对拍卖成交价格的简单记载和反映，通常还应当包括合同双方当事人应有其他权利和义务。因此，这种包含了全部合同要素内容的拍卖成交确认书事实上起到了记载拍卖当事人权利义务的拍卖合同的作用。

合同成立并不等于合同生效。所谓合同的成立，是指当事人经由要约、承诺，就合同的主要条款达成合意，即双方当事人意思表示一致而建立了合同关系，表明了合同订立过程的完结。所谓合同的生效，是指已经成立的合同在当事人之间产生一定的法律拘束力。在大多数情况下，合同成立时即具备了生效的要件，因而其成立和生效时间通常是一致的。《合同法》第44条第1款规定，“依法成立的合同，自成立时生效。”但是合同成立并不等于合同生效。合同生效的条件一般包括：行为人具有相应的民事行为能力、意思表示真实、不违反法律和社会公共利益、具备法律所要求的形式。有时候，拍卖成交后，并不意味着拍卖合同的生效。拍卖是否有效还要看当事人是否适格、当事人的意思表示是否真实、拍卖活动是否违反法律和社会公共利益，拍卖合同是否符合法律所要求的形式等。

综上所述，拍卖成交的条件是“竞买人的最高应价经拍卖师落槌或者以其他公开表示买定的方式确认后，拍卖成交”。“拍卖成交”是合同成立的意思。拍卖成交确认书是对拍卖成交事实的书面确认形式。拍卖实践中，买受人拒绝签署拍卖成交确认书并不影响拍卖成交。从司法实践来看，在买受人拒绝签署拍卖成交确认书的情况下，各地法院对拍卖人主张买受人承担违约责任的诉讼请求的处理方式不同，有的支持，有的不支持。拍卖人获得司法支持有时有难度。因此，建议拍卖人在签署拍卖成交确认书的技术上进行改进，尽量避免像本案例这样的拒签事件的发生。

案例 2

2014 年 5 月，某拍卖公司接受当地中级人民法院的委托，对法院依法查封的被执行人某工贸公司的一处商业用房进行拍卖。由于宣传得力，咨询报名的人很多，其中相当多的人都办理了竞买登记手续。公告期间，被执行人工贸公司称其正在与申请执行人协商，有可能达成执行和解，要求拍卖公司中止拍卖。拍卖公司答复：“我公司是受中级人民法院的委托进行拍卖的，没有法院的通知，我公司无权单方面中止拍卖。”拍卖前一天，中级人民法院以执行当事人已达成了执行和解协议，不需要继续拍卖被查封的财产为由，要求撤回拍卖委托。拍卖公司为中级人民法院办理了撤回拍卖委托的手续，但是要求收取拍卖公司为此次拍卖所支出的合理费用人民币 4000 元。中级人民法院认为该费用应当由被执行人工贸公司承担。但工贸公司拒绝向拍卖公司支付该费用，理由是：工贸公司不是本次拍卖的委托人，与拍卖公司之间没有任何关系，既然拍卖是人民法院委托的，撤回拍卖委托也是由人民法院决定的，拍卖公司为本次拍卖支出的费用应当由人民法院承担。

法律问题

1. 拍卖人在何种情况下应当中止拍卖？
2. 人民法院在什么情况下可以撤回拍卖委托？
3. 拍卖公司在本次拍卖中支出的合理费用应该由谁来承担？

法理分析

本案例涉及的知识点主要是与拍卖中止和拍卖终止相关的一系列问题，包括：拍卖人何种情况下可以中止拍卖、拍卖人何种情况下可以终止拍卖、委托人何种情况下可以要求拍卖人中止或终止拍卖、中止拍卖与终止拍卖有何不同、停止拍卖是否属于中止拍卖、中止拍卖后恢复拍卖是否要再次公告、中止拍卖后恢复拍卖可否再增加新的竞买人等。

在什么情况下，谁有权暂时中止拍卖或彻底终结拍卖，《拍卖法》中没有作出明确的规定，只是在第 50 条规定，“拍卖标的无保留价的，拍卖师应当在拍卖前予以说明。拍卖标的有保留价的，竞买人的最高应价未达到保留价时，该应价不发生效力，拍卖师应当停止拍卖标的的拍卖。”除此外，没有更详细的规定。关于拍卖中止和终止问题的主要法律依据来自拍卖法以外的法律或法规的规定，其中重要的有《拍卖管理办法》和《最高人民法院关于人民法院民事执行中拍卖、变卖财产的规定》。

拍卖中止是指在拍卖程序没有完成的情况下，暂时停止拍卖程序，待阻碍拍卖进行的事由消失以后，再恢复拍卖程序的制度。拍卖人享有宣布中止拍卖的权利，但是拍卖人的这一权利的行使应当符合法定的条件，导致拍卖人宣布拍卖中止的理由是多方面的，有的来自法律的要求，比如不具备法定的竞买条件时的中止，有的来自委托人，比如委托人在拍卖会前以正当理由书面通知拍卖企业中止拍卖的情况，还有的来自拍卖当事人以外的第三人，比如第三人对拍卖标的所有权或处分权有争议并当场提供有效证明的情况，也有些是拍卖当事人以外的客观事件。目前关于拍卖人中止拍卖的条件是由《拍卖管理办法》规定的，该办法第40条规定，“有下列情形之一的，应当中止拍卖：（一）没有竞买人参加拍卖的；（二）第三人对拍卖标的所有权或处分权有争议并当场提供有效证明的；（三）委托人在拍卖会前以正当理由书面通知拍卖企业中止拍卖的；（四）发生意外事件致使拍卖活动暂时不能进行的；（五）出现其他依法应当中止的情形的。中止拍卖由拍卖企业宣布。中止拍卖的事由消失后，应恢复拍卖。”《最高人民法院关于人民法院民事执行中拍卖、变卖财产的规定》第21条的规定就属于“其他依法应当中止的情形”之一。即“人民法院委托拍卖后，遇有依法应当暂缓执行或者中止执行的情形的，应当决定暂缓执行或者裁定中止执行，并及时通知拍卖机构和当事人。拍卖机构收到通知后，应当立即停止拍卖，并通知竞买人”。本案例中，拍卖公司拒绝被执行人工贸公司要求中止拍卖的理由成立。因为被执行人工贸公司要求中止拍卖的理由不符合上述任何一项。拍卖公司在这种情况下，无权单方面中止拍卖程序。

拍卖中止中，经常遇到的问题是，在拍卖中止期间，拍卖人可否允许新的竞买人参见竞买登记？下次恢复拍卖程序是否需要再次发布拍卖公告？恢复拍卖后，原来已经进行的程序是仍然有效还是需要重新进行？中止拍卖恢复后是在原有基础上竞价还是重新开始竞价？

要回答这些问题，关键是要正确理解《拍卖管理办法》第40条“中止拍卖的事由消失后，应恢复拍卖”的规定。笔者认为，这里的“恢复拍卖”是原有拍卖程序继续进行的意思，不包含“重新开始”的含义。既然是继续进行，拍卖中止前已经完成的程序仍然有效，不需要再重复进行。是否允许新的竞买人登记参加？是否需要重新发布拍卖公告？都要视在哪一阶段发生了“中止”而定。如果是在签订了委托拍卖协议后，未及发布拍卖公告前发生了“拍卖中止”，那自然要发拍卖公告，并进行竞买登记。一般我们在提问“是否需要再发拍卖公告”这一问题时，往往是指在公告后发生的“拍卖中止”。笔者认为，在公告后发生的“拍卖中止”，恢复拍卖程序时，原则上不再需要发布拍卖公告，要发也只能叫做“恢复拍卖公告”，告知原来的竞买人恢复拍卖的具体时间和地点。

公告后发生的“拍卖中止”也分为两种情况，一种是发生在拍卖会举行之前，一种是发生在拍卖会开始后拍卖成交之前。笔者认为发生在拍卖会举行之前的“中止拍卖”，如果在宣布“拍卖中止”时，竞买人登记的时间还未截止，那么恢复拍卖应当再次发布公告，并允许新的竞买人参加登记竞买。这样做对委托人有利，也不损害已经登记的竞买人的实际利益。如果在宣布“拍卖中止”时，竞买人登记的时间已经截止。恢复拍卖时，不应再发布拍卖公告，如果委托人要求，可以再次发布，但应通知已经登记的竞买人，并予以合理解释，因为这种情况下，竞买人并未付出实际费用，再次公告并允许新的竞买人参加，不会给原有竞买人造成实际损失。

对于在拍卖会开始后“中止”的拍卖，恢复拍卖时，可以发布“恢复举行拍卖公告”，但是原则上不应当再允许新的竞买人参加，除非征得原有竞买人的同意，或因原有竞买人表示放弃竞买导致再次恢复拍卖时竞买人的人数不足法定竞价条件。因为在中止期间，拍卖各方当事人之间的法律关系依然存在，原竞买人继续保留竞买权，为了保障原来法律关系产生的权利，是否增加新的竞买人，应该征得原竞买人同意。同样的道理，对于中止拍卖恢复后是在原有基础上竞价还是重新开始竞价问题，我们认为可以由拍卖师在征得竞买人同意后重新竞价，否则应当在原来的竞价基础上继续进行。

在拍卖中止问题上，还有一个疑问，就是如何正确理解《拍卖法》第 50 条第 2 款“拍卖标的有保留价的，竞买人的最高应价未达到保留价时，该应价不发生效力，拍卖师应当停止拍卖标的的拍卖”这一规定的含义。这里“停止拍卖标的的拍卖”是否属于“中止拍卖”呢？

在拍卖实践中有两种情况：一种情况是在竞买人的最高应价未达到保留价时由拍卖师宣布停止拍卖标的的拍卖后，在同一场拍卖会上，拍卖人经过与委托人协商或拍卖人有委托人提前授权的情况下，主持拍卖会的拍卖师行使其主持权，在调整保留价或宣布保留价后再次进行竞价；另一种情况是在拍卖师宣布停止拍卖标的的拍卖后，在本场拍卖会上不再对该标的进行重新竞价，拍卖会结束后再视具体情况决定是否再在下一场拍卖会拍卖该标的或终结与委托人的拍卖委托关系。前一种情况，并不违背法律的规定，属于拍卖师行使其“拍卖主持权”的具体表现，不应属于“拍卖中止”。因为停止拍卖的理由不属于“中止”的情形，而且在宣布停止时，也必然意味着还要“恢复拍卖”。后一种情况，我们认为，应当属于“拍卖终止”，在下一次拍卖时必须要重新进行拍卖委托、公告、展示等程序。

拍卖终止，又称拍卖程序的终结，是指在拍卖进行中，由于出现特定情形，使拍卖程序不能继续进行下去，或者失去了继续进行的意义，从而结束拍卖程序的制度。拍卖终止可以表现为多种情况：一是拍卖人在法定条件下宣布终止拍卖的情况，《拍卖管理办法》第 41 条对此作出了明确的规定。即“有下列情形之一的，应当终止拍卖：（一）人民法院、仲裁机构或者有关行政机关认定委托人对拍卖标的无处分权并书面通知拍卖企业的；（二）拍卖标的被认定为赃物的；（三）发生不可抗力或意外事件致使拍卖活动无法进行的；（四）拍卖标的在拍卖前毁损、灭失的；（五）委托人在拍卖会前书面通知拍卖企业终止拍卖的；（六）出现其他依法应当终止的情形的。”二是人民法院在民事强制执行委托拍卖人进行的拍卖，符合条件的，人民法院可以撤回拍卖委托，由此导致拍卖程序的终止。2005 年 1 月 1 日起实行的《最高人民法院关于人民法院民事执行中拍卖、变卖财产的规定》第 20 条规定，“在拍卖开始前，有下列情形之一的，人民法院应当撤回拍卖委托：（一）据以执行的生效法律文书被撤销的；（二）申请执行人及其他执行债权人撤回执行申请的；（三）被执行人全部履行了法律文书确定的金钱债务的；（四）当事人达成了执行和解协议，不需要拍卖财产的；（五）案外人对拍卖财产提出确有理由的异议的；（六）拍卖机构与竞买人恶意串通的；（七）其他应当撤回拍卖委托的情形。”三是在拍卖前，由于委托人撤回拍卖委托或拍卖人主动解除与委托人的拍卖合同，从而终结拍卖程序的情况。拍卖法对委托人撤回拍卖委托和拍卖人解除委托拍卖合同都有专门的规定。《拍卖法》第 29 条规定，“委托人在拍卖开始前可以撤回拍卖标的。委托人撤回拍卖标的的，应当向拍卖人支付约定的费用；未作约定的，应当向拍卖人支付为拍卖支出的合理费用”。委托人撤回拍卖标的即意味着拍卖程序的终结，这一终结事由也被归结到《拍卖管理办法》中，即《拍卖管理办法》第41条第（五）款“委托人在拍卖会前书面通知拍卖企业终止拍卖的”的情况。解除拍卖委托合同即意味着该标的的拍卖程序终止。四是在拍卖前，由于拍卖人主动解除与委托人的拍卖合同，从而终结拍卖程序的情况。《拍卖法》第43条规定，“拍卖人认为需要对拍卖标的进行鉴定的，可以进行鉴定。鉴定结论与委托拍卖合同载明的拍卖标的状况不相符的，拍卖人有权要求变更或者解除合同”。

就拍卖中止与拍卖终止的区别而言，两者适用的条件有明显的差异。此外，两者最大的区别在于法律后果的不同。拍卖中止只是暂时的停止拍卖程序，等妨碍事由消失后，拍卖将继续恢复进行；而拍卖终止只意味着拍卖程序的完结。拍卖终止后，委托人要求继续进行拍卖的，应当重新办理拍卖手续。

三、补充思考案例

张某、王某和李某三人于2012年成立了一家有限责任公司，注册资本30万元，主要从事文化咨询。张某因故欲转让其持有的该有限责任公司的股权，王某和李某均表示不愿购买。张某委托红太阳拍卖公司对其股权进行拍卖。共有甲、乙、丙三个竞买人报名参加竞买，红太阳拍卖公司向每个竞买人收取了保证金3万元，并约定拍卖成交后，如买受人违约则保证金不予退还。经过拍卖，竞买人甲以10万元的最高应价竞买成功，签署了拍卖成交确认书，并约定于2015年4月10日前付清全部成交价款和拍卖佣金。2015年4月5日，甲要求红太阳拍卖公司变更拍卖成交确认书，将买受人变更为甲担任法定代表人的一家有限责任公司，并保证由该公司于4月10前负责付清拍卖成交价款和拍卖佣金，红太阳拍卖公司表示无法变更拍卖成交确认书。约定的付款期限届满后，甲没有按期支付拍卖价款和佣金，经过红太阳拍卖公司多次催要后，甲仍坚持变更拍卖成交确认书，否则拒绝履行付款义务。红太阳拍卖公司内部紧急协商后，决定对该标的进行第二次拍卖。并于2015年4月25日通知第一次拍卖中的竞买人乙和丙到场。对乙和丙讲明在乙和丙之间再次举行拍卖的原由，承诺如果乙、丙的应价达到或超过上次拍卖中甲的最高应价10万元，则免收买受人的拍卖佣金。经过乙、丙两人的现场竞价，丙以10万元竞买成功，并与红太阳拍卖公司签订了拍卖成交确认书。事后，委托人张某在红太阳拍卖公司同意免收委托方的拍卖佣金的条件下，对红太阳拍卖公司举行第二次拍卖的行为给予了追认。甲得知情况后，向人民法院起诉，主张第一次拍卖无效，并请求法院判令红太阳拍卖公司退还其保证金3万元。主要理由是：本次拍卖的标的是股权，拍卖公告应当在拍卖日前10天在《中国证券报》、《证券时报》或者在《上海证券报》上进行公告。而红太阳拍卖公司只是在拍卖日7日前在当地的报纸上进行了公告，因此拍卖程序违法，拍卖无效，红太阳拍卖公司应当退还收取的保证金。请回答下列问题：

1. 拍卖公司拒绝为买受人甲变更拍卖成交确认书的做法是否正确？
2. 买受人甲主张第一次拍卖无效的理由是否成立？
3. 拍卖公司组织的第二次拍卖是否有效？为什么？

第三节 标的交割

拍卖是一种特殊的商品交易行为，经常会涉及所有权的转让。拍卖成交，买受人购得拍卖标的，拍卖人应该将拍卖标的交付给买受人。进入拍卖程序的物品可以分为一般物品和特殊物品，两种标的交割标准不同。

一、法律原理概要

（一）通常物品的交割

在买受人支付了全部成交价款及拍卖佣金后，拍卖人应将标的交付给买受人。在实践中有两种情况：一是动产，动产交割遵循“银货两讫”的原则，即款齐交货。如果委托人已将标的交给了拍卖人，则由拍卖人直接将标的移交给买受人，并开具相关票据，以资证明货款两清；二是如果标的属于没有移交给拍卖人的物品，则由委托人在收到拍卖人的付货通知单后，直接交付给买受人。

（二）特殊物品的交割

特殊物品交割主要指需要办理证照变更、产权过户的标的，如房地产、股权、专利权等。这些标的的转移可能并不意味着其所有权自然也转移到了买受人，只有办理了有关的证照变更、产权过户手续，买受人才能取得拍卖标的所有权。依据《拍卖法》第 55 条规定：“拍卖标的需要依法办理证照变更、产权过户手续的，委托人、买受人应当持拍卖人出具的成交证明和有关资料，向有关行政管理机关办理手续。”因此，拍卖成交后，拍卖人出具有关成交证明及其他材料，委托人、买受人应该持拍卖人出具的上述材料及拍卖标的的财产权利凭证，到有关行政管理机关办理证照变更、产权过户手续。

（三）拍卖资料保管

拍卖资料是对拍卖活动中的各种文书、账册、协议等资料的统称，通常包括委托拍卖合同、拍卖公告、标的资料、竞买登记记录、拍卖规则、拍卖笔录、拍卖成交确认书、移交标的的资料、流拍中止和终止拍卖的有关资料，要有拍卖企业的会计账簿、拍卖活动的总结报告及其他应保留的资料等。《拍卖法》规定，拍卖人应当妥善保管有关业务经营活动的完整账簿、拍卖笔录和其他有关资料。拍卖法规定，拍卖账簿、拍卖笔录和其他有关资料的保管期限，自委托拍卖合同终止之日起计算，不得少于 5 年。这里所称的委托拍卖合同的终止，是指委托拍卖合同的活动实施完毕，委托拍卖合同双方当事人的权利义务归于消灭的情形。在拍卖中，拍卖人对拍卖的记录及相关资料保存 5 年是法定期限，在 5 年之内拍卖人应当随时接受有关部门的监督检查，超过五年以后拍卖人的法定保管义务即告解除，是否继续保存，由拍卖人自由决定。

二、典型案例剖析

案例 1

中原商城与四季春拍卖公司签订《委托拍卖合同》，拍卖中原商城所有的库房三间和一批积压货物。共有甲、乙等 12 个竞买人登记参加竞买。甲以 32 万元竞得库房三间，乙以 68500 元竞得全部的积压货物。甲和乙都当场与四季春拍卖公司签定了拍卖成交确认书。到了约定付款期，买受人甲付清了全部的成交价款和拍卖佣金，四季春拍卖公司为甲出具了成交证明和有关材料，并将扣除拍卖佣金后的剩余款项转交给了中原商城。买受人乙以资金暂时困难为由要求延期付款，四季春拍卖公司经与中原商城协商后，同意给乙延期 10 天，如到期乙仍不能履行付款义务，则对积压货物再行拍卖。期满后乙仍无力付款，于是中原商城委托四季春拍卖公司对积压货物再次进行了拍卖，结果流拍了。四季春拍卖公司为第二次拍卖共支出费用 4881 元。

买受人甲在办理产权过户时被告知，由于中原商城欠银行 200 万贷款未还，被银行起诉，该库房已于上周被法院查封，现在正在强制执行，房产过户已不可能。甲在与拍卖公司和中原商城协商无果的情况下，将拍卖公司和中原商城起诉到法院，要求解除拍卖合同，判令拍卖公司和中原商城退还已付的成交价款和拍卖佣金，并赔偿其损失。拍卖公司答辩称：根据拍卖法的规定，委托人和买受人应当持拍卖人出具的成交证明和有关材料办理产权过户手续，拍卖公司没有为买受人办理产权过户的义务。拍卖佣金是我公司付出中介服务应得的报酬，我公司已经为买受人出具了成交证明材料和有关材料，完成了我公司的义务，拍卖成交合同中也没有约定我公司有退还拍卖佣金的义务，因此甲无权主张退还拍卖佣金；我公司所收的成交价款已按约定转交给了委托人中原商城，未能办理产权过户的责任在委托人，甲不应向我公司主张退还成交价款和赔偿损失。中原商城答辩称：房产无法过户是事实，但是甲混淆了不同的法律关系。甲与拍卖公司签订成交确认书后便成立了买卖合同关系，该买卖合同仅在甲与拍卖公司之间发生法律效力，对中原商城没有约束力。中原商城与甲之间没有合同关系，甲无权直接起诉中原商城，也无权直接要求中原商城承担违约责任或赔偿责任。

积压货物再次拍卖流拍一月后，原买手人乙找到四季春拍卖公司，说已经筹集到全部的款项，要求拍卖公司继续履行原拍卖成交合同，拍卖公司拒绝。乙直接找到中原商城，要求履行原合同。中原商城收了乙 68500 元货款后，将积压货物全部交付给乙。拍卖公司找到乙，要求乙按照拍卖法的规定，承担第一次拍卖中，乙和中原商城应付的拍卖佣金。同时找到中原商城，要求中原商城承担拍卖公司为第二次拍卖支出的费用。乙只同意承担自己一方的拍卖佣金，认为中原商城一方的拍卖佣金，拍卖公司应向中原商城主张。中原商城则认为第二次拍卖是乙的违约行为导致的，因此给拍卖公司造成的损失，拍卖公司应当向乙主张。

法律问题

1. 四季春拍卖公司针对甲的答辩理由是否成立？中原商城针对甲的答辩理由是否成立？

2. 拍卖公司应当向谁主张第一次拍卖积压货物的拍卖佣金？应当向谁主张为第二次拍卖积压货物所支出的费用？

3. 如何看待中原商城与乙之间直接进行的交货与付款行为。

法理分析

四季春拍卖公司针对的答辩理由不能成立。根据《拍卖法》第40条的规定，“买受人未能按照约定取得拍卖标的的，有权要求拍卖人或者委托人承担违约责任。”拍卖公司与甲之间存在合法的拍卖合同关系，在该合同无法履行的情况下，甲有权向拍卖公司主张退还拍卖佣金，并有权要求拍卖公司退还其已经交纳的成交价款并赔偿其损失。

中原商城针对甲的答辩理由不成立。根据《拍卖法》第40条的规定，“买受人未能按照约定取得拍卖标的的，有权要求拍卖人或者委托人承担违约责任。”根据《拍卖管理办法》第54条规定，“拍卖成交后，委托人没有协助买受人依法办理产权过户手续，造成买受人或拍卖企业损失的，委托人应当给予赔偿。”因此，买受人甲有权直接起诉委托人中原商城，并向其主张承担违约责任或赔偿责任。

拍卖公司应当向原买受人乙主张第一次拍卖积压货物的拍卖佣金。根据《拍卖法》第39条规定，“拍卖标的再行拍卖的，原买受人应当支付第一次拍卖中本人及委托人应当支付的佣金。”乙的观点不能成立，因为再行拍卖时，原拍卖合同已经解除。乙向中原商城付款的行为不属于对原合同的履行。

拍卖公司应当向中原商城主张为第二次拍卖积压货物所支出的合理费用。根据《拍卖法》第56条的规定，“拍卖未成交的，拍卖人可以向委托人收取约定的费用，未作约定的，可以向委托人收取为拍卖支出的合理费用。”

中原商城与乙之间直接进行的交货与付款行为属于他们之间的一次新的事实上的买卖合同关系。与第一拍卖的合同无关，不属于对第一次拍卖成交合同的履行。因为第一次拍卖成交合同已经解除了。

案例2

某资产管理公司与某拍卖公司签订委托拍卖合同，委托拍卖公司将其面积为7446.81平方米的房地产及其租赁收益权进行拍卖，双方就付款期限、协助办理产权过户手续、拍卖佣金等进行了约定。拍卖公司依法发布了拍卖公告，公告中对标的瑕疵做了特别的说明：“本标的现租赁使用中，租赁期间因各种原因，承租人欠付租金，同时，本标的拍卖成交后须按原房屋租赁合同的约定对房屋的改、扩建进行相关处理”。拍卖会前，有两个竞买人办理了竞买登记手续，签订了竞买协议。竞买协议中对标的物的现状、瑕疵、拍卖后付款、实物移交、产权证的办理等做了明确约定，同时将原房屋租赁合同复印件作为重要的附件。

拍卖公司对上述房产进行了拍卖，工商局工作人员现场监督，委托人代表现场送来了密封的拍卖保留价通知书。拍卖会上，竞买人王某以390万元竞买成功，双方签订了拍卖成交确认书。次日，拍卖公司将拍卖结果报告书送交委托人。拍卖后第七日，买受人王某未按约定付款。委托人资产管理公司向拍卖公司来函称：因买受人没有按约定付款，已经违约，故认为本次拍卖无效，要求拍卖公司撤消拍卖成交确认书。拍卖公司立即与买受人王某联系，王某表示一个月内保证付清，并愿意按照约定承担滞纳金。一个月期满，买受人王某将拍卖款和滞纳金全部支付给拍卖公司，拍卖公司随后转交给了资产管理公司。因拍卖标的物原承租人在租赁期间改扩建投资由谁承担的问题，王某与资产管理公司产生纠纷。资产管理公司便将拍卖公司转交的拍卖款及滞纳金退回了拍卖公司，并拒绝为王某办理过户手续。之后，买受人王某将资产管理公司和拍卖公司起诉到法院，要求资产管理公司和拍卖公司为其办理竞得房产的产权过户。法院一审判决：拍卖合法有效，判令资产管理公司在五日内将拍卖房产过户给王某。资产管理公司以买受人没有承担原承租人房屋改造费为由，不服一审判决，提起上诉。法院二审作出了“驳回上诉，维持原判”的终审判决。

法律问题

拍卖成交后谁负有为买受人办理产权过户的义务？

法理分析

本案例涉及的知识点是委托人向买受人移交标卖标的义务和拍卖人向委托人转交成交价款的义务。拍卖作为一种特殊的商品交易行为，无论拍卖标的是物品，还是财产权利，都涉及所有权的转移。拍卖成交后谁负有向买受人移交拍卖标的的义务呢？由于拍卖人与买受人之间的合同关系是独立与拍卖人与委托人之间的委托合同的，因此，在买受人支付了全部成交价款及拍卖佣金后，拍卖人应将标的交付给买受人。但是由于拍卖是一种特殊的商品交易行为，在这种交易中，拍卖人并不是拍卖标的的所有权人，拍卖人事实上只是拍卖标的真正所有权人和买受人之间的中介。按照我国《民法通则》第72条规定，“按照合同或其他方式取得财产的，财产所有权从财产交付时转移。”进入拍卖程序的物品可以分为一般物品和特殊物品，两种标的交割标准不一。在实践中，一般物品的交割遵循“银货两讫”的原则，即款齐交货。如果委托人已交给了拍卖人，则由拍卖人直接将标的移交给买受人，并开具相关票据，以资证明货款两清。如果标的属于没有移交给拍卖人的物品，根据《拍卖法》第31条“按照约定由委托人移交拍卖标的的，拍卖成交后，委托人应当将拍卖标的移交给买受人”的规定，则由委托人按照《委托拍卖合同》中的约定，在收到拍卖人的付货通知单后，直接交付给买受人。特殊物品交割主要指需要办理证照变更、产权过户的标的，如机动车、房地产、企业资产、股权、专利权等。这些标的的转移并不意味着其所有权自然也转移到了买受人，只有办理了有关的证照变更、产权过户手续，买受人才能取得拍卖标的的所有权。依据《拍卖法》第55条规定，“拍卖标的需要依法办理证照变更、产权过户手续的，委托人、买受人应当持拍卖人出具的成交证明和有关资料，向有关行政管理机关办理手续。”因此，拍卖成交后，拍卖人出具成交确认书、发票、出库清单等有关成交证明，委托人、买受人应该持拍卖人出具的上述材料及拍卖标的的财产权利凭证，到有关行政管理机关办理证照变更、产权过户手续。

本案例中，资产管理公司作为委托人，在拍卖成交后，应该按照拍卖法的规定，协助买受人王某办理拍卖标的的产权过户手续。资产管理公司拒绝为买受人王某办理产权过户的行为是违法的。据了解，法院一审判决拍卖合法有效，判令资产管理公司在5日内将拍卖房产过户给王某。资产管理公司以买受人没有承担原承租人房屋改造费为由，不服一审判决，提起上诉。法院二审作出了“驳回上诉，维持原判”的终审判决。

三、补充思考案例

凌久拍卖公司接受张山的委托，于2009年8月20日拍卖张山的一辆机动车。李仕看好该车，到拍卖公司办理了竞买登记手续。经过拍卖，李仕竞得了该车，当场签订了拍卖成交确认书，付清全部拍卖费用，并将车取走。三日后李仕持拍卖公司出具的成交证明和有关材料找张山办理变更登记手续。张山告诉李仕说，自己的好朋友赵柳在拍卖展示现场也看上了他的车，赵柳的钱已经交齐了，张山想把车卖给自己的朋友赵柳。

1. 李仕是否取得了该车的所有权，为什么？

2. 如果张山在拍卖会前想撤回委托，他应该如何做？

3. 假设被拍卖车辆一直由张山负责保管，拍卖成交后李仕未及时取车，赵柳找到张山说在拍卖展示时看上了该车并提出愿高价购买，张山在拍卖公司不知情的情况下又将车卖给了赵柳，并办理了变更登记手续。请问赵柳是否属于善意取得？

4. 假设在拍卖会开始前，王武找到拍卖公司称，张山委托拍卖的汽车是他出国时借给张山的，张山委托拍卖时出具的材料是伪造的，王武还向拍卖公司出示了自己的购车凭据以及行驶证等做证明。这种情况拍卖公司应当如何处理，请说明理由。

第四节 佣金与费用

拍卖人是依法设立的有权从事经营性拍卖活动的企业法人，这里的“经营性”指拍卖人通过提供拍卖中介服务，有权获得相应的服务报酬，具体表现为拍卖佣金的收取。在佣金之外还可以依法或依约收取各种费用。

一、法律原理概要

（一）拍卖佣金与费用

拍卖人可以向委托人和买受人双向收取佣金，考虑到我国指定公物拍卖的特殊性，《拍卖法》第57条规定，“拍卖本法第九条规定的物品成交的，拍卖人可以向买受人收取不超过拍卖成交价百分之五的佣金。收取佣金的比例按照同拍卖成交价成反比的原则确定。” 此外，根据最高人民法院的规定，司法拍卖中拍卖人也只能向买受人收取拍卖佣金。拍卖佣金的收取以当事人之间自愿约定为主，拍卖法规定，委托人、买受人可以与拍卖人约定佣金的比例。当事人协商一致的，就按照约定来收取佣金；当事人协商不成或者对拍卖佣金比例未作约定，拍卖企业在法律规定的幅度内收取佣金。拍卖人违反法律规定收取佣金是要承担法律责任的，包括民事责任和行政责任。《拍卖法》第66条规定，“违法本法第四章第四节关于佣金比例的规定收取佣金的，拍卖人应当将超收部分返还委托人、买受人。物价管理部门可以对拍卖人处拍卖佣金1倍以上5倍以下的罚款。”关于拍卖佣金的具体结算办法，由拍卖当事人自行协商确定。通常情况下。拍卖成交的，当买受人支付价款后，按约定拍卖人从价款中扣除委托人应付的佣金后，其余款项按照委托拍卖合同的约定付给委托人。拍卖成交后，买受人除支付成交价款外，还须按照有关约定，向拍卖人支付拍卖佣金。即买受人应付拍卖师落槌价，加约定佣金，再加其他应付的费用。

（二）拍卖保证金

我国现行法律法规中并无关于拍卖人向竞买人或买受人收取“保证金”的规定。拍卖活动是一种平等主体之间发生的民事行为，在法律没有明确规定的情况下，民事活动的当事人在不违反法律法规的强制性规定和不违反公序良俗的情况下，可以在双方自愿的前提下自由约定彼此之间的民事权利和义务。因此，拍卖人可以通过合法的约定收取保证金。拍卖中的保证金一般分为两种类型：一类是拍卖人在竞买人登记竞买时对竞买人收取的保证金；另一类是拍卖人向买受人收取的保证金。拍卖实践中，把拍卖人向竞买人收取的保证金为“竞买保证金”，主要作用在于防范竞买人不负责任地恶意应价所带来的不确定性的风险，如果竞买人在参与拍卖过程中，没有恶意串通或其他违反拍卖规则的行为，在拍卖会结束后，除竞买成功的竞买人之外，其他竞买人交付的竞买保证金由拍卖人不计息全额退还。这种保证金类似于一种信用保证金。拍卖人向买受人收取的保证金，主要作用在于担保买受人按约定履行其支付拍卖成交价款和拍卖佣金的合同义务，因此，这种保证金实际上是一种履约保证金。一般由拍卖人在拍卖规则中规定，竞买成功后，若买受人未按约定履行交付成交价款和拍卖佣金的义务时，保证金不予退还。拍卖保证金的归属问题涉及合同法理论中的合同相对性原则。保证金是由拍卖人与竞买人（买受人）的约定而产生的，其作用在于保障拍卖人与竞买人之间的竞买协议或拍卖人与买受人之间的拍卖成交合同的履行。拍卖保证金通常与委托人无关，委托人主张拍卖保证金应当归其所有的观点是不符合合同相对性原则的。在买受人违约的情况下，保证金应当优先用于弥补拍卖人的损失。这些损失包括因买受人违约导致拍卖人向委托人承担的违约金和赔偿金、拍卖人的佣金损失、拍卖人保管拍卖标的的保管费用以及其他实际损失。如果拍卖标的经过第二次拍卖，则保证金应当优先用于弥补两次拍卖成交价款的差额，由拍卖人转移支付给委托人；其次用来冲抵拍卖人应当收取的第一次拍卖中原买受人和委托人应当交付的拍卖佣金和其他损失，如果仍有剩余，剩余部分归拍卖人所有，如果保证金不足以弥补拍卖人的前述损失，则拍卖人可以继续就不足部分向原买受人要求赔偿。拍卖保证金是否具有定金罚则功能。不能将拍卖中的竞买保证金当然地看作是定金，如果当事人没有明确约定，在拍卖成交后，竞买保证金也不能自动转为定金。如果双方有约定，拍卖成交后，竞买保证金可以依据当事人的约定转为履约定金。需要注意的是，定金不得超过主合同标的额的20%。

二、典型案例剖析

案例1

某拍卖公司是省人民政府确定的享有指定公物拍卖资格的企业，接受当地工商行政管理部门的委托，拍卖一批工商行政管理部门在执法中没收的蔬菜种子。同时接受当地税务部门的委托拍卖税务机关扣留用以抵税的一套房产和人民法院委托拍卖的一起刑事案件中不予返还的两件追回物品。鉴于上述委托的拍卖标的物都属于拍卖法第九条规定的指定拍卖物，因此该公司决定举办一场专门的指定公物拍卖会。拍卖公司依法进行了拍卖公告，并作了充分的招商准备，为此付出了不少费用。专场拍卖会于2006年5月10日在当地最有名的“杏林宾馆”举行，有不少媒体记者参加，当地电视台也进行了现场报道。经过拍卖，工商行政管理部门委托拍卖的蔬菜种子虽有两名竞买人登记参加竞买，他们认为参考价也比较合理，但是由于考虑到季节问题，两人在拍卖会上都没有举牌。税务部门委托拍卖的一套房产以150万元由某房地产公司老总张学保先生得。人民法院委托该拍卖的两件追回物品，其中一件做工精美的工艺品以360万元由当地著名的收藏家梁凤臣先生竞得，另一件因最高应价未达保留价而流拍。

拍卖会结束后，拍卖公司向工商行政管理部门去函要求工商行政管理部门承担拍卖公司为此次“蔬菜种子”的拍卖所付出的合理费用3200元；拍卖公司依据与房产买受人张学保先生的约定，向其收取了拍卖佣金9万元；拍卖公司依据与买受人梁凤臣先生的约定，向其收取了拍卖佣金18万元。并向人民法院去函要求收取拍卖公司为未拍出的另一件追回物品所付出的合理费用2000元。

工商行政管理部门回函称：此次拍卖属于“公物”拍卖，与一般的委托拍卖不同，拍卖公司只能向买受人单方收取佣金，工商行政管理部门是国家财政拨款的执法机关，拍卖变现将全部上缴国库，工商行政管理部门无权从拍卖中获得任何好处，何况拍卖并没有成功，拍卖公司向工商行政管理部门收取费用是错误的。因此，拒绝支付。

税务部门认为，在“公物”拍卖中，拍卖人无权与买受人约定佣金比例，只能按照法律规定收取不超过5%的佣金。拍卖公司向买受人张学保收取了9万元佣金，超过了法定的5%，是违法行为。据此，税务部门对拍卖公司作出了罚款2万元的处罚决定。

人民法院则认为，根据最高人民法院的相关司法解释，在人民法院委托的拍卖中，拍卖成交价超过200万元至1000万元的部分，拍卖机构向买受人收取的佣金不得超过3%，拍卖公司向买受人梁凤臣收取18万元的拍卖佣金显然超过了这个标准，是违法的。另外，拍卖公司为拍卖未成交的另一件追回物品所付出的合理费用，应当由刑事案件中的被告承担。

法律问题

1. 工商行政管理部门拒绝支付拍卖费用的观点是否成立？为什么？

2. 拍卖公司向买受人张学保收取9万元佣金的行为是否合法？为什么？
3. 税务部门对拍卖公司作出罚款处罚的行为是否合法？为什么？
4. 人民法院的观点是否成立？为什么？

法理分析

工商行政管理部门的观点不能成立。《拍卖法》第56条第3款规定，“拍卖未成交的，拍卖人可以向委托人收取约定的费用；未作约定的，可以向委托人收取为拍卖支出的合理费用”。第57条规定：“拍卖本法第九条规定的物品成交的，拍卖人可以向买受人收取不超过拍卖成交价百分之五的佣金。收取佣金的比例按照同拍卖成交价成反比的原则确定。拍卖未成交的，适用本法第56条第3款的规定。”因此，工商行政管理部门的观点不能成立，应当依法承担拍卖公司为此次蔬菜种子拍卖付出的合理费用。

拍卖公司向买受人张学保收取9万元佣金的行为不合法。《拍卖法》第57条规定：“拍卖本法第9条规定的物品成交的，拍卖人可以向买受人收取不超过拍卖成交价百分之五的佣金。收取佣金的比例按照同拍卖成交价成反比的原则确定”。买受人张学保以150万元竞得拍卖房产，拍卖公司向买受人张学保收取的佣金最高不应超过成交价的百分之五，即7.5万元，拍卖公司向买受人收取了9万元的佣金，显然超出了法定的标准。

税务部门对拍卖公司作出罚款处罚的行为是错误的。《拍卖法》第66条规定，“违反本法第四章第四节关于佣金比例的规定收取佣金的，拍卖人应当将超收部分返还委托人、买受人。物价管理部门可以对拍卖人处拍卖佣金1倍以上5倍以下的罚款”。即便拍卖公司向买受人收取佣金的行为违法，有权作出罚款处罚的行政主体应当是物价管理部门，而不是税务部门。因此，税务部门对拍卖公司作出罚款处罚的行为是错误的。正确的做法应当是由拍卖公司将超标准收取的佣金返还给买受人张学保，然后由物价管理部门依法对拍卖公司处以拍卖佣金1倍以上5倍以下的罚款。

人民法院的观点不能成立。《最高人民法院关于人民法院民事执行中拍卖、变卖财产的规定》第32条规定，“拍卖成交的，拍卖机构可以按照下列比例向买受人收取佣金：拍卖成交价200万元以下的，收取佣金的比例不得超过5%；超过200万元至1000万元的部分，不得超过3%；超过1000万元至5000万元的部分，不得超过2%；超过5000万元至1亿元的部分，不得超过1%；超过1亿元的部分，不得超过0.5%。采取公开招标方式确定拍卖机构的，按照中标方案确定的数额收取佣金。拍卖未成交或者非因拍卖机构的原因撤回拍卖委托的，拍卖机构为本次拍卖已经支出的合理费用，应当由被执行人负担。”其中“超过200万元至1000万元的部分，不得超过3%”，“拍卖未成交的……，拍卖机构为本次拍卖已经支出的合理费用，应当由被执行人负担”。这些都确实是最高人民法院的司法解释。但是，正如这一司法解释的名称所表明的那样，这一司法解释仅适用于人民法院民事执行中拍卖活动。而本案例中的拍卖不属于人民法院民事执行中的拍卖委托，而属于《拍卖法》第9条规定的指定公物拍卖，即“国家行政机关依法没收的物品，充抵税款、罚款的物品和其他物品，按照国务院规定应当委托拍卖的，由财产所在地的省、自治区、直辖市的人民政府和设区的市的人民政府指定的拍卖人进行拍卖。拍卖由人民法院依法没收的物品，充抵罚金、罚款的物品以及无法返还的追回物品，适用前款规定”。因此，人民法院的观点不能成立。拍卖公司向买受人李某收取18万元佣金，没有超过成交价的5%，是合法的。另外，刑事案件中的被告也不同于民事执行中的被执行人，因此，拍卖公司为拍卖未成交的另一件追回物品所付出的合理费用，应当由委托人人民法院承担。

案例2

某拍卖公司接受委托，公开拍卖200吨旧钢材，起拍价为2600元/吨。拍卖公告发布后，很多人对此感兴趣，拍卖公司先后与多位竞买人签订竞买合同，并且按照合同约定向每位竞买人收取了5万元竞买保证金。拍卖会当日，经过激烈地角逐，这批钢材最终以2790元/吨落槌成交。拍卖成交后，买受人当场签署了拍卖成交确认书，双方在确认书中约定："买受人不能当场支付拍卖标的成交金额的，应向拍卖人支付保证金5万元（由先行交付的竞买保证金冲抵，不必另行交纳），并承诺在成交后的7日内付清剩余的成交金额"。但是，由于钢材市场价格突然下跌，买受人未能按期付款。事后，买受人多次以"拍卖法并未规定收取保证金"为由，要求退还其保证金，拍卖公司拒绝了其要求，并且征得委托方同意，将拍卖标的再次拍卖。此次拍卖成交后，公司依照拍卖法规定，用原买受人的部分保证金抵补了两次拍卖成交价的差额，并支付给委托方，剩余部分抵作第一次拍卖中，原买受人和委托人应付的佣金。

法律问题

1. 如何认识拍卖中保证金的性质？
2. 拍卖人收取保证金的行为是否违法？

法理分析

本案例涉及拍卖中保证金问题。我国现行法律法规中并无关于拍卖人向竞买人或买受人收取"保证金"的规定。拍卖中的保证金一般分为两种类型：一类是拍卖人在竞买人登记是对每个竞买人收取的保证金，通常称为"竞买保证金"；另一类是拍卖人向买受人收取的保证金。

竞买保证金的收取标准由拍卖人根据拍卖标的的实际情况而确定，可能是参考标的的评估价，也可能是参考标的的保留价或预计中的成交价，甚至以能达到防范拍卖风险为目的而自由确定。竞买保证金的主要作用在于防范竞买人不负责任地恶意应价所带来的不确定性的风险，比如拍卖成交后拒不签署拍卖成交确认书，或者为了约束竞买人认真遵守拍卖规则，保持拍卖会场纪律，保证拍卖活动的顺利进行。拍卖规则一般规定，如果竞买人在参与拍卖过程中，没有恶意串通或其他违反拍卖规则的行为的，在拍卖会结束后，竞买成功的竞买人之外，其他竞买人交付的竞买保证金由拍卖人不计息全额退还。这种保证金类似于一种信用保证金，由于其不适用双倍返还的定金罚则，因此不应将这种保证金简单地等同于定金。

拍卖人向买受人收取的保证金，主要作用在于担保买受人按约定履行其支付拍卖成交价款和拍卖佣金的合同义务，因此，这种保证金实际上是一种履约保证金。拍卖实践中，就这种保证金的约定方式而言，除了极少数情况下拍卖人与买受人在成交确认书中作出专门的约定外，绝大多数情况下都在约定竞买保证金的同时，约定由竞买保证金转化为这种履约保证金。一般由拍卖人在拍卖规则中规定，竞买成功后，若买受人未按约定履行交付成交价款和佣金义务，保证金不予退还。这种履约保证金也不具有定金的罚则作用。

“保证金”是由竞买人与拍卖人之间的约定产生的，由于拍卖属于隐名交易，拍卖人是以自己的名义对外招商、发布公告、进行展示、实施拍卖，并且以自己的名义与买受人签订成交确认书。竞买人与委托人之间不具备合同关系，因此“保证金”是竞买人向拍卖人所做的一种担保形式。由于拍卖活动是一种平等主体之间发生的民事行为，在法律没有明确规定的情况下，民事活动的当事人在不违反法律法规的强制性规定和不违反公序良俗的情况下，可以在双方自愿的前提下自由约定彼此之间的民事权利和义务。拍卖活动中是否收取保证金，可由拍卖人和竞买人根据实际情况进行约定。保证金不属于担保法调整的范围，而是一种民间的约定，法律通常承认这种约定的有效性。因此，虽然拍卖法中也没有对保证金制度作出明确规定，但拍卖人与竞买人约定有保证金后，一旦当事人违约，应按约定予以处理。保证金应用以承担由违约人引起的违约责任，不予返还的保证金应当优先用于弥补拍卖人的损失，即首先是用保证金补足两次拍卖中的差价，其次是冲抵拍卖人应当收取的委托人和买受人应当支付的佣金，如果仍有不足，拍卖人可以继续向违约人主张赔偿。

三、补充思考案例

某拍卖公司接受委托，拍卖委托人个人拥有的一处房产，拍卖佣金为成交价的5%，保留价为100万元。拍卖公司向每位竞买人收取了竞买保证金30万元。竞买协议书中约定：佣金为成交价的5%，竞买成功后，保证金自动转为定金。如果买受人违约，则定金不予退还，如果拍卖人违约，则双倍返还定金。拍卖会上，竞买人马某和龙某两人频频举牌应价。经过激烈竞价，最后马某以120万元竞得该标的，当场与拍卖公司签订了拍卖成交确认书。后来马某自觉成交价太高，未按约定支付成交价款和佣金。拍卖公司在征得委托人同意的情况下，按照第一次委托拍卖合同约定的条件进行了第二次拍卖，龙某以100万元竞得，支付了全部成交价款和佣金后，拍卖公司向龙某出具了成交证明和相关材料。拍卖公司在扣除5万元的佣金后，将剩余价款95万元交给了委托人。委托人认为拍卖公司还应当支付两次拍卖价款之间的差额20万元。拍卖公司则认为差额部分当由第一次拍卖中的买受人马某补足，委托人应当向马某主张。这期间，买受人龙某要求委托人协助办理产权过户手续，委托人以拍卖公司未付清成交价款为由，拒绝办理。龙某无奈，将拍卖公司和委托人列为共同被告，向法院起诉，要求两被告为其办理竞得房产的产权过户手续。委托人则以拍卖公司为被告向法院起诉，要求拍卖公司支付两次拍卖价款的差额20万元。拍卖公司也以马某为被告向法院起诉，要求马某支付第一次拍卖中其本人和委托人应当支付的佣金12万元和两次拍卖价款的差额20万元。

1. 委托人要求拍卖公司支付两次拍卖价款差额20万元的请求是否成立？
2. 委托人拒绝协助买受人龙某办理产权过户的理由是否成立？

第五章
拍卖师资格与主持

第一节　拍卖师资格

拍卖师是指经全国统一考试合格，取得人事部、商务部联合用印的，由中国拍卖行业协会颁发的中华人民共和国拍卖师执业资格证书，并经注册登记的人员。

一、法律原理概要

（一）取得拍卖师执业资格的条件

取得拍卖师执业资格的条件包括：

1. 思想品德和身体状况。《拍卖师执业资格制度暂行规定》第22条专门规定了拍卖师职业道德的标准，即坚持四项基本原则，恪守公正、客观的原则，保持廉洁的工作作风。拍卖师职业还要求拍卖师具有良好的身体状况。

2. 学历要求。《拍卖法》将拍卖师的学历条件规定为“具有高等院校专科以上学历”。

3. 从业经历。取得拍卖师执业资格必须“在拍卖企业工作二年以上”。

4. 拍卖专业知识。《拍卖法》将具有“拍卖专业知识”列为取得拍卖师资格的一个条件。但是在我国目前的高等院校中，并不存在“拍卖”这样一个专门的学科。因此，在拍卖师资格考试中设定了法律、经济、实务和主持技巧四门考试科目。

（二）禁止取得拍卖师执业资格的规定

《拍卖法》第15条规定，“被开除公职或者吊销拍卖师资格证书未满5年的，或者因故意犯罪受过刑事处罚的，不得担任拍卖师。”《拍卖师执业资格暂行规定》第10条规定，“不具有完全民事行为能力者；被开除公职未满5年以上者；因故意犯罪受过刑事处罚者；受吊销拍卖师执业资格证书处罚，自处罚决定之日起至申请报名之日止未满5年者，不得申请参加拍卖师执业资格考试。”

二、典型案例剖析

案例 1

李某是2013年大学本科毕业的学生，由于就业形势不好，毕业后一直没有找到合适的工作。在与朋友们聊天的过程中得知拍卖师很好找工作，收入也非常可观，又受人尊敬，于是动了想报名参加2014年度拍卖师资格考试的念头。他找了在一家拍卖公司工作的亲戚打听，人家说他目前还不够报考的条件。李某很纳闷，心想：我都大学本科毕业了怎么还不够条件呢？难道考拍卖师还必须是硕士、博士毕业吗？

罗伯特出身于英国拍卖世家，其父母和祖父母都是从事拍卖工作的。罗伯特本人毕业于中国某语言大学，酷爱中国文化。毕业后在其父亲的推荐下，进入北京一家拍卖公司做翻译工作，并同时学习中国艺术品鉴赏。罗伯特的理想是成为一名中国拍卖师，在中国开办自己的拍卖企业。他的想法得到其父母的大力支持。他也想报名参加2014年度拍卖师资格考试，但是他发现目前还没有外国公民取得中国拍卖师执业资格的先例。于是向他的两位拍卖师朋友杨某和陈某咨询，询问外国公民报考中国拍卖师资格的条件。杨拍卖师和陈拍卖师在这个问题上的观点发生了分歧。杨拍卖师认为我国拍卖法并没有提到报考者的国籍问题，其他法律也没有明确禁止外国公民报考我国拍卖师执业资格。如果罗伯特能取得我国拍卖业从业人员资格，并符合其他条件，是可以报考的。陈拍卖师则认为只有中华人民共和国公民才能取得拍卖师执业资格，罗伯特不能报考我国的拍卖师资格考试。

法律问题

1. 李某能否报名参加2014年度拍卖师资格考试？
2. 外国公民可以报考我国的拍卖师执业资格吗？

法理分析

本案例涉及取得中华人民共和国拍卖师资格证书的条件和程序问题。拍卖师是拍卖企业中主持拍卖活动的专业人员。《拍卖法》第14条规定，“拍卖活动应当由拍卖师主持。”故只有具有拍卖师资格的人员，才能主持拍卖活动。在拍卖这种特殊交易方式产生和发展的初期，并不存在专门的拍卖师，人们对拍卖师也并没有严格的资格要求。然而大多数主持拍卖的人员实际上都要隶属于一个大的经济实体。这类组织为了保证业务开展的需要，通常要对主持拍卖活动的人员进行一定的职业和文化培训，从而使拍卖师成为了一个具备资格的职业。即必须经过一定的专业训练，获得合格证明，具有相应的工作经验，才能担任拍卖师。这种做法后来逐渐形成了一种制度。我国拍卖业恢复后，《拍卖法》在总结我国拍卖业的发展现状及借鉴国外经验的基础上明确规定，“拍卖师应当具备下列条件：（1）具有高等院校专科以上学历和拍卖专业知识。（2）在拍卖企业工作两年以上。（3）品行良好。”《拍卖法》同时规定，“拍卖师资格考核，由拍卖行业协会统一组织。经考核合格的，由拍卖行业协会发给拍卖师资格证书。”

国家人事部和原国内贸易部1997年1月1日颁布施行的《拍卖师执业资格制度暂行规定》第2条规定，“国家对拍卖专业技术人员实行执业资格制度，纳入全国专业技术人员执业资格制度统一规划的范围”，并就拍卖师资格考核、资格证书颁发等作了明确规定。第9条规定了报考拍卖师执业资格的条件，即“凡中华人民共和国公民，遵纪守法并同时具备下列条件者，可申请参加拍卖师执业资格考试：（1）思想健康，品行端正，具有敬业精神。（2）身体状况良好。（3）具有高等院校专科以上学历和拍卖专业知识。（4）在拍卖企业工作两年以上，并经所在拍卖企业推荐。”第11条规定了申请参加拍卖师执业资格考试的人员应向中国拍卖行业协会提交的资料：（1）拍卖师执业资格考试报名表。（2）本人学历证明。第22条、第23条和第24条对拍卖师应具备的执业道德、专业技术标准和行为能力标准描划出了更明晰的轮廓。其中对拍卖师职业道德的要求标准是：坚持四项基本原则；恪守公正、客观的原则，保持廉洁的工作作风。拍卖师应具备的专业技术标准是：具有一定的经济理论水平和丰富的拍卖专业理论知识；具有与拍卖相关的其他学科及商品知识，对拍卖标的具有相应的鉴定水平和评估能力；熟悉、掌握、运用拍卖法及其相关的各种法律和法规；具有一定的外语水平；具有丰富的实践经验，了解和掌握国内外拍卖动态。拍卖师的行为能力标准是：具有自控能力，善于掌握分寸；具有社交能力，善于协调人际关系；具有组织能力，善于对工作、语言、文字进行组织和表达；具有知识转化能力，善于将已具备的专业知识与实际工作相结合。

目前还没有明确的法律规定允许外国公民报考我国的拍卖师执业资格。《拍卖法》中确实没有明确禁止外国公民报考我国拍卖师执业资格的规定。但是与《拍卖法》同日生效实施的《拍卖师执业资格制度暂行规定》中涉及了报考者的国籍问题。第9条明确规定，“凡中华人民共和国公民，遵纪守法并同时具备下列条件者，可申请参加拍卖师执业资格考试”。这里规定了中华人民共和国公民取得拍卖师执业资格的条件。虽然没有明确禁止外国公民报考，但是也没有明确规定外国公民报考我国拍卖师应具备什么条件。

通过上述分析可知，李某已经满足了学历条件，但是尚不能报考拍卖师资格。如果他想报考拍卖师资格，必须先在拍卖企业工作，通过拍卖从业人员资格考试，满足工作年限的要求，并由所在的拍卖企业推荐报名。虽然没有法律禁止外国公民报考中国拍卖师执业资格，但是由于无法可循，罗伯特报考中国拍卖师执业资格目前是不可行的。

案例2

张某原来是一名国家公务员，由于工作严重失职，给国家造成了巨大的经济损失，2010年5月被原工作单位开除了公职。后与朋友一起开办了一家拍卖公司。由于张某在社会上朋友多，路子广，加上勤奋好学，张某很快就成为当地拍卖界小有名气的拍卖企业家。但是张某有一块心病，就是希望尽快取得拍卖师执业资格证书。张某想报名参加2014年的拍卖师执业资格考试，但是在资格审查中被查出不具备报考资格。理由是根据《拍卖法》第15条的规定，被开除公职或者吊销拍卖师资格证书未满5年的，不得担任拍卖师。张某辩解说：拍卖法只是禁止被开除公职未满5年的人“担任”拍卖师，而并没有禁止被开除公职未满5年的人“报考”拍卖师。我现在只是报名参加考试，能否通过还不一定，即便是通过了，我也只是取得了一个拍卖师资格。取得资格后我可以先不办理注册手续，也不主持拍卖活动，等到满5年后，我再办理正式注册手续。“报考”和“担任”是两个完全不同的概念，我咋就不能报考呢？

法律问题

1. 张某是否能报考拍卖师资格？为什么？
2. 张某的辩解理由是否成立？为什么？

法理分析

本案例涉及如何正确理解拍卖法“被开除公职或者吊销拍卖师资格证书未满5年的不得担任拍卖师”的规定。《拍卖法》第15条规定，“拍卖师应当具备的条件是：具有高等院校专科以上学历和拍卖专业知识；在拍卖企业工作两年以上；品行良好。被开除公职或者吊销拍卖师资格证书未满5年的，或者因故意犯罪受过刑事处罚的，不得担任拍卖师。”第16条规定，“拍卖师资格考核，由拍卖行业协会统一组织。经考核合格的，由拍卖行业协会发给拍卖师资格证书。”可见拍卖法中使用的概念是拍卖师资格证书。这就会给人造成一种误解，即认为“考取”拍卖师资格与“担任”拍卖师是两个不同的概念。在我国确实存在着考取一个资格与实施该资格相关的活动相分离的现象。比如考取了公务员资格并不等于担任公务员，考取了司法资格证书并不等于担任法官、检察官、律师。在很多情况下，考取资格仅仅是取得了从事某种社会活动的可能性，要想实际从事这种活动，还得要具备其他条件。比如，考取了公务员资格并不意味着就取得了公务员身份，只有在有关国家机关予以录用的情况下，才能真正成为一名公务员。通过了国家组织的司法考试，取得了司法资格证书也不意味着就具有了法官、检察官或律师身份，也必须有司法机关依法录用或通过申请取得中华人民共和国律师执业资格证书时，才能成为真正的法官、检察官或律师。

资格许可一般属于行政许可，行政许可是指行政机关根据公民、法人或者其他组织等行政相对人的申请，经依法审查，准予其从事某种特定活动的行为。行政许可分为行为许可与资格许可。行为许可是行政机关根据相对人的申请，允许其从事某种活动，实施某种行为的许可形式。这种许可的目的是允许符合条件的相对人从事某种活动。如国土资源部门发放的采矿许可证，环保部门对企业发放的排污许可证等，就是行政机关对行政相对人某种行为的许可证明。资格许可是行政机关根据相对人的申请，通过考核程序核发一定的证明文书，允许证件持有人从事某一职业或进行某种活动。资格许可主要存在于专业性、技术性较强的行业和领域，实际上是对任职及从业的一种标准限制。许可证是个人具备某种资格的证明，比如教师资格证、会计资格证等首先是持证人资格水平的证明。资格许可的有效期限较稳定，在相对较长的时间内起到资格证明作用，资格许可的目的是通过制定最低限度标准，限制某一行业人员，以免不合格人员从事该行业可能造成的损失。拍卖师资格证书仅仅是一种从事拍卖业资格许可的“入门”证书，还是从事拍卖活动的“行为许可”证书呢？对这个问题存在不同的理解。本案例中张某就认为拍卖师资格证书仅仅是一种资格许可，而不是行为许可，因此报考拍卖师资格与担任拍卖师是两个不同的概念。被开除公职未满五年的人是可以报考拍卖师资格的。这种理解是错误的。根据《拍卖师执业[1]资格制度暂行规定》第14条规定：考试合格取得拍卖师执业资格的人员，须在三个月内到中国拍卖行业协会申请办理注册登记手续。逾期不办者，当年考试成绩作废。本案例中，张某的辩解理由不成立，主要原因是《拍卖师执业资格制度暂行规定》第10条第3项有明确规定：被开除公职未满5年以上者，不得申请参加拍卖师执业资格考试。张某仅仅依据拍卖法的规定，断章取义的理解是片面的。当然，就目前的法律规定而言，也有概念表述不规范的地方，比如，拍卖法中使用的概念是“拍卖师资格”，而《拍卖师执业资格制度暂行规定》中使用的概念是“拍卖师执业资格”。从名称规范和实际含义上讲，应当统一为“拍卖师执业资格”为好。

三、补充思考案例

程某2009年17岁时因过失伤害他人被判处一年有期徒刑。服刑期间开始自学法律。服刑期满后在其叔叔开办的一家拍卖公司工作，品行端正，具有敬业精神，身体状况良好，而且勤奋好学，通过自学考试于2012年取得了法律大专学历。2013年4月取得拍卖从业人员资格证书。他想报考2014年度拍卖师资格考试，但是他父亲担心地说：“你因为犯罪受过刑事处罚，恐怕没有报考的资格吧”。

1. 犯过罪的人都不能担任拍卖师吗？
2. 程某父亲的观点是否正确？

第二节 拍卖主持

一、法律原理概要

（一）拍卖师的主持权

《拍卖法》第14条规定，“拍卖活动由拍卖师主持。”这就赋予了拍卖师法定的拍卖主持权。在拍卖主持权中，最重要的权利是确认拍卖成交的权利，即从众多的竞买人中确认买受人的权利，而这个关键性权利，拍卖法也明确规定由拍卖师行使，即《拍卖法》第51条，“竞买人的最高应价经拍卖师落槌或者以其他公开表示买定的方式确认后，拍卖成交”。拍卖师的主持权是一种“执行权”，拍卖师在主持拍卖会时要执行的“规则或规矩”主要有三类：一是拍卖法和相关法律法规的规定，二是拍卖行业的行规，三是拍卖公司具体的拍卖规则。

---

① 原国内贸易部职能现已划归商务部，由于法律、法规没有调整，本教程在引用相关规定时，仍使用原名称。

（二）拍卖规则和注意事项

《拍卖法》规定，拍卖师应当于拍卖前宣布拍卖规则和注意事项。宣布拍卖规则和注意事项不仅是拍卖师主持拍卖时的一项法定义务，而且在拍卖程序中具有重要的意义，宣布拍卖规则和注意事项意味着拍卖会正式开始。拍卖法规定设立拍卖企业必须具备的条件之一是“有符合本法和其他有关法律规定的拍卖业务规则”。《拍卖管理办法》也要求设立拍卖企业应当“有符合有关法律、行政法规及本办法规定的拍卖业务规则”。“宣布”拍卖规则并不等于“宣读”拍卖规则。拍卖师可以根据拍卖的具体情况就拍卖规则中的关键内容进行宣布。拍卖师在拍卖前，除了要宣布拍卖规则外，还应宣布注意事项。注意事项是指拍卖规则中没有规定，但对拍卖活动又非常重要的一些问题，比如拍卖方式、拍卖程序的特别说明、有无保留价、竞价阶梯等。

（三）保留价规则的运用

保留价是由委托人确定的拍卖成交的最低价格，保留价规则是指保留价发挥作用的制度。《拍卖法》规定，“拍卖标的无保留价的，拍卖师应当在拍卖前予以说明。拍卖标的有保留价的，竞买人的最高应价未达到保留价时，该应价不发生效力，拍卖师应当停止拍卖标的的拍卖。”保留价规则的一项功能就是限制拍卖师的权利，主持拍卖的拍卖师有选择买受人并处理拍卖标的的权利。但是在有保留价的拍卖中，拍卖师的这一权利受到了限制，最高应价没有达到保留价时，拍卖师不得确认成交，而应依法停止该标的的拍卖。

（四）价高者得规则的运用

我国《拍卖法》第 51 条规定，“竞买人的最高应价经拍卖师落槌或者以其他公开表示买定的方式确认后，拍卖成交。”这一规定是对我国拍卖法中价高者得规则的确立。其中“最高应价”是指多个竞买人在价格竞争中的比较高价，它不能也不应该在事先以确定的价格表示，而只能随行就市，在具体的竞争中完成价格确定。“经拍卖师落槌或者以其他公开表示买定的方式确认”意在对价高者得法则进行限制，并非所有“最高应价”都能导致“拍卖成交”。价高者得法则对拍卖师有约束力，拍卖师在选择成交对象时，不能随心所欲，只能按价高者得法则行事。

二、典型案例剖析

案例 1

拍卖师甲在拍卖一栋房产时，拍卖标的的起拍价为 100 万元，每次加价 5 万元，经过几轮竞价，当叫到 125 万元时，竞买人王某举牌，拍卖师重复三声，在落槌同时，另一竞买人周某再次举牌。拍卖师见状，即宣布继续竞价，最终以 135 万元被竞买人周某竞得。事后，竞买人王某向法院起诉拍卖公司，认为按照《拍卖法》第 51 条的规定：“竞买人的最高应价经拍卖师落槌或者以其他公开表示买定的方式确认后，拍卖成交"，拍卖师在落槌成交后，再次就已经成交的标的主持竞价的行为违法，要求确认拍卖无效。拍卖公司答辩称：《拍卖法》第51条要求拍卖师落槌必须是对"最高应价"的确认，拍卖才能成交，在拍卖师落槌的同时，又有更高的应价，说明原告的应价不是最高应价，应自动失效。拍卖人是委托人的代理人，应当最大限度地维护委托人的利益。拍卖师宣布重新竞价有利于体现拍品的真正价值，实现委托人的最大利益。如果原告希望得到争讼的拍品，完全可以再继续举牌应价，拍卖师宣布继续竞价的行为并没有剥夺原告竞买人的资格和继续竞价的权利。因此，本次拍卖中，拍卖师宣布继续竞价是对"拍卖主持权"的正当行使，拍卖合法有效，原告的诉讼请求不能成立。

拍卖师乙在主持一次艺术品拍卖中，某拍品的保留价是140万元。在拍卖中，当竞买人纪某正常加价到135万元时，无人再加价，拍卖师乙在三声重复后落槌，同时口中说"好"。之后以竞买人纪某的最高应价未达到保留价为由宣布拍卖没有成交。竞买人纪某则认为，拍卖师在三声重复后落槌，应当按照《拍卖法》的规定认定为拍卖成交。而拍卖师则辩解说，落槌只是自己的习惯性动作，按照《拍卖法》的要求，"拍卖标的有保留价的，竞买人的最高应价未达到保留价时，该应价不发生效力"，本次拍卖的最高应价未达保留价，因此，拍卖未成交。竞买人纪某不服，向法院提起诉讼，要求确认此次拍卖有效。

法律问题

1. 拍卖师甲的行为是否合法？最终成交结果是否有效？
2. 拍卖师乙主持的拍卖是否成交？为什么？

法理分析

本案例涉及拍卖师的主持行为与拍卖成交的关系问题，同时也涉及如何正确理解拍卖师的"拍卖主持权"的问题。

《拍卖法》第14条规定，"拍卖活动应当由拍卖师主持"。"落槌"对竞买人的应价进行确认，这应当属于拍卖师拍卖主持权的内容。对于拍卖师应该如何行使这一权利，《拍卖法》和《拍卖管理办法》都没有规定。中国拍卖行业协会也没有出台过规范拍卖师"落槌"行为的行业性规范。由于拍卖师"落槌"行为既不规范也不统一，而拍卖师的"落槌"行为又与拍卖成交紧密关联，因此，在拍卖实践中，经常发生因拍卖师"落槌"不规范而引发的纠纷和诉讼。本案例中，甲拍卖师和乙拍卖师的行为就是比较典型的两种情况。

拍卖槌的使用起源于何时，无人考究，但是鉴于拍卖这种交易方式在我国是个"舶来品"，用"落槌"来宣布拍卖成交的惯例可能也是来源于国外。晚清文人葛元煦在《沪游杂记》中曾对当时上海的拍卖活动有过生动的描述："丙子春间，华人亦仿外国拍卖物件。先期悬牌定于何日几点钟，是日先悬外国旗，届时一人摇铃号召，拍卖者高立柜上，手持物件令看客出价，彼此增价竞买，直至无人再加，拍卖者以小木槌拍桌一声为定，卖予加价最后之客。一经拍定，不能反悔。"可见，在晚清拍卖传入中国时，使用"拍卖槌"来进行拍卖已经成为惯例了。目前，我国还没有关于"拍卖槌"的使用方式和程序的法律规定或行业规范。《拍卖法》只在第51条提及到拍卖"槌"，即"竞买人的最高应价经拍卖师落槌或者以其他公开表示买定的方式确认后，拍卖成交”。结合拍卖法的这一规定和拍卖实践，我们可以这样认为：“拍卖槌”是拍卖师用来对竞买人的最高应价进行确认的“传统工具”。在拍卖开始后，除了对竞买人的最高应价进行确认时可以“落槌”外，一般不宜再随便“落槌”，以免引起误解。

《拍卖法》第 51 条规定，“竞买人的最高应价经拍卖师落槌或者以其他公开表示买定的方式确认后，拍卖成交”。拍卖实践中经常会发生像本案例中拍卖师甲的那种情况，即在落槌的同时，又有竞买人举牌应价。这种情况是否可以宣布继续竞价呢？我们认为若无确凿证据证明竞买人的再次举牌应价行为发生在拍卖师落槌之前，落槌是有效的拍卖成交，拍卖师不应再宣布继续竞价。

像本案例中拍卖师乙的行为，应当属于不规范的行为。《拍卖法》第 50 条规定，“拍卖标的无保留价的，拍卖师应当在拍卖前予以说明。拍卖标的有保留价的，竞买人的最高应价未达到保留价时，该应价不发生效力，拍卖师应当停止拍卖标的的拍卖”。至于在竞买人的最高应价未达到保留价时，拍卖师应当以何种方式来宣布停止拍卖标的的拍卖，法律没有规定。但是使用“落槌”的方式来宣布是不恰当的。因为拍卖师在竞买人应价后“落槌”的行为有特定的含义，即“拍卖成交”。也许有人会说，按照拍卖惯例，如果是表示成交的“落槌”，拍卖师在落槌的同时会口头宣布“成交”。拍卖师在竞买人的最高应价未达到保留价时落槌，但是并没有同时口头宣布“成交”，因此，应当理解为是拍卖不成交。我们认为这种观点是错误的。因为《拍卖法》规定的“拍卖成交”的条件之一就是拍卖师以落槌的方式进行确认，并没有要求拍卖师同时口头宣布拍卖成交，所以是否同时口头予以确认，不是拍卖成交的必要条件。

对拍卖师乙的落槌行为应当认定为“拍卖成交”，还有一个理由是，拍卖标的的保留价一般是保密的，保密主要是指对竞买人而言是保密的，拍卖师是知情的。如果落槌后，拍卖师可以“未达保留价”为借口宣布拍卖无效，有可能出现拍卖人与委托人共同滥用“保留价”的现象，这对买受人是不公平的。当然，认定拍卖师乙的落槌行为代表“拍卖成交”仅是就本案例而言的，拍卖实践中的情况比较复杂，应当具体情况具体分析。比如在保留价并不保密的情况下，就不宜认定为拍卖成交，因为竞买人明知自己的应价未达保留价。再比如，落槌后在拍卖现场由工商管理部门的监拍人员或拍卖公证人员宣布密封的保留价，竞买人的应价确实未达保留价的，也不宜认定为拍卖成交。无论如何，避免纠纷的最好办法还是拍卖师规范做作，以免授人以柄。

案例 2

拍卖公司接受百货公司的委托拍卖一批仓库积压的存货，委托人确定的保留价为 8700 元，并要求拍卖公司保密。拍卖师宣布起拍价为 5000 元，加价幅度为 100 元，但未宣布本次拍卖有保留价。在竞价过程中，当竞买人甲应价 7800 元后，竞买人乙应价 7900 元，由于拍卖师将保留价误记为 7800 元，在三声报价后仍无人再加价的情况下，落槌宣布成交。事后，拍卖公司以乙的应价未达到保留价为由，拒绝签署拍卖成交确认书。

法律问题

1. 拍卖师没有宣布本次拍卖为有保留价拍卖，其行为是否合法？
2. 竞买人的应价未达到保留价时，拍卖师应当如何处理？
3. 拍卖公司拒绝与乙签署拍卖成交确认书，本次拍卖是否成交？
4. 假设本次拍卖的保留价是公开的，你认为本次拍卖是否有效？

法理分析

拍卖师没有宣布本次拍卖为有保留价拍卖，其行为是合法的。《拍卖法》第50条规定，“拍卖标的无保留价的，拍卖师应当在拍卖前予以说明。本次拍卖属于有保留价拍卖，拍卖师不需要在拍卖前予以说明”。

竞买人的应价未达到保留价时，拍卖师应当停止拍卖标的的拍卖。《拍卖法》第54条规定，“拍卖标的有保留价的，竞买人的最高应价未达到保留价时，该应价不发生效力，拍卖师应当停止拍卖标的的拍卖。”

拍卖公司拒绝与乙签署拍卖成交确认书，本次拍卖已经成交。《拍卖法》第51条规定，“竞买人的最高应价经拍卖师落槌或者以其他公开表示买定的方式确认后，拍卖成交。”本次拍卖已经拍卖师落槌宣布成交。拍卖公司拒绝与乙签署拍卖成交确认书并不影响拍卖成交的事实。

假设本次拍卖的保留价是公开的，则本次拍卖结果应当是无效的。如果保留价是公开的，竞买人乙与其他竞买人都知道保留价。在这种情况下，竞买人的应价不发生效力，拍卖师确认成交的行为是错误的。

三、补充思考案例

拍卖公司接受公民甲的委托，拍卖一套家具。加价幅度是500元，当竞价到6500元时，7号竞买人乙和9号竞买人丙同时举牌应价，拍卖师确认9号竞买人丙的应价有效。拍卖师间续三声报价无人再加价后，落槌宣布成交。拍卖师落槌后，16号竞买人丁立即举牌应价7000元，拍卖师表示拍卖已经成交，竞买人丁的应价无效。

拍卖师的主持行为引起了大家的争议。委托人甲认为：“拍卖人是委托人的代理人，应当最大限度地维护委托人的利益，竞买人丁的应价比乙和丙的应价高，拍卖师应当确认有效”；竞买人乙认为：“我的应价与竞买人丙的应价相同，拍卖师只确认丙的应价而不确认我的应价，违反了公平拍卖原则，本次拍卖结果应当无效”；竞买人丙认为：“拍卖法规定拍卖活动由拍卖师主持，在同一价位出现多个竞买人应价时，拍卖师有权选择确认其中一个竞买人的报价，拍卖师的主持是合法的，本次拍卖结果是有效的”；竞买人丁认为：“价高者得规则是拍卖应当遵守的基本规则，在本次拍卖中，我的应价是现场最高的，拍卖师对我的应价不予确认的行为违反了价高者得规则，拍卖结果应该是无效的”。

请对甲、乙、丙、丁四人的观点进行分析评述，并说明理由。

第三节　执业纪律[①]

一、法律原理概要

（一）拍卖师职业素养

拍卖师职业素养至少应当包括职业语言、职业思维、职业知识、职业技术、职业道德和职业信仰六个方面。其中前四个方面构成拍卖师职业的技能，即我们通常所说的“才”，后两个方面构成拍卖师职业的伦理，即我们通常所谓的“德”。

任何职业均拥有自己的职业话语体系，拍卖师的职业语言是一种特殊的语言，其中的术语由两部分组成，一是来自法律法规规定的术语；二是来自拍卖行业习惯中的术语。

思维是职业技能中的决定性因素，拍卖师虽然在从事“买卖”活动，但是他应当具有不同于买家和卖家的专业思维。

拍卖职业知识主要由两部分构成，一部分为拍卖活动所共有的知识，比如关于拍卖程序的知识；另一部分是来自社会各个方面的与某类或某个拍卖活动有关的综合知识，比如艺术品拍卖师应当掌握一定程度的艺术品的知识，地方拍卖师可能需要掌握一些有用的地方方言知识等等。

拍卖职业的技术是一种专门化的技术，范围非常广泛，不仅限于拍卖会的主持技术，独特娴熟的拍卖技术是形成拍卖师个人拍卖风格的基础。

拍卖师职业有别于其他社会职业，要求从业人员应当具备良好的道德品质，这些品德方面的要求统称为职业伦理。通过职业伦理来抑制职业技能中显示出来的非道德性成分，使之控制在最低程度；另外，通过职业伦理还能够保障其职业技术理性中的道义性得以彰显。

比职业道德更高的境界是职业信仰。在拍卖师职业形成过程中也形成了一种职业信仰，它成为拍卖师职业共同体的精神追求。

（二）拍卖师的行为规范

根据中国拍卖行业协会《关于加强拍卖师监督管理的规定》，拍卖师应遵守的主要行为规范包括：拍卖师必须依法执业，规范运作。拍卖师主持拍卖会必须当场同时出示中华人民共和国拍卖师执业资格证书和拍卖师执业注册记录。拍卖师不得利用执业之便接受拍卖活动当事人不正当的钱物或谋取其他不正当利益，也不得向他人行贿。拍卖师不得与拍卖活动当事人恶意串通，操纵价格，损害其他当事人的利益。暂停执业资格的拍卖师，暂停期间不得主持拍卖会；未按时年检注册或未通过年检注册的，不得主持拍卖会；被开除公职或因故意

---

① 严格意义上讲，拍卖师执业纪律并不属于法律的范畴，本质上应属于行业自律的内容。

犯罪受刑事处罚的拍卖师，不得主持拍卖会。拍卖师不得以个人名义为非本人注册的拍卖企业主持拍卖会。拍卖师代表所注册执业的拍卖企业为其他拍卖企业主持拍卖活动的，双方企业在拍卖活动开始前必须签订协议或合同。拍卖师应邀为公民、法人或者其他组织主持拍卖活动时，应由拍卖师所注册执业的拍卖企业与该公民、法人或者其他组织签订协议或合同，联合举行拍卖活动。拍卖师不得将中华人民共和国拍卖师执业资格证书借予他人或其他单位，用于注册新的拍卖企业或主持拍卖会。

（三）拍卖师的纪律处分

根据中国拍卖行业协会《关于加强拍卖师监督管理的规定》，对违纪拍卖师的纪律处分主要包括：暂停执业资格 6 个月、暂停执业资格一年和吊销执业资格。暂停执业资格 6 个月的情形包括：未在本人注册的拍卖企业专职执业的；未按规定接受继续教育、完成规定学时的；变更注册单位未按程序办理相关手续的。暂停执业资格一年的情形包括：逾期不提交年检材料的；持未经年检或未通过年检证书主持拍卖会的；以个人名义为非本人注册执业的拍卖企业主持拍卖会的。吊销执业资格的情形包括：连续两年未参加或未通过年检注册的；违规执业给当事人造成严重损害的；利用执业之便接受拍卖活动当事人不正当钱物或谋取其他不正当利益、向他人行贿的；与拍卖活动当事人恶意串通、操纵价格，损害其他当事人利益的；在暂停执业期间主持拍卖会的；被开除公职或因故意犯罪受刑事处罚的。

二、典型案例剖析

案例 1

甲和乙是双胞胎，长相酷似。甲是大河拍卖公司唯一的国家注册拍卖师，乙是该公司的拍卖从业人员，计划明年参加拍卖师资格考试。甲因故要出国半年，在甲出国前，大河拍卖公司与甲协商，由乙使用甲的拍卖师执业资格证书，冒充甲主持拍卖活动，甲表示同意。在甲出国期间，乙冒充甲代表大河拍卖公司在外地主持了三场拍卖会。

法律问题

1. 大河拍卖公司的行为属于何种性质？拍卖师甲的行为属于何种性质？
2. 大河拍卖公司的行为可能受到工商行政管理部门的何种处罚？
3. 大河拍卖公司的行为可能受到哪一级商务主管部门的何种处罚？
4. 商务主管部门对拍卖师甲的行为应当采取何种处理措施？
5. 拍卖师甲的行为可能受到哪一部门的何种处分？为什么？

法理分析

大河拍卖公司的行为属于“雇佣其他人员充任拍卖师主持拍卖活动”；或“雇佣非拍卖师主持拍卖活动”。拍卖师甲的行为属于“将《中华人民共和国拍卖师执业资格证书》借予他人使用”；或“将《中华人民共和国拍卖师执业资格证书》借予他人主持拍卖会”。

根据《拍卖监督管理暂行办法》第17条规定，工商行政管理机关可能对大河拍卖公司“视情节轻重予以警告，处以非法所得额3倍以下的罚款，但最高不超过3万元，没有非法所得的，处以1万元以下的罚款”。

根据《拍卖管理办法》第50条的规定，应当由省级商务主管部门对大河拍卖公司视情节轻重给予警告，并处非法所得额一倍以上的罚款，但最高不超过3万元；没有非法所得的，处1万元以下的罚款。

根据《拍卖管理办法》第47条的规定，对于拍卖师甲的行为，省级商务主管部门可将其违法事实及处理建议通告中国拍卖行业协会。

《关于加强拍卖师监督管理的若干规定》（暂行）第24条的规定，中国拍卖行业协会可以视情节轻重，对拍卖师甲给予暂停执业1年或吊销中华人民共和国拍卖师执业资格证书的处分。

案例2

某拍卖公司有赵某、钱某、孙某三名拍卖师。由于公司业务繁忙，拍卖公司安排暂停执业的赵某到本公司在外地注册的一家分公司主持了两场拍卖会，获得了5万余元的拍卖佣金。在拍卖公司组织的另一场拍卖会上，拍卖师钱某以个人名义作为竞买人参加了拍卖会，为自己竞得了一套房产。在拍卖师孙某主持的一场拍卖会上，竞买人李某在拍卖会前私下给了孙某个人500元好处费，希望孙某能帮助他竞得他喜欢的一件艺术品。孙某虽然口头上答应帮忙，但且未采取任何实质行动，因此竞买人李某未能成功竞买。

法律问题

1. 拍卖公司可能承担何种行政责任？

2. 赵某的行为应受到何种处分？

3. 拍卖师钱某的行为是否合法？钱某的行为可能导致拍卖公司承担的最严厉的法律责任是什么？

4. 如何认定拍卖师孙某的行为性质？孙某可能受到何种处分？

法理分析

拍卖公司安排赵某主持拍卖会的行为属于“雇佣未依法注册的拍卖师主持拍卖活动”的违法行为。应当由省级商务主管部门视情节轻重予以警告，并处以非法所得一倍以上的罚款，但最高不超过3万元。

赵某在暂停执业期间主持拍卖会，应当受吊销中华人民共和国拍卖师执业资格证书的处分。

钱某的行为不合法，其行为违反了《拍卖法》关于“拍卖企业工作人员不得以竞买人的身份参与本企业组织的拍卖活动”的规定。其行为可能导致的拍卖公司承担的最严厉的法律责任是“吊销营业执照”。

孙某的行为属于“利用执业之便接受拍卖活动当事人不正当的钱物”；孙某可能收到的处分是“吊销其中华人民共和国拍卖师执业资格证书”。

三、补充思考案例

四海拍卖公司接受委托拍卖一套商品房，拍卖会定于2012年5月6日举行。四海拍卖公司与聚源拍卖公司签订了协议，由聚源拍卖公司指派其注册拍卖师田某主持本次拍卖会。后田某因故无法主持，便将自己的拍卖师执业资格证书交给四海拍卖公司工作人员陶某，由陶某以田某的名义主持拍卖会，四海拍卖公司和聚源拍卖公司均表示同意。陶某原为四海拍卖公司的注册拍卖师，因违规被吊销了拍卖师执业资格证书，他一直想重新报考拍卖师资格。拍卖师田某非常看好被拍卖的房产，因自己无法报名竞买，便私下安排其亲戚马某报名帮他竞买，并将保留价告诉了马某。陶某持田某的拍卖师执业资格证书主持了拍卖会，竞买人马某参加了拍卖，但因竞买人较多，竞价激烈，马某没有竞买成功。拍卖结束后，经举报，工商行政管理部门查实了上述事实。

1. 拍卖师田某的哪些行为违法或违规？可能受到何种处罚或处分？
2. 如何认定四海拍卖公司安排陶某主持拍卖会的行为？
3. 聚源拍卖公司是否构成恶意串通？为什么？
4. 请分析竞买人马某参加竞买行为的违法性及法律责任？
5. 如果陶某想报考拍卖师，应具备何种条件？

第六章
司法拍卖

第一节 依据与原则

一、法律原理概要

（一）司法强制拍卖的含义

以决定拍卖的意志是否具有国家强制性为标准，可将拍卖分为任意拍卖和强制拍卖。据委托拍卖主体的不同，强制拍卖又可以分为行政强制拍卖和司法强制拍卖。司法强制拍卖通常指由人民法院决定和委托实施的拍卖活动。广义的司法强制拍卖泛指法院在司法活动中决定实施的拍卖活动，包括民事诉讼强制执行中对被执行人财产的拍卖和法院委托的对法院依法没收的物品、冲抵罚金或罚款的物品的拍卖。狭义上的司法强制拍卖专指人民法院在民事诉讼强制执行程序中，对依法查封、扣押、冻结的被执行财产予以拍卖变现的活动。如无特别说明，司法强制拍卖通常指狭义上的司法强制拍卖。与任意拍卖相比，司法强制拍卖具有拍卖决定的强制性、拍卖标的特殊性、拍卖目的的利他性、权利义务的非对等性等特点。

（二）司法强制拍卖的标的

司法强制拍卖的标的，是指被人民法院在民事执行中查封、扣押、冻结并进行拍卖的被执行人的财产及财产权利，但也有两种法定的例外情形：一种情况是，被执行人不能清偿债务，但对本案以外的第三人享有到期债权的，人民法院可以依法向第三人发出履行到期债务的通知，第三人在指定期限内没有提出异议而又不履行的，人民法院有权裁定强制执行，对其财产进行拍卖。另一种情况是，保证人以其财产为被执行人提供担保的，如果被执行人无财产可供执行或其财产不足清偿债务时，人民法院有权裁定执行其在担保责任范围内的财产。对这部分财产进行拍卖，清偿债务。司法强制拍卖标的须为人民法院采取了控制性措施的财产和财产权利，对被执行的财产采取查封、扣押、冻结等强制性措施是实行强制拍卖的前提。未经采取强制性措施的被执行人的财产和财产权利，人民法院不得强制拍卖。法律规定应当进行执行豁免的被执行人的财产不能成为强制拍卖标的。我国民事诉讼法规定，查封、扣押、冻结、拍卖、变卖被执行人的财产时，“应当保留被执行人及其所扶养家属的生活必需品”，对这部分生活必需品不能强制拍卖。对被执行人所有的禁止流通物，人民法院可以查封、扣押或冻结，但不得进行公开拍卖，应交由法律规定的有关单位按照国家规定的价格收购。

（三）司法强制拍卖的法律依据

最新修订的《中华人民共和国民事诉讼法》第247条规定，“财产被查封、扣押后，执行员应当责令被执行人在指定期间履行法律文书确定的义务。被执行人逾期不履行的，人民法院应当拍卖被查封、扣押的财产；不适于拍卖或者当事人双方同意不进行拍卖的，人民法院可以委托有关单位变卖或者自行变卖。国家禁止自由买卖的物品，交有关单位按照国家规定的价格收购。”

2001年8月28日，最高人民法院审判委员会通过了《关于冻结、拍卖上市公司国有股和社会法人股若干问题的规定》。该司法解释对人民法院在财产保全和执行过程中，冻结、拍卖上市公司国有股和社会法人股等有关问题作出了明确的规定。

2004年10月26日经最高人民法院审判委员会讨论通过，《关于人民法院民事执行中拍卖、变卖财产的规定》即法释［2004］16号。这一司法解释于2005年1月1日起施行，在较长的一段时期成为了关于司法强制拍卖工作的最为系统和详细的规定，并成为了拍卖机构接受人民法院委托开展司法强制拍卖工作的最主要的法律依据。

最高人民法院于2009年11月12日公布了最高人民法院《关于人民法院委托评估、拍卖和变卖工作的若干规定》，即法释［2009］16号，并从2009年11月20日正式施行。该司法解释明确规定由人民法院司法技术管理部门统一行使委托拍卖工作的管理职能。

（四）司法强制拍卖的原则

司法强制拍卖主要应当坚持的原则有：

1. 先行评估原则。对拟拍卖的财产，人民法院应当委托具有相应资质的评估机构进行评估。对于财产价值较低或者价格依照通常方法容易确定的，以及当事人双方及其他执行债权人申请不进行评估的，可以不进行评估。

2. 保留价拍卖原则。法院在强制拍卖被执行财产时，为保障执行当事人的基本财产权利，必须对拍卖标的设定保留价，拍卖机构不得以低于保留价的价格拍卖成交。

3. 法院主导原则。法院主导拍卖程序原则是指执行法院的强制执行权的行使贯穿于整个强制拍卖过程，包括拍卖程序的启动、进行、中止、终结均由法院决定。

4. 处置权限制原则。法院处置权限定原则，是指在强制拍卖中，法院虽然对拍卖标的依法享有一定的处置权，但为了充分保障执行当事人的合法权益，对法院的处置权应当予以严格限定，以防因法院滥用权力而损害申请执行人和被执行人以及案外人的利益。

5. 竞买保证原则。竞买保证原则，是指在司法强制拍卖中，意向竞买人在拍卖前必须向人民法院先行交纳一定保证金才能取得参与竞买的主体资格。竞买保证金不得低于评估价或市价的5%，具体数额由执行法院要根据拍卖财产价值的大小、竞买人以及案件执行等情况合理确定。

二、典型案例剖析

案例 1

原告李某称，他参加了一场法院委托的拍卖会，竞得瑞士产名牌手表一只，当天支付了全部价款。拍卖清单上说是旧表，但后来经鉴定，是只假表。因此起诉，请求法院认定拍卖无效，判令拍卖行退还已经交付的货款。被告拍卖行则辩称，拍卖行在竞拍须知上写得很清楚，要求竞买人在拍卖前仔细查看拍卖标的，确认之后再决定是否竞买。原告在竞买之前没有看清楚手表的真假，那是他自己的责任。另外，本次拍卖是受法院委托开展的司法强制执行拍卖，不受《拍卖法》的约束，拍卖行对法院委托拍卖的拍卖品不承担瑕疵担保责任。

法律问题

1. 人民法院委托的民事强制执行拍卖是否需要遵守《拍卖法》?
2. 本次拍卖中，拍卖人是否应当对拍品承担瑕疵担保责任?

法理分析

本案例涉及《拍卖法》的调整对象和适用范围。《拍卖法》第 1 条规定了该法的立法宗旨。即为了规范拍卖行为，维护拍卖秩序，保护拍卖活动各方当事人的合法权益，制定本法。《拍卖法》第 3 条对拍卖的含义进行了明确的界定，即“拍卖是指以公开竞价的形式，将特定物品或者财产权利转让给最高应价者的买卖方式。”从《拍卖法》的立法宗旨来看，《拍卖法》应当是规范所有拍卖行为的法。但是《拍卖法》第 2 条又明确规定了该法的适用范围，即“本法适用于中华人民共和国境内拍卖企业进行的拍卖活动。”这些表面上看似矛盾的规定经常引起争议。尤其是一些非依法设立的“拍卖主体”，往往以《拍卖法》第 2 条的规定作为其“拍卖”活动不受拍卖法规范的理由。《拍卖法》是一个时代的产物，产生于我国经济体制由计划经济向市场经济过度的历史时期，不可避免地带有其产生时代的痕迹。在将发展和完善社会主义市场经济作为其主要立法目的的同时，也很自然地将约束和管理拍卖企业放在了一个重要的位置。逐步完善《拍卖法》将是大势所趋，但是在《拍卖法》修改和完善之前，《拍卖法》仍将是重点规范拍卖企业拍卖行为的民事特别法。

在我国，根据委托人性质的不同，可以将拍卖分为任意拍卖与强制拍卖。其中司法强制拍卖是法律规定的一项重要执行措施，指在民事执行程序中，法院为了实现申请执行人的债权，根据法律规定强制拍卖被查封、扣押、冻结的被执行财产以获得拍卖价款的行为。《拍卖法》适用于中华人民共和国境内拍卖企业进行的拍卖活动。拍卖企业接受人民法院的委托所从事的强制拍卖活动也属于《拍卖法》规范的范围，应当严格按照《拍卖法》的要求进行。向竞买人如实披露拍卖人知道和应当知道拍卖标的的瑕疵是拍卖人的一项重要的法定义务，既是在强制拍卖中也不例外。那种认为强制拍卖中拍卖人无须承担《拍卖法》规定义务的观点是错误的。

需要注意的是，虽然《拍卖法》规定该法适用于中华人民共和国境内拍卖企业进行的拍卖活动。但是由于拍卖法律关系包括多方当事人，除了拍卖人外，还有委托人、竞买人和买受人。事实上，所有当事人在拍卖过程中的行为都是《拍卖法》调整的对象。将《拍卖法》片面地理解为只是规范拍卖人行为的法的观念是不正确的。比如《拍卖法》第67条就规定，“外国人、外国企业和组织在中华人民共和国境内委托拍卖或者参加竞买的，适用本法。”

根据法律、法规的规定，其他拍卖主体的拍卖行为也可以参照拍卖法的规定执行。比如依据《中华人民共和国海事诉讼特别程序法》开展扣押船舶拍卖时，就需要参考适用《拍卖法》的有关规定。因此，《拍卖法》的适用范围可能由于其他法律法规的特别规定而超出我国境内“拍卖企业进行的拍卖活动”。

此外，对于其他非拍卖主体的“拍卖”活动，《拍卖法》及其相关法规、规章也并非完全不具有法律效力。《拍卖法》第60条规定，“违反本法第11条的规定，未经许可登记设立拍卖企业的，由工商行政管理部门予以取缔，没收违法所得，并可以处违法所得一倍以上五倍以下的罚款。”商务部制定的《拍卖管理办法》第46条规定，“未经许可从事经营性拍卖活动的企业，应依照国家有关规定予以取缔。”这些规定说明：未经许可登记设立“拍卖企业”不具备拍卖企业资格；任何不具备拍卖企业资格的企业无权从事经营性拍卖活动。否则将不发生拍卖的效力，并将受到法律制裁。

案例2

赵某是个生意人，2006年购买了一套148平方米的商品房。这是全家四口人赵某、妻子、儿子以及年迈的老母亲唯一的一套住房。2007年赵某以该房做抵押，向当地工商银行贷款120万元，用于做生意，期限为2年。后来生意亏了本，欠了某公司39万元货款。2008年1月，该公司向法院起诉赵某还钱，胜诉后申请强制执行，执行法院于4月查封了赵某的房子。5月执行法院在未通知赵某的情况下，指定一家评估机构对查封的房子进行了评估，评估值为118万元，随后又指定了一家拍案公司进行拍卖，并将保留价确定为115万元。赵某认为评估价和保留价比银行贷款还低，要求法院停止拍卖他的房子，但是申请执行人坚决要求拍卖，于是执行法院决定继续拍卖，并书面通知工商银行于拍卖日到场参加。5月28日，拍卖公司举行了拍卖会，执行法院向每位竞买人收取了8万元保证金。在工商银行缺席的情况下，赵某的房子以136万元拍卖给了张某，超过了保留价18万元。6月15日法院从张某的成交价款中扣除了123万用于偿还工商银行的贷款和利息，其余13万元给了被执行人，但是法院认为赵某还应继续偿还被执行人剩余的26万元。6月29日执行法院将房子裁定给了买受人张某，为张某办理了产权过户手续，并限赵某在一个月内主动腾空房屋。期满后，由于赵某没有主动腾空房屋，执行法院便裁定进行强制执行，强制赵某全家迁出。

赵某以无钱租房为由，认为根本无法自行解决居住问题，将全家分别暂时寄住在亲戚家里。并向上级法院反映情况，提出了几个问题：第一，赵某认为他对房子依法享有所有权，法院未经其同意拍卖是违法的。第二，赵某认为房子已经抵押给了银行，在拍卖房子时，抵押贷款期限还不到期，法院在这种情况下无权拍卖。即使拍卖，拍卖款也应当先用来偿还赵某对被执行人的欠款，而不是先偿还银行的贷款。再说了，拍卖时工商银行也没有派人参加拍卖会，说明银行已放弃了权利。第三，被拍卖的房子是全家唯一的住房，对于被执行人唯一的住房，法院无权拍卖。

法律问题

1. 分析赵某的三个观点是否成立。
2. 分析此次司法强制拍卖中有无违法之处。

法理分析

赵某的第一个观点是不正确的。在民事强制执行中，法院有权不经被执行人的同意拍卖查封的财产。因为在这种情况下，赵某虽然拥有房子的所有权，但已丧失了对房子的处分权，处分权由执行法院行使。

赵某的第二个观点也不正确。根据《最高人民法院关于人民法院民事执行中拍卖、变卖财产的规定》第 31 条，“拍卖财产上原有的担保物权及其他优先受偿权，因拍卖而消灭。拍卖所得价款，应当先清偿担保物权人及其他优先受偿人的债权”。根据《最高人民法院关于人民法院民事执行中拍卖、变卖财产的规定》第 14 条的规定，“优先购买权人经通知未到场的，视为放弃优先购买权”。工商银行没有参加拍卖会，并未丧失其债权。因此，在房产抵押不到期的情况下，并将拍卖所得优先偿还银行的贷款是正确的。

法律在对已经依法设定抵押的被执行人及其所抚养家属居住的房屋进行拍卖时，有明确的妥善安排的规定。根据《最高人民法院关于人民法院执行设定抵押的房屋的规定》第 2 条规定：“人民法院对已经依法设定抵押的被执行人及其所抚养家属居住的房屋，在裁定拍卖、变卖或者抵债后，应当给予被执行人六个月的宽限期”，“在此期限内，人民法院不得强制被执行人及其所抚养的家属迁出该房屋”。根据《最高人民法院关于人民法院执行设定抵押的房屋的规定》第 3 条规定，“强制迁出时，被执行人无法自行解决居住问题的，经人民法院审查属实，可以由申请执行人为被执行人及其所抚养的家属提供临时住房”。

本案中，不合法的执行程序主要表现在：法院直接指定评估机构的做法不合法。根据《最高人民法院关于人民法院民事执行中拍卖、变卖财产的规定》第 5 条，应当先由当事人协商确定评估机构，协商不成的，才能由法院指定。法院直接指定拍卖机构的做法不合法。根据《最高人民法院关于人民法院民事执行中拍卖、变卖财产的规定》第 7 条，应当先由当事人协商确定评估机构，协商不成的，才能由法院指定。法院没有重新确定保留价的行为不合法。根据《最高人民法院关于人民法院民事执行中拍卖、变卖财产的规定》第 9 条，保留价确定后，依据本次保留价计算，拍卖所得价款在清偿优先债权和强制执行费用后无剩余可能的，应当在实施拍卖前将有关情况通知申请执行人。申请执行人于收到通知后 5 日内申请继续拍卖的，人民法院应当准许，但应当重新确定保留价；重新确定的保留价应当大于该优先债权及强制执行费用的总额。法院只给了被执行人 1 个月宽限期，期满后强制其迁出的做法是错误的。根据《最高人民法院关于人民法院执行设定抵押的房屋的规定》第2条规定："人民法院对已经依法设定抵押的被执行人及其所抚养家属居住的房屋，在裁定拍卖、变卖或者抵债后，应当给予被执行人六个月的宽限期"，"在此期限内，人民法院不得强制被执行人及其所抚养的家属迁出该房屋"。法院在强制被执行人迁出后，没有对其采取适当的安置措施，也是不合法的。根据《最高人民法院关于人民法院执行设定抵押的房屋的规定》第3条规定，"强制迁出时，被执行人无法自行解决居住问题的，经人民法院审查属实，可以由申请执行人为被执行人及其所抚养的家属提供临时住房"。

三、补充思考案例

某拍卖公司接受人民法院的委托，拍卖查封的被执行人王某的一处房产。拍卖公司严格按照程序办理了委托、评估、公告、展示、拍卖等事宜。在现场展示环节，所有的竞买人都对拍卖房产进行了现场参观，拍卖公司还邀请了该房产的承租人亲自介绍房屋的状况，因此，拍卖进行得很顺利。但是拍卖会结束后，该房产的买受人李某却以拍卖公司不是当地政府指定的，不具备承接此次拍卖的资格，拍卖无效为由，拒不付款。

李某提出的理由是否成立？为什么？

第二节 拍卖流程

一、法律原理概要

根据《拍卖法》和现有关于司法强制拍卖的法律、司法解释的规定，可以将司法强制拍卖的程序概括如下：

（一）评估拟拍卖的财产

2009年11月最高人民法院《关于人民法院委托评估、拍卖和变卖工作的若干规定》中，取消了当事人协商的方式，明确规定评估机构的选择一律采用由人民法院在委托评估机构名册内公开随机的方式选定。当事人或者其他利害关系人如果认为评估报告有问题的，对评估结果不服的，可以向法院提出异议。在有证据证明评估机构、评估人员不具备相应的评估资质或者评估程序严重违法的情况下，还可以申请重新评估。

（二）确定拍卖机构

2004年最高人民法院《关于人民法院民事执行中拍卖、变卖财产的规定》规定拍卖机构首先由当事人协商一致后经人民法院审查确定。2009年11月最高人民法院《关于人民法院委托评估、拍卖和变卖工作的若干规定》取消了当事人协商确定拍卖机构的方式，而统一采用由人民法院在委托拍卖机构名册内公开随机选定的方式。人民法院选择拍卖机构，应当通知审判、执行人员到场，视情况可邀请社会有关人员到场监督，还应当提前通知各方当事人到场，当事人不到场的，人民法院可将选择机构的情况，以书面形式送达当事人。拍卖机构选定后，人民法院应当向选定的机构出具委托书，委托书中应当载明本次委托的要求和工作完成的期限等事项。

（三）确定拍卖保留价

2004 年最高人民法院《关于人民法院民事执行中拍卖、变卖财产的规定》明确司法强制拍卖必须确定保留价，并规定保留价由人民法院参照评估价确定。未作评估的，参照市价确定，并征询有关当事人的意见。人民法院确定的保留价，第一次拍卖时，不得低于评估价或者市价的 80%；如果出现流拍，再行拍卖时，可以酌情降低保留价，但每次降低的幅度不得超过前次保留价的 20%。

2009 年 11 月最高人民法院出台的《关于人民法院委托评估、拍卖和变卖工作的若干规定》中对保留价的规定进行了修改，凡拍卖财产经过评估的，要求第一次拍卖时一律按评估价作为保留价，未作评估的，保留价参照市价确定。保留价确定后，依据本次拍卖保留价计算，拍卖所得价款在清偿优先债权和强制执行费用后无剩余可能的，应当在实施拍卖前将有关情况通知申请执行人。申请执行人于收到通知后 5 日内申请继续拍卖的，人民法院应当准许，但应当重新确定保留价；重新确定的保留价应当大于该优先债权及强制执行费用的总额。

（四）发布公告与展示标的

在司法强制拍卖中，拍卖动产的，应当在拍卖日 7 日前公告；拍卖不动产或者其他财产权的，应当在拍卖日 15 日前公告。拍卖公告的范围及媒体选择由当事人双方协商确定；协商不成的，由人民法院确定。拍卖财产具有专业属性的，应当同时在专业性报纸上进行公告。当事人申请在其他新闻媒体上公告或者要求扩大公告范围的，人民法院应当准许，但该部分的公告费用由其自行承担。最高人民法院的司法解释中对拍卖标的的展示问题没有作出明确规定，但是根据拍卖法的规定，在拍卖前展示拍卖标的是拍卖人的法定义务，而且拍卖标的的展示时间不得少于两日。在委托拍卖机构拍卖时，执行人员应当对拍卖财产的权属状况、占有使用情况等进行必要的调查，制作拍卖财产现状的调查笔录或者收集其他相关资料。在标的展示期间或拍卖前，人民法院或者拍卖机构应当如实、全面地向意向竞买人、竞买人说明拍卖标的的现状。

（五）收取竞买保证金

2004 年最高人民法院《关于人民法院民事执行中拍卖、变卖财产的规定》对保证金的交纳问题做了专门的规定。在拍卖不动产、其他财产权或者价值较高的动产时，要求竞买人在拍卖前应当向人民法院交纳保证金。但是也有例外：一是拍卖价值较低的动产，竞买人可不预交保证金；二是拍卖任何财产，申请执行人参加竞买均可不预交保证金。应当预交保证金而未交纳的，不得参加竞买。拍卖成交后，买受人预交的保证金充抵价款。

（六）组织和实施拍卖会

人民法院应当在拍卖日5日前以书面或者其他能够确认收悉的适当方式，通知当事人和已知的担保物权人、优先购买权人或者其他优先权人于拍卖日到场。举行拍卖会时，人民法院可以派员到场监拍，并将拍卖情况记入笔录。在拍卖财产有多项时，如果其中部分财产卖得的价款足以清偿债务和支付被执行人应当负担的费用，对剩余部分的财产应当停止拍卖。但如果被执行人同意全部拍卖的，人民法院也可以对已经查封、扣押、冻结的财产全部进行拍卖。拟拍卖的多项财产在使用上具有不可分离的关系，分开拍卖将严重影响各项财产的有效利用的，或者分开拍卖将造成拍卖价款总额显著降低的，人民法院应当合并拍卖。

（七）交付价款与移交标的

对拍卖成交的，人民法院应依法进行审查，如果发现拍卖机构与竞买人或者竞买人之间恶意串通，并给他人造成损害的，应当依法裁定拍卖无效；若审查未发现上述无效情形，则应裁定确认拍卖成交。拍卖成交后，买受人应当在拍卖公告确定的期限或者法院指定的期限内交付价款；逾期未交付的，人民法院可以裁定重新拍卖。在买受人将价款足额交付到法院之前，不能将拍卖成交裁定送达买受人，也不允许将拍卖标的物实际移交给买受人。在裁定拍卖成交后，人民法院应当在拍卖价款全额交付后10日内，将拍卖成交裁定送达买受人，并应当在拍卖成交裁定送达后15日内，将拍卖财产移交给买受人。不动产的所有权自拍卖成交或者抵债裁定送达时起转移给买受人或承受人，有登记的特定动产的所有权以及其他财产权，自拍卖成交或者抵债裁定送达时起转移给买受人或承受人。对于未作登记的动产，所有权自该动产交付时起转移给买受人或者承受人。

（八）拍卖中止与终止

人民法院委托拍卖后，遇有依法应当暂缓执行或者中止执行情形的，应当决定暂缓执行或者裁定中止执行，并及时通知拍卖机构和当事人。拍卖机构收到通知后，应当立即暂缓拍卖或者中止拍卖，并通知竞买人。暂缓执行期限届满或者中止执行的事由消失后，需要继续拍卖的，人民法院应当在15日内通知拍卖机构恢复拍卖。

在拍卖开始前，有下列情形之一的，人民法院应当撤回拍卖委托，终结拍卖程序：据以执行的生效法律文书被撤销的；申请执行人及其他执行债权人撤回执行申请的；被执行人全部履行了法律文书确定的金钱债务的；当事人达成了执行和解协议，不需要拍卖财产的；案外人对拍卖财产提出确有理由的异议的；拍卖机构与竞买人恶意串通的；其他应当撤回拍卖委托的情形。非因拍卖机构的原因撤回拍卖委托的，拍卖机构为本次拍卖已经支出的合理费用，由被执行人负担。被执行人在拍卖日之前向人民法院提交足额金钱清偿债务，要求终结拍卖程序的，人民法院应当准许，但被执行人应当负担因拍卖支出的必要费用。

（九）优先购买权的行使

优先购买权作为民商法上当事人的一种法定权利，在司法强制拍卖中应当得到保护。享有优先购买权的主体主要包括财产共有人、房屋租赁人、有限责任公司股东等。实践中，行使优先购买权的拍卖方式主要有“跟价法”和“询价法”两种。

最高人民法院《关于人民法院民事执行中拍卖、变卖财产的规定》第16条第1款规定，“拍卖过程中，有最高应价时，优先购买权人可以表示以该最高价买受，如无更高应价，则拍归优先购买权人；如有更高应价，而优先购买权人不作表示的，则拍归该应价最高的竞买人。”可见，该司法解释采用的方式属于“跟价法”。

人民法院应当在拍卖五日前以书面或者其他能够确认收悉的适当方式，通知当事人和已知的担保物权人、优先购买权人或者其他优先权人于拍卖日到场。由于优先购买权人须以竞买人身份行使优先购买权，所以拍卖通知中要载明拍卖的时间、地点、拍卖原因、拍卖保证金数额、交纳拍卖款的期限等内容，以便于优先购买权人决定是否参与竞买。对于法院尚未知悉的优先购买权人，法院应当在拍卖公告中一并告知优先购买权人参与竞买的权利，以及不登记竞买将丧失其优先购买权的法律后果。

拍卖场上出现了最高应价时，优先购买权人如果愿意以该价格接受，则应主动表示，如有更高应价，而优先购买权人不作表示的，则拍归该应价最高的竞买人。多个优先购买权人同时表示买受的处理。顺序相同的多个优先购买权人同时表示买受的，司法解释规定“以抽签方式决定买受人”。如果多个优先购买权人顺序不同的，那么应当由顺序在先的优先购买权人作为买受人。

二、典型案例剖析

案例1

某拍卖行接受法院委托拍卖被执行人的一处房产。该房产评估价为120万元。拍卖公司经与双方当事人协商一致，将保留价确定为95万元。拍卖公司认为当地的《大山晚报》影响较大，于是决定在该报上发布拍卖公告。2006年6月12日至18日在该报上连续一周发布拍卖公告，公告中确定的拍卖日期为2006年6月30日上午10时，标的展示时间为2006年6月25日至28日每日上午9时至11时。公告同时要求竞买人在报名时预交保证金5万元。申请执行人和被执行人都要求参加竞买，但是都声称经济困难，要求免交保证金，考虑到他们的理由确实属实，拍卖公司就同意了他们的要求。

法律问题

请对本案例中拍卖公司的违法或不当的行为进行分析。

法理分析

拍卖公司自行确定保留价的行为违法。根据《最高人民法院关于人民法院民事执行中拍卖、变卖财产的规定》第8条第1款的规定，“拍卖保留价由人民法院参照评估价确定”。因此，拍卖公司自行确定保留价的行为是违法的。

拍卖公司确定的保留价的数额违法。根据《最高人民法院关于人民法院民事执行中拍卖、变卖财产的规定》第8条第2款的规定，“人民法院确定的保留价，第一次拍卖时，不得低于评估价或者市价的80%”。本次拍卖标的的评估价是120万元，其最低的保留价不得低于96万元。拍卖公司确定保留价95万元低于评估价的百分之八十，也是违法的。

拍卖公司自行确定保证金的行为和数额违法。根据《最高人民法院关于人民法院民事执行中拍卖、变卖财产的规定》第13条的规定，“保证金的数额由人民法院确定，但不得低于评估价或者市价的5%”。本案例中，拍卖公司自行确定保证金数额的行为违法，而且拍卖公司自行确定保证金数额为5万元，低于评估价的百分之五，也是违法的。

拍卖公司自行直接收取保证金的方式不当。根据《最高人民法院关于人民法院民事执行中拍卖、变卖财产的规定》第13条的规定，“拍卖不动产、其他财产权或者价值较高的动产的，竞买人应当于拍卖前向人民法院预交保证金”。拍卖公司在没有取得人民法院授权的情况下，直接收取保证金的行为属不当行为。

拍卖公司自行确定拍卖公告的范围及媒体的行为违法。根据《最高人民法院关于人民法院民事执行中拍卖、变卖财产的规定》第12条的规定，“拍卖公告的范围及媒体由当事人双方协商确定；协商不成的，由人民法院确定。拍卖财产具有专业属性的，应当同时在专业性报纸上进行公告”。本案例中拍卖公司未经当事人双方协商确定或由人民法院确定，自行决定拍卖公告的范围及媒体的行为违法。

拍卖公司发布拍卖公告的方式不当。根据《最高人民法院关于人民法院民事执行中拍卖、变卖财产的规定》第11条的规定，“拍卖应当先期公告。拍卖动产的，应当在拍卖7日前公告；拍卖不动产或者其他财产权的，应当在拍卖15日前公告”。拍卖公司连续一周发布拍卖公告，虽然从第一次公告日计算，公告日期符合法律要求，但是若按最后一日公告的时间计算，公告日期不满15日。这属于不当行为，可能给拍卖公司带来不必要的纠纷。

拍卖公司展示拍卖标的的方式不当。《拍卖法》第48条规定，“拍卖人应当在拍卖前展示拍卖标的，并提供查看拍卖标的的条件及有关资料。拍卖标的的展示时间不得少于两日”。拍卖公司公告中确定的标的展示时间表面上看虽然有4日，但是由于每天只展示2个小时，总共展示时间不过8小时。这种做法不规范，容易引起不必要的纠纷。

拍卖公司允许被执行人参加竞买的行为违法。根据《最高人民法院关于人民法院民事执行中拍卖、变卖财产的规定》第15条规定，“被执行人可以参加竞买”，但是第13条规定，“应当预交保证金而未交纳的，不得参加竞买”。本案例中，被执行人应当预交保证金而未交纳，拍卖公司允许其参加竞买的行为违法。

案例2

四海玻璃厂因拖欠银行800万元贷款多年，现被人民法院强制拍卖其名下的6套查封房产。四海玻璃厂紧急筹措了200万元送交到法院，并以履行了部分债务为由请求人民法院撤回拍卖委托，人民法院拒绝了四海玻璃厂的请求。拍卖公司经实地调查发现被查封的房产中有一套房产在两年前的台风中已倒塌拆除，还有两套房产在另外一个省，申请执行人要求对这两套房产扩大公告范围。

法律问题

1. 法院拒绝四海玻璃厂的请求是否合法?
2. 对已倒塌拆除房屋，拍卖公司应当如何处理?
3. 对申请执行人的要求，法院应当如何处理?
4. 若在拍卖前，法院发现拍卖公司与竞买人之间有恶意串通，法院应当采取何种措施?

法理分析

法院拒绝四海玻璃厂的请求是正确的。《最高院关于人民法院民事执行中拍卖、变卖财产的规定》第20条规定，“在拍卖开始前，被执行人全部履行了法律文书确定的金钱债务的，人民法院应当撤回拍卖委托;”第22条规定，“被执行人在拍卖日之前向人民法院提交足额金钱清偿债务，要求停止拍卖的，人民法院应当准许。”四海玻璃厂只是部分而非全部履行了债务，因而法院拒绝其请求是正确的。

对已倒塌拆除房屋的拍卖，拍卖公司应当宣布终止拍卖。《拍卖管理办法》第41条规定，“拍卖标的在拍卖前毁损、灭失的，应当终止拍卖。终止拍卖由拍卖企业宣布。”两套房产在台风中已倒塌拆除，属拍卖标的灭失，拍卖公司依法应当宣布终止拍卖灭失的两套房产。

对申请执行人的要求，法院应当准许，但该部分的公告费用应由申请执行人自行承担。《最高院关于人民法院民事执行中拍卖、变卖财产的规定》第12条规定，“当事人要求扩大公告范围的，应当准许，但该部分的公告费用由其自行承担。”

若在拍卖前，法院发现拍卖公司与竞买人之间有恶意串通，法院应当撤回拍卖委托。《最高院关于人民法院民事执行中拍卖、变卖财产的规定》第20条规定，“在拍卖开始前，有拍卖机构与竞买人恶意串通情形的，人民法院应当撤回拍卖委托。”

三、补充思考案例

公民蒋某为做生意曾向公民袁某借款65万元，因无力偿还被袁某起诉至法院。法院在审理中查封了蒋某的一处房产。判决生效后，袁某依法申请法院强制执行。法院查明：蒋某为了贷款早已将被查封的房产抵押给了银行。法院确定了拍卖保留价后发现，如果依据本次保留价计算，拍卖所得价款在清偿银行贷款和强制执行费用后无剩余可能。

1. 符合什么条件法院才可以继续拍卖该房产?
2. 如果符合继续拍卖条件，法院应当如何确定拍卖保留价?
3. 假设拍卖出现了流拍，拍卖费用由谁承担?
4. 拍卖后，假设蒋某占据该房产且拒不移交，法院应如何处理?

第三节 海事拍卖

一、法律原理概要

（一）扣押船舶拍卖

船舶扣押期间届满，被请求人不提供担保，而且船舶不宜继续扣押的，海事请求人可以在提起诉讼或者申请仲裁后，向扣押船舶的海事法院申请拍卖船舶。海事法院收到拍卖船舶的申请后，应当进行审查，作出准予或者不准予拍卖船舶的裁定。当事人对裁定不服的，可以在收到裁定书之日起5日内申请复议一次。海事法院应当在收到复议申请之日起5日内作出复议决定。复议期间停止裁定的执行。海事请求人提交拍卖船舶申请后，又申请终止拍卖的，是否准许由海事法院裁定。海事法院裁定终止拍卖船舶的，为准备拍卖船舶所发生的费用由海事请求人承担。海事法院裁定拍卖船舶，应当通过报纸或者其他新闻媒体发布公告。拍卖外籍船舶的，应当通过对外发行的报纸或者其他新闻媒体发布公告。公告内容应当包括：被拍卖船舶的名称和国籍；拍卖船舶的理由和依据；拍卖船舶委员会的组成；拍卖船舶的时间和地点；被拍卖船舶的展示时间和地点；参加竞买应当办理的手续；办理债权登记事项；需要公告的其他事项。拍卖船舶的公告期间不少于30日。海事法院应当在拍卖船舶30日前，向被拍卖船舶登记国的登记机关和已知的船舶优先权人、抵押权人和船舶所有人发出通知。通知内容包括被拍卖船舶的名称、拍卖船舶的时间和地点、拍卖船舶的理由和依据以及债权登记等。通知方式包括书面方式和能够确认收悉的其他适当方式。

拍卖船舶由拍卖船舶委员会实施。拍卖船舶委员会由海事法院指定的本院执行人员和聘请的拍卖师、验船师3人或者5人组成。拍卖船舶委员会组织对船舶鉴定、估价；组织和主持拍卖；与竞买人签订拍卖成交确认书；办理船舶移交手续。拍卖船舶委员会对海事法院负责，受海事法院监督。

竞买人应当在规定的期限内向拍卖船舶委员会登记。登记时应当交验本人、企业法定代表人或者其他组织负责人身份证明和委托代理人的授权委托书，并交纳一定数额的买船保证金。拍卖船舶委员会应当在拍卖船舶前，展示被拍卖船舶，并提供察看被拍卖船舶的条件和有关资料。买受人在签署拍卖成交确认书后，应当立即交付不低于20%的船舶价款，其余价款在成交之日起7日内付清，但拍卖船舶委员会与买受人另有约定的除外。

买受人付清全部价款后，原船舶所有人应当在指定的期限内于船舶停泊地以船舶现状向买受人移交船舶。拍卖船舶委员会组织和监督船舶的移交，并在船舶移交后与买受人签署船舶移交完毕确认书。移交船舶完毕，海事法院发布解除扣押船舶命令。船舶移交后，海事法院应当通过报纸或者其他新闻媒体发布公告，公布船舶已经公开拍卖并移交给买受人。买受人接收船舶后，应当持拍卖成交确认书和有关材料，向船舶登记机关办理船舶所有权登记手续。原船舶所有人应当向原船舶登记机关办理船舶所有权注销登记。原船舶所有人不办理船舶所有权注销登记的，不影响船舶所有权的转让。

竞买人之间恶意串通的，拍卖无效。参与恶意串通的竞买人应当承担拍卖船舶费用并赔偿有关损失。海事法院可以对参与恶意串通的竞买人处最高应价10%以上30%以下的罚款。除本节规定的以外，拍卖适用《拍卖法》的有关规定。

（二）扣押船载货物拍卖

海事请求人为保障其海事请求的实现，可以申请扣押船载货物。申请扣押的船载货物，应当属于被请求人所有。船载货物扣押期间届满，被请求人不提供担保，而且货物不宜继续扣押的，海事请求人可以在提起诉讼或者申请仲裁后，向扣押船载货物的海事法院申请拍卖货物。对无法保管、不易保管或者保管费用可能超过其价值的物品，海事请求人可以申请提前拍卖。海事法院收到拍卖船载货物的申请后，应当进行审查，在7日内作出准予或者不准予拍卖船载货物的裁定。当事人对裁定不服的，可以在收到裁定书之日起5日内申请复议一次。海事法院应当在收到复议申请之日起5日内作出复议决定。复议期间停止裁定的执行。拍卖船载货物由海事法院指定的本院执行人员和聘请的拍卖师组成的拍卖组织实施，或者由海事法院委托的机构实施。拍卖船载货物，本节没有规定的，参照拍卖船舶的有关规定。

二、补充思考案例

2002年1月11日原告德国再建设银行因被告ABU DHABI CONTAINER LINES P. J. S. C（阿拉伯联合酋长国阿布达比集装箱船运公司）违反双方签定的船舶抵押贷款合同，且又未及时归还贷款，向上海海事法院提起诉前扣押船舶的申请，请求上海海事法院扣押当时正在上海长兴岛维修、属于被告所有的“示芭”轮（M/V“ADCL SHEBA”）。上海海事法院依据我国有关法律及国际惯例，于原告申请日的当天就裁定并扣押了“示芭”轮，同时责令原告提供2200万美元的现金或其他的担保。

由于被告没有任何的行动，原告正式向上海海事法院提起诉讼。鉴于“示芭”轮被扣押在长江口外的长兴岛，每日都在产生巨大的维护和监管费用，存在已不宜再继续扣押的实际情况。为减少当事各方的损失，上海海事法院依据《中华人民共和国海事诉讼特别程序法》于2002年3月4日作出拍卖该轮的裁定，以保存价款，清偿债务。成立了由法官、船检师、拍卖师组成的拍卖委员会，并在海内外媒体刊登了专项拍卖公告，另通知了“示芭”轮船籍登记机关阿联酋交通海事局，由于船东仍不能提供合法有效的担保，拍卖委员会遂决定于2002年5月28日下午公开拍卖“示芭”轮。

“示芭”轮由德国哈德威（HDW）造船厂建造，1998年11月下水，排水量23660吨，载重量14310吨，可载1538标准集装箱，全球同一类型的船仅建造了10艘，船速可达25节，是当时世界上最新一代的快速集装箱轮。

由于船籍登记在境外，国内企业参加竞拍如要将船舶登记改迁至境内，将面临巨额的海关关税等问题。

2002年5月28日下午2：00拍卖会如期举行，之前已有浙江永安船运公司、利比里亚瓦威克赛尔航运公司按公告规定履行了竞买登记手续和交付了200万元的竞拍保证金。

拍卖会上由上海海事法院的法官介绍了“示芭”轮扣押、拍卖的背景，验船师介绍了船舶目前的船舶现状和船舶证书的情况，随后由拍卖师主持拍卖。拍卖师用中英文报出了1300万美元的起拍价后，利比里亚瓦威克赛尔航运公司的代表举牌应价，随后拍卖师反复用中英文询价，加价幅度也由每次10万美元调整至1000美元，仍无人加价竞买，“示芭”轮以1300万美元的价格拍卖成交。

“示芭”轮是新中国成立后海事法院拍卖的价值最高金额的船舶，按当天的美元兑人民币汇率，其成交价达1.076亿人民币。

1. 船舶拍卖的法律依据？

2. 船舶拍卖的一般流程？

第七章
房地产拍卖

第一节 拍卖中的权益

一、法律原理概要

房地产拍卖是目前我国拍卖市场中的主要业务，也是拍卖纠纷多发领域。本章所讲的房地产拍卖仅指有房产的房地产拍卖，不包含土地使用权权出让的房地产拍卖。房产是指房屋及其附属物。房屋指供人居住、生产、经营、仓储等使用的人工建筑。建筑附着物主要是指已经附着于建筑物上的建筑装饰材料、电梯以及各种给排水、采暖、电气照明等与建筑物的使用密切相关的物品。

（一）房地产拍卖的特征

与一般的市场相比，房地产拍卖市场具有一些特殊之处：

1. 房地产拍卖标的数量大、价值高。房地产是价值高昂的商品且不可移动，在经济活动中易作为担保抵押物品和债务偿还物品，也是法人、自然人用作交易价值较高的财产，房地产已经成为我国最为重要的拍卖市场之一。

2. 房地产拍卖法律性和政策性强。房地产和房地产业涉及的社会面广、资金量大、产权关系复杂，特别需要法律法规的规范，以建立正常的房地产秩序，维护房地产权利人的正当权益。涉及房地产的主要法律有《中华人民共和国城市房地产管理法》、《中华人民共和国土地管理法》和《中华人民共和国城市规划法》，其他法规有《中华人民共和国土地管理法实施条例》、《中华人民共和国城镇国有土地使用权出让和转让暂行条例》、《确定土地所有权和使用权的若干规定》，以及各地制定的相关政策法规等。进行房地产拍卖前必须认真调查，核实房地产产权及其办理过程的各项必须文件、手续的完整情况，理顺各方面关系，确保产权合法。协调与房地产开发、经营、管理相关的各方关系，保证后续产权变更的顺利进行。

3. 房地产拍卖标的复杂、过程时间长。房地产拍卖是一项复杂、拍卖周期较长的工作，无论是前期准备、拍卖期间还是拍卖后，均涉及诸多部门、单位，还牵涉到各种法律法规等，具体问题多。这是因为房地产建设开发周期长，涉及政府部门和单位以及合同关系，国家批文多。比如涉及的主要政府部门就有：房地产管理部门、土地管理部门、发改委、建委、规划、水电煤管理部门等，有些复杂的项目甚至需要很长的时间才能完成，需要拍卖公司做细致周到的工作。最后，成交后需办理的手续多。

（二）拍卖中的法律权益

房地产拍卖的不仅仅是物质实体，更多的是与房地产相关的权益。房地产拍卖中会涉及各种不同的权益，这些权益会给拍卖活动带来各种影响。

1. 土地所有权。指特定土地的所有权人在法律规定的范围内，对于特定土地所拥有的占有、使用、收益、处分、排除他人干涉的权能。按照宪法和土地管理法的规定，我国的土地所有权分为全民所有制土地所有权和劳动群众集体土地所有权。

2. 土地使用权。通常分为建设用地使用权和宅基地使用权。建设用地使用权依照权利的取得和效力的不同，可分为以出让方式取得的建设用地使用权、以划拨方式取得的建设用地使用权、以租赁方式取得的建设用地使用权、以作价出资方式取得的建设用地使用权。以出让方式取得的建设用地使用权可以通过国家拍卖、招标出让土地时竞价取得，也可以通过与原土地使用权人协议转让取得。以划拨方式取得的建设用地使用权未经国家批准，不得随意进行转让、赠与等处分。以租赁方式取得的建设用地使用权，承租人按规定支付土地租金，依法领取国有土地使用证。承租土地使用权转租、转让或抵押时，必须依法登记。作价出资取得的建设用地使用权的权利性质与出让土地使用权的权利性质一致，在使用年限内可依法转让、作价出资、出租、抵押等。宅基地使用权人未经依法批准，不得改变宅基地用途。经本集体同意，可以将建造的住房转让给本集体内符合宅基地使用权分配条件的农户；住房转让时，宅基地使用权一并转让。农户转让宅基地使用权的，不得再申请宅基地。

3. 地役权。指为了自己土地的便利而使用他人土地的权利。设立地役权，当事人应当采取书面形式订立地役权合同。地役权不得单独转让。土地承包经营权、建设用地使用权、宅基地使用权等依法转让的，地役权一并转让，但合同另有约定的除外。需役地以及需役地上的土地承包经营权、建设用地使用权、宅基地使用权部分转让时，转让部分涉及地役权的，受让人同时享有地役权。地役权不得抵押。土地承包经营权、建设用地使用权等依法抵押的，在实现抵押权时，地役权一并转让。供役地以及供役地上的土地承包经营权、建设用地使用权、宅基地使用权部分转让时，转让部分涉及地役权的，地役权对受让人具有约束力。

4. 房地产抵押权。房地产抵押权是指债权人对于债务人或第三人提供的、作为债务担保的房地产，于债务人不履行债务时，得就其卖得价金优先受偿的权利。可以抵押的房地产包括：建筑物和其他土地附着物；建设用地使用权；抵押人依法承包并经发包方同意抵押的荒山、荒沟、荒丘、荒滩等荒地的土地使用权。以建筑物抵押的，该建筑物占用范围内的建设用地使用权一并抵押。以建设用地使用权抵押的，该土地上的建筑物一并抵押。抵押人未依照规定一并抵押的，未抵押的建筑物视为一并抵押。乡（镇）、村企业的土地使用权不得单独抵押。以乡（镇）、村企业的厂房等建筑物抵押的，其占用范围内的土地使用权一并抵押。不得抵押的房地产包括：土地所有权；耕地、宅基地、自留地、自留山等集体所有的土地使用权，但法律规定可以抵押的除外；学校、幼儿园、医院等以公益为目的的事业单位、社会团体的教育设施、医疗卫生设施和其他社会公益设施；所有权、使用权不明或者有争议的房地产；依法被查封、扣押、监管的房地产。

5. 其他权利。房屋所有权指房屋所有者对其所有的房屋享有的占有、使用、收益、处分的权利。房地产租赁权是指土地所有权人、土地使用权人或房屋所有权人将土地或房屋出租给承租人使用，由承租人向出租人支付租金的权利。房地产共有是指两个或两个以上的权利主体共同享有同一个房地产所有权的法律状态。建筑物区分所有权是指在多个区分所有权人共同拥有一栋区分所有建筑物时，由各区分所有权人（即业主）对建筑物专有部分所享有的专有所有权，与对专有部分以外的共有部分享有共有和共同管理的权利。

二、典型案例剖析

案例 1

原告置业有限公司诉称：2006 年 11 月 10 日第四粮油食品公司（以下简称四粮油）委托被告拍卖公司对劳卫路 150 号房产及相应土地使用权进行拍卖。2007 年 12 月 7 日原告通过竞拍获得该标的物。但在办理过户手续时，发现标的物是国有划拨土地，而划拨土地使用权未交纳土地出让金和未经批准是不得转让的。在拍卖的前一天四粮油已向被告拍卖公司通知了有关事项，其中包括该土地出让金由四粮油承担，但是拍卖公司在原告支付全额竞拍价时，并未告知土地出让金之事，导致原告至今不能取得合法的土地使用权。请求法院判令两被告连带承担责任，支付土地出让金 55 万元，赔偿未交付房屋的租金损失 15 万元，并交付拍卖的房产。原告提供的证据有：(1) 委托书，用于证明四粮油委托拍卖公司对其土地及房产进行拍卖。(2) 公告，用于证明拍卖行公开进行拍卖。(3) 关于资产拍卖有关事项的通知，用于证明被告拍卖公司明知土地出让金应由四粮油承担，却在拍卖成交后将原告支付款项直接支付给了四粮油。(4) 成交确认书，用于证明拍卖已经完成。(5) 关于四粮油公开出售部分资产的情况说明，用于证明国有资产管理局同意拍卖。(6) 原告给被告拍卖公司的函，用于证明原告多次找拍卖公司协商拍卖活动事项。(7) 市人民政府文件，用于证明四粮油主管部门同意拍卖。(8) 市房地产拍卖核实函，用于证明拍卖后的房屋状况。(9)《房屋所有权证》，用于证明原告已取得了拍卖房屋的所有权。(10)《国有土地使用证》，用于证明原告尚未取得拍卖房产的土地使用权。

被告拍卖公司辩称：原告所诉无事实依据。拍卖行为符合法律规定，没有不妥之处，未隐瞒事实真相，拍卖活动合法有效；原告与四粮油因土地出让金的支付和拍卖资产的交接所产生的纠纷与拍卖公司无关。请法院驳回原告的诉讼请求。拍卖公司提供的证据包括：(1) 市人民政府国有资产监督管理委员会《关于第四粮油食品公司出售部分资产的批复》，用于证明被告受托拍卖资产已经政府批准。(2) 市人民政府国有资产监督管理委员会《关于第四粮油食品公司公开出售部分资产的情况说明》，用于证明政府国有资产管理部门已批准对本案涉及的资产进行拍卖处置。(3)《市人民政府关于第四粮油食品公司改制资产办理过户有关问题的通知》，用于证明政府对本案涉及资产处置时土地出让金收入的用途也作出了明确规定。(4) 拍卖规则，用于证明按该规则拍卖成交后，因资产交接、过户所产生的任何责任与拍卖行无关。(5) 拍卖过程摄像光盘，用于证明被告在拍卖时，对拍卖资产依法进行了介绍。(6)《拍卖成交确认书》，用于证明原告已确认购买本案涉及的资产，并愿意承担相应的风险和责任。(7) 关于拍卖事项的通知，用于证明四粮油同意承担土地出让金。(8) 收到条，用于证明被告已将本案涉及资产的凭证和相关资料全部交付给原告。(9) 转账凭证，用于证明原告的拍卖价款已全部转给四粮油。

被告四粮油辩称：原告要求四粮油支付土地出让金并赔偿损失的诉讼请求于法无据。四粮油委托被告公司拍卖的三处房产系国有划拨土地，未经政府部门批准不得转让、出租、抵押和拍卖。拍卖前四粮油已将以上情况书面通知了该拍卖公司，也告知了原告。所以，被告拍卖公司的拍卖行为违反了《拍卖法》，此次拍卖行为应当认定无效，驳回原告的诉讼请求；从原告的起诉书中可以看出，原告要求四粮油和被告公司承担连带责任，也就意味着此次拍卖行为违反拍卖法的强制性规定而无效。如果法院认定协议无效，原告的诉讼请求是不能成立的。四粮油未提供证据。

法院认证后确认如下案件事实：2005 年 4 月 20 日，市人民政府国有资产监督管理委员会作出《关于第四粮油食品公司出售部分资产的批复》，同意第四粮油食品公司将黄河北街粮店等五处资产进行出售。2006 年 11 月 10 日四粮油向被告拍卖公司出具委托书，委托对其公司下属的黄河北街粮店（劳卫路 150 号）进行拍卖。2007 年 11 月 30 日被告拍卖公司在报纸上刊登了拍卖公告。2007 年 12 月 6 日四粮油向被告拍卖公司出具了《关于拍卖有关事项的通知》，内容包括：(1) 土地出让金由我方承担，过户费用及税金由买受方承担。(2) 出让方出让房产现已出租，租期截止日为 2010 年 6 月 30 日，买受方须遵守出让方与承租人的租赁合同。(3) 以上内容应附在成交确认书里。2007 年 12 月 6 日被告拍卖公司对前述劳卫路 150 号房产进行了拍卖。原告通过竞价，以 150 万元成交价获得了该标的物。当日原告与被告拍卖公司签订了成交确认书，2007 年 12 月 24 日被告拍卖公司将房屋拍卖款 144.84 万元转入了四粮油银行账户。2008 年 12 月 5 日市人民政府作出了《关于第四粮油食品公司改制资产办理过户有关问题的通知》，内容是"市政府同意四粮油被拍房产在依法过户给原告公司时，需由四粮油缴纳的契税和政府行政事业性收费予以免缴。土地出让金上缴市政府后再拨付给某投资控股有限公司用于职工安置，由市国资委负责监督使用"。2008 年 12 月 23 日原告办理了被拍房产的房屋所有权证。原告因在变更该房产土地使用权证时，遇到土地出让金问题，找二被告协商无果后向法院起诉。另查明：本案涉及的劳卫路 150 号房产属国有划拨土地，国有土地使用证证号为：国用（1995）字第 1112 号。该劳卫路 150 号房产由四粮油于 2007 年 7 月出租，租赁期限自 2007 年 7 月 1 日至 2010 年 6 月 30 日。

法律问题

1. 国有划拨土地上的房地产能否拍卖？本次拍卖是否有效？
2. 本次拍卖的土地出让金应当由谁承担？

3. 出租房产拍卖时应注意哪些事项？

法理分析

以划拨方式取得的建设用地使用权及其地上建筑物拍卖时需要特别注意：以划拨方式取得建设用地使用权的，在进行房地产拍卖时，应当报请有关部门批准，由买受人按法律法规、规章的有关规定，办理土地使用权出让手续，并缴纳土地使用权出让金。可以不办理出让手续的，应当由拍卖公司将拍卖标的所得收益中的土地收益上缴国家。有批准权的人民政府决定不办理出让的情况主要有继续划拨、作价出资、入股等几种。对于房改房、经济适用住房上市转让，国家通过法规允许转让，因此转让时无需再分别办理审批手续，只要按规定缴纳土地出让金即可。划拨土地需要转为有偿使用土地的，应按出让土地使用权价格与划拨土地使用权价格差额部分核算出让金。本案拍卖标的虽为划拨方式取得土地上的房地产，但是依法办理了政府的批准，可以拍卖。拍卖成交后，买受人和拍卖人双方签署了成交确认书。成交确认书是确定拍卖人与买受人权利义务的买卖合同的重要组成部分，具有法律约束力。原告依照拍卖程序拍得本案涉及标的物并支付了相关价款，故原告对本案涉及拍卖标的物劳卫路150号房产享有的财产权受法律保护。

本案的房地产所占用土地为划拨性质，拍卖成交后，划拨土地需要转为有偿使用土地的，应当按出让土地使用权价格与划拨土地使用权价格差额部分核算缴纳出让金。在拍卖前，委托人四粮油承诺并通知了被告拍卖公司拍卖标的物的土地出让金由其承担，因此原告要求四粮油承担土地出让金的诉讼请求法院应当予以支持。出让金的具体数额应由土地管理机关依据土地管理的规定和政策确定。拍卖成交后，被告拍卖公司已向四粮油交付拍卖标的的价款，履行了自己的合同义务，原告要求拍卖公司对土地出让金承担连带责任没有事实和法律依据。

拍卖已经出租的房地产时，按法律规定，承租人享有优先购买权。根据“买卖不破租赁”的原则，拍卖成交后，原租赁合同对于拍卖标的的买受人继续有效。

案例 2

原告叶某于2007年10月9日以拍卖方式取得被告县医药总公司破产清算组委托被告拍卖行拍卖的店面房屋4.5间（其中左边房屋公告面积为84.3平方米，右边房屋公告面积为103.03平方米）。当日签订了两份拍卖成交合同书，原告已按合同书的约定履行了义务。但是在办理产权过户程序中，经县房产管理局工作人员对店面建筑面积进行测量，发现左边房屋实际建筑面积比公告和资产清单列出的建筑面积少6.117平方米，以成交价604.98元/平方米计算，原告多付出了3700.66元，佣金多付了185.03元；右边房屋实际建筑面积比公告和资产清单列出的建筑面积少4.795平方米，以成交价729.74元/平方米计算，原告多付出了3499.10元，佣金多付了174.96元。总计多付成交价款7199.76元，佣金多付359.99元。原告遂诉至法院，请求依法处理。

一审法院认为，原、被告之间的拍卖行为成交后，双方即形成了拍卖合同关系，互为合同相对人。尽管拍卖合同是特殊的买卖合同，但在拍卖活动中仍不得违反民商事活动诚实信用的原则，拍卖人刊登的拍卖公告等所公示的内容应当真实、合法。本案中，原告竞买所得的店面其面积比实际建筑面积短少，对被告拍卖房屋面积短少部分应视为瑕疵，此瑕疵被告在拍卖前并未申明，从而致使原告依拍卖资料载明的房屋建筑面积作出竞买报价及支付拍卖金，被告的行为明显违反了公平合理的原则，被告对此负有未说明拍卖标的瑕疵的过错责任。原告要求两被告退赔短少面积的价款的诉讼请求，事实清楚，证据充分，予以支持。据此，依照《拍卖法》第 4 条、第 48 条、第 61 条第 1 款，《民法通则》第 4 条之规定，一审法院判决：由被告拍卖行、县医药总公司破产清算组共同退回原告叶某多交的店面拍卖成交价款人民币 7199.76 元，两被告对此义务互负连带责任；由被告拍卖行退回多收原告叶某的拍卖佣金人民币 359.99 元；房屋测绘费人民币 479.90 元，由被告拍卖行、县医药总公司破产清算组承担；案件受理费人民币 50 元，由两被告承担。

拍卖行与县医药公司破产清算组不服一审判决，提起了上诉。上诉主要理由是：第一，拍卖中，叶某的竞买价是 12.6 万元，第二名的竞买价是 12.05 万元，底价是 8.53 万元，按原审判决确定退回拍卖金 7199.76 元，即叶某的实际竞买价仅为 11.88 万元，比第二名竞买价 12.05 万元还要少 1700 元，这对第二名竞买人是非常不公平的，而且叶某恶意竞买导致了巨额国有资产流失，损害了国家利益和社会公共利益。第二，判决认定拍卖人未说明拍卖标的面积差异没有事实依据。在拍卖过程中，拍卖人在拍卖会中当众对房屋面积差异作了说明，拍卖现场录像证实，拍卖会开始后正式拍卖前的第 13 分钟、第 22 分钟、第 29 分钟时，拍卖师三次向公众说明了面积可能有短少，同时明确告知了实际面积多或少于拍卖资料中的面积均不增减成交价，即不承担面积短少的担保责任。拍卖规则第八条、竞买报名表、资产清单之备注四至界址说明都明确告知了竞买人竞买标的面积差异不增减成交价。叶某明知竞买标的面积存在差异，拍卖人在拍卖会现场也已对竞买标的面积差异作过多次释明。如果认定面积差异属于本次拍卖标的的瑕疵，那么拍卖人在拍卖前已经对面积差异作了明确的说明，依法不属于拍卖法第 61 条第 1 款规定的“未作说明”的法律规定。叶某必须对明知竞买标的面积差异的竞买行为自行承担法律后果。第三，本次竞买标的不以面积论价竞价，面积不是竞价依据，原审判决以面积计价退拍卖金没有依据。拍卖资料和拍卖规则也明确规定按房屋现状拍。第四，叶某认为面积有出入，其依据是县房屋测绘所出具的房屋测绘成果报告书，由于该面积在计算挑廊时只计算一半，而原房屋登记计算的是全部。拍卖资料、拍卖公告提供的参考面积并不是专业意义上的房屋面积，这一点在《拍卖资产界址说明》文件中已经清楚表达为以滴水为界计面积，这明显与测量专业标准不一致，而且拍卖过程中竞价不是以面积加价方式进行，同时拍卖规则、拍卖资产清单专门注明房屋的建筑面积以主管部门最终核定为准。

被上诉人叶某答辩称：拍卖物短少面积，既是拍卖标的的瑕疵所在，也是对被上诉人的不公平；上诉人没有就拍卖标的的瑕疵作出说明，违背了《拍卖法》第 10 条第 2 款。上诉人在拍卖资料中“面积多或少不增减成交价”，违背公平合理原则，是无效的；上诉人实际并没有依《拍卖法》第 48 条展示拍卖标的，更未提供查看拍卖标的的条件；本次拍卖是以面积进行拍卖，上诉人并没有声明以间数拍卖。双方的成交确认书已明确拍卖标的面积为 84.3 平方米和 103.3 平方米，上诉人应退回所差面积款。为此，请求二审法院判决驳回两上诉人的上诉请求，维持原判。

上诉经审理查明：拍卖行在拍卖资料中关于拍卖标的四至界址的测量，被上诉人所竞买的左边房屋东为楼梯、南为滴水、西为滴水、北为滴水的面积为85.391平方米。被上诉人所竞买的右边房屋东为滴水、南为滴水、西为楼梯、北为滴水的面积为103.158平方米。

法律问题

1. 实测面积与公告面积有误差是否导致拍卖无效？
2. 本案中，拍卖人是否履行了瑕疵告知义务？

法理分析

拍卖行接受县医药公司破产清算组的委托，依法对拍卖标的进行公开拍卖，作为买受人的叶某按规则支付价款，该拍卖合同关系合法有效，应受法律保护。

拍卖标的应当具有特定性，在房地产拍卖中，拍卖标的的面积是确定标的的核心要素，应当清楚明确。房屋的面积通常应当以所有权证书中载明的面积为依据，并以拍卖规则中确定的四至为计算面积的依据。如果拍卖公司在拍卖前知道或应当知道实际面积与所有权证书载明的面积有出入，应当在拍卖前告知竞买人。

就本案而言，拍卖标的的面积应当按照拍卖规则公告的四至界址之内的面积为基准，因为拍卖规则明确表示四至界址之内的面积就是拍卖标的的面积。一审判决认定拍卖标的左边房屋实际建筑面积比公告和资产清单列出的建筑面积少6.117平方米，右边房屋实际建筑面积比公告和资产清单列出的建筑面积少4.795平方米，依据是县房屋测绘所出具的房屋测绘成果报告书，由于该面积在计算挑廊时只计算一半，而原房屋登记计算的是全部。而房屋登记面积的四至是以滴水为基准的，如果按原房屋登记实际面积计算左边房屋为85.391平方米，右边房屋东的面积为103.158平方米，这与拍卖公告面积相比并不相差。因此，双方的分歧在于计算方式的分歧，并不在于面积本身。这种情况下，应当以拍卖公司公告或拍卖前说明的面积为准。

拍卖规则第八条、竞买报名表、资产清单之备注四至界址说明都明确告知了竞买人竞买标的面积差异不增减成交价，拍卖公司在拍卖前对房屋面积差异作了说明。拍卖现场录像证实，拍卖前的第13分钟、第22分钟、第29分钟时，拍卖师三次向公众说明了面积可能有短少，同时明确告知了实际面积多或少于拍卖资料中的面积均不增减成交价，即不承担面积短少的担保责任。这表明，拍卖公司按照《拍卖法》的要求，做了“瑕疵不担保声明”。买受人叶某是在明知竞买标的面积存在差异，且拍卖人在拍卖会现场也已对竟买标的面积差异作过多次释明的情况下自愿参加竞买的。

因此，一审法院认定拍卖人和委托人应对面积误差承担责任是错误的。

三、补充思考案例

张某在拍卖会上竞得韵园公寓F幢6楼A室房产一套，当日双方签订一份《拍卖成交确认书》，约定“成交金额人民币307000元，佣金人民币15350元，张某应交付成交价30%的定金；余额在7日内付清。并在付清成交款后7日内领受拍卖标的，逾期应支付保管费用；7日内若未能取得拍卖物有权要求拍卖人承担违约责任。”确认书签订后，张某当即支付拍卖行定金人民币9万元，并在7日内付清余额人民币232350元。因拍卖行未能在约定的期限内将拍卖物交付张某，亦未能将房屋的购房人变更为张某指定的人。张某以拍卖行违约为由向区人民法院起诉，要求拍卖行双倍返还定金，退还购房款余额并支付利息。区人民法院审理后作出一审判决：被告拍卖行应于本判决生效后10日内退还原告张某拍卖成交金额人民币322350元及利息；驳回原告张某其他诉讼请求。判决生效后，被告拍卖行已履行了原审判决。市人民检察院以原判认定事实错误，适用法律不当为由提出抗诉。

区人民法院再审认为：抗诉机关的抗诉理由成立。原审原、被告进行的拍卖行为，程序合法，双方签订的成交确认书有效，原审被告未能依约交付拍卖标的已构成违约，应当承担违约责任，原审原告要求双倍返还定金的诉求，应予支持。鉴于成交确认书上约定的定金幅度为成交金额的30%，已明显违反《中华人民共和国担保法》关于定金幅度最高为合同总标的20%的规定，故成交确认书约定的定金超出法定的部分不予保护。再审判决：撤销原审判决；被告拍卖行应于本判决生效后10日内支付原告张某人民币64470元；驳回原告张雪亮的其他诉讼请求。

拍卖行不服，提起上诉称：本案拍卖的标的是在建工程，被上诉人竞买取得的只是财产权利，办理产权过户、登记手续应由买受人自行完成，拍卖人只有协助的义务，拍卖人并没有违约，不应承担双倍返还定金的责任。原再审判决对此认定有误，要求依法改判。张某答辩认为：上诉人未能在答辩人依约付清全额房款的七日内为答辩人办理拍卖标的更名登记手续，已构成违约，原再审判决上诉人应双倍返还定金是正确的。请求维持原判。

上诉审法院经审理查明的事实与原再审查明的事实基本一致。

1. 尚不具备交付条件的在建工程能否拍卖？

2. 本案中，双方的法律责任应当如何划分？

第二节　拍卖实施

当前我国房地产拍卖标的的主要来源有：法院司法强制拍卖委托、债权人委托拍卖的抵押房地产、政府部门委托拍卖的房地产、法人委托其所拥有的房地产以及自然人委托拍卖的房地产。

一、法律原理概要[①]

（一）禁止买卖和转让的房地产

法律法规禁止买卖和转让的房地产包括：未依法取得房地产产权证书包括国有建设用地

① 范干平总撰：《拍卖实务教程》，中国财政经济出版社2010年版。

使用权证书、房屋所有权证书和房地产产权证书的；共有房地产，未经其他共有人书面同意的；权属有争议，尚在诉讼、仲裁或者行政处理中的；权利人对房地产的处分权受到限制的，比如未得到政府批准的划拨土地转让，不符合条件的经济适用房、房改房的转让等；以出让方式取得土地使用权，但不符合政府相关转让条件的；司法和行政机关依法裁定，决定查封或者以其他形式限制房地产权利的；国家依法收回土地使用权的，如未按政府规定用途及时间开发建设的或拆迁；法律法规、规章规定禁止买卖、转让的其他情形。

（二）以出让方式取得的建设用地使用权及地上建筑拍卖

以出让方式取得的建设用地使用权及地上建筑物需要拍卖的，应当符合国家法律、法规规定。其可转让条件是：按照出让合同的约定支付全部土地使用权出让金，且依法登记并取得土地使用权证或房地产产权证；按照出让合同约定进行投资开发，属于房屋建设工程的，完成开发投资总额25%以上；属于成片开发土地的，依照规划对土地进行开发建设，完成供排水、供电、供热、道路交通、通信等市政基础设施和公用设施的建设，达到场地平整，形成工业用地或者其他建设用地条件；转让房地产时房屋已经建成的，还应当持有房屋所有权证书。出让土地使用权转让，应当签订书面转让合同，原土地使用权出让合同载明的权利、义务随之转移。转让后，其土地使用权的使用年限为原土地使用权出让合同约定的使用年限减去原土地使用者已经使用年限后的剩余年限。

（三）以划拨方式取得的建设用地使用权及其地上建筑物拍卖

以划拨方式取得的建设用地使用权及其地上建筑物拍卖时需要特别注意：以划拨方式取得建设用地使用权的，在进行房地产拍卖时，应当报请有关部门批准，由买受人按法律法规、规章的有关规定，办理土地使用权出让手续，并缴纳土地使用权出让金。可以不办理出让手续的，应当由拍卖公司将拍卖标的所得收益中的土地收益上缴国家。有批准权的人民政府决定不办理出让的情况主要有继续划拨、作价出资、入股等几种。对于房改房、经济适用住房上市转让，国家通过法规允许转让，因此转让时无需再分别办理审批手续，只要按规定缴纳土地出让金即可。划拨土地需要转为有偿使用土地的，应按出让土地使用权价格与划拨土地使用权价格差额部分核算出让金。

（四）以租赁方式取得的建设用地使用权及其地上建筑物拍卖

以租赁方式取得的建设用地使用权及其地上建筑物拍卖时需要注意：承租人在按规定支付土地租金，依法领取国有建设用地使用证，并按约定完成开发建设后，经土地行政主管部门同意或根据租赁合同约定，可将承租土地使用权转租、转让或抵押。地上房屋等建筑物、构筑物依法抵押，承租土地使用权可随之抵押，但承租土地使用权只能按合同租金与市场租金的差值及租期估价，抵押权实现时土地租赁合同同时转让。

（五）农村集体所有土地上建成的房屋拍卖

农村集体所有土地上建成的房屋拍卖转让条件和交易规则是：房屋所有权和该房屋占用范围内的土地使用权已经依法登记取得房地产权证书；集体土地上的房屋拍卖前应向当地乡

镇人民政府申请，获批准后方可进行拍卖；对于集体土地上建成的房屋，居住房屋的竞买人只能是房屋所在地乡镇范围内具备房屋建设申请条件的人；非居住房屋竞买人为房屋所在地乡镇范围内集体经济组织或者个体经营者；超过此条件的，应当依法办理集体所有土地的征用手续。禁止城镇居民在农村购置宅基地。

（六）设定抵押权的房地产拍卖

已设定抵押权的房地产拍卖规则是：抵押期间，抵押人未经抵押权人同意转让抵押房地产的行为无效。如果未经抵押权人同意而因拍卖造成抵押权人经济损失的，需承担相应的民事责任。抵押期间，抵押人经抵押权人同意转让抵押房地产的，应当将转让所得的价款向抵押权人提前清偿债权或者提存。转让的价款超过债权数额的部分归抵押人所有，不足部分由债务人清偿。债务履行期届满，债权未受清偿的，抵押权人可以与抵押人通过协议以抵押房地产折价或者以拍卖、变卖该抵押房地产所得的价款优先受偿；协议损害其他债权人利益的，其他债权人可以请求人民法院撤销该协议。抵押权人与抵押人达不成协议的，抵押权人可以请求人民法院拍卖、变卖抵押房地产。抵押房地产折价或者拍卖、变卖后，其价款超过债权数额的部分归抵押人所有，不足部分由债务人清偿。同一房地产向两个以上债权人抵押的，拍卖、变卖抵押房地产所得的价款依照下列规定清偿：抵押权已登记的，按照登记的先后顺序清偿；顺序相同的，按照债权比例清偿；抵押权未登记的，按照债权比例清偿；抵押权已登记的先于未登记的受偿。建设用地使用权抵押后，该土地上新增的建筑物不属于抵押财产。需要拍卖该建设用地使用权的，可以将该土地上新增的建筑物与建设用地使用权一并拍卖，但拍卖新增建筑物所得的价款，抵押权人无权优先受偿。房屋可连同占用范围内的划拨土地使用权一并抵押，但抵押权实现时，依法拍卖该房地产后，应当首先从拍卖所得的价款中缴纳相当于应缴纳的土地使用权出让金的价款后，抵押权人方可优先受偿。土地使用者依法取得的划拨土地设定抵押权时，划拨土地使用权价格可作为使用者权益，计入抵押标的；抵押权实现时，土地使用权可转为出让土地使用权，在扣缴土地使用权出让金后，抵押权人可优先受偿。划拨土地经批准可以转让，划拨土地使用权价格部分可计为转让方的合法收益。抵押人依法承包并经发包方同意抵押的荒山、荒沟、荒丘、荒滩等荒地的土地使用权，或者以乡（镇）、村企业的厂房等建筑物占用范围内的土地使用权抵押的，实现抵押权后，未经法定程序不得改变土地集体所有的性质和土地用途。

二、典型案例剖析

案例 1

银行欲委托拍卖公司拍卖某处抵债房产。银行能够提供的所有权证明包括原购房人的购房证明书、商品房买卖合同和开发商签发的商品房买卖发票。委托银行讲，按照当地市房地产管理部门的规定，具备上述三样文件即可办理房屋所有权证。但是由于该房产是抵债房产，属于银行清理变现的资产，银行始终没有去办理产权证。现在希望委托拍卖公司以房屋现状进行拍卖。

法律问题

拍卖公司可否接受银行的委托进行该房产的拍卖？

法理分析

金融系统处理的资产是目前我国拍卖业务的主要来源之一。在金融部门委托拍卖的资产中，有很大一部分抵债资产由于种种原因并没有将产权正式办理到委托人名下。对于这样的资产，金融部门是否有权委托以及拍卖企业可否接受委托进行拍卖成了拍卖界普遍关心的一个问题。

《拍卖法》第6条规定，“拍卖标的应当是委托人所有或者依法可以处分的物品或者财产权利，”也就是说，委托人应当对委托拍卖的标的物具有所有权或者处分权。银行委托拍卖的资产也不例外，无论是抵债物或其自有资产，银行均应具有相应的所有权或者处分权。《拍卖法》第41条规定，“委托人委托拍卖物品或者财产权利，应当提供身份证明和拍卖人要求提供的拍卖标的的所有权证明或者依法可以处分拍卖标的的证明及其他资料。”银行作为委托人应当向拍卖人提供能够证明其所委托的拍卖标的来源合法，并且能够证明其具有所有权或者处分权。对于来源合法，且银行有所有权或处分权的标的，拍卖人应当接受委托。

《拍卖法》第42条规定，“拍卖人应当对委托人提供的有关文件、资料进行核实。”因此认真审核委托人提供的有关文件、资料是拍卖人应当承担的一项法定义务。产权明确属于委托银行的标的，接受委托进行拍卖一般不会有太大问题。但是对于产权没有正式过户到委托银行名下的抵债资产要格外小心。就本案而言，即便按照当地市房地产管理部门的规定，持有购房人的购房证明书、商品房买卖合同和开发商签发的商品房买卖发票就可以办理房屋所有权证书，拍卖公司也不能轻易接受该委托。因为持有购房人的购房证明书、商品房买卖合同和开发商签发的商品房买卖发票只能将房屋产权证办理到原购房人的名下，而且还必须是原购房人持这些文件才能办理。持有购房人的购房证明书、商品房买卖合同和开发商签发的商品房买卖发票并不能将该房产所有权证书办理到委托银行名下，将该房产直接办理到拍卖买受人名下就更无保障了。本案中银行欲委托拍卖的房产在未办理产权过户之前，其产权仍属于开发商。在未经过合同变更程序将购房合同主体变更为委托银行之前，银行对该房产并不具有明确的处分权。在这种情况下，银行如果想证明自己对该房产具有处分权，最有力的证明材料应该是出具根据我国民事诉讼法的有关规定，经过人民法院判决或裁定，该抵债物归银行所有的司法文书。本案中银行未能出示这样的司法文书，因此，不能证明其对该房产具有处分权，拍卖公司不能接受其按房产现状进行拍卖的委托。

在当前拍卖市场中，特别是在处分银行资产时需要在拍卖成交后补充办理有关证照手续是常见的现象。其中在建工程，包括所谓“烂尾楼盘”等等，是常见的拍卖标的物。对此类标的，拍卖人在拍卖前应当声明，该标的物存在证照不全的权利瑕疵，如房屋证照不全或拖欠土地出让金等，均应在拍卖前加以声明。拍卖成交后，为了解决标的物原有的证照不全的权利瑕疵，有关当事人应当到标的物所在地的房屋和土地管理部门办理手续，补交拖欠费用并领取证照。根据我国《拍卖法》第55条“拍卖标的需要依法办理证照变更、产权过户手续的，委托人、买受人应当持拍卖人出具的成交证明和有关材料，向有关行政管理机关办理手续”的规定，拍卖成交后应当由委托人和买受人到指定的部门办理过户手续，拍卖人仅负出具拍卖成交的有关证明的义务即可。在处分银行业界资产时，由于银行业界的资产来源情况较为复杂，如遇有抵债物或者股转债的情况，还应取得人民法院判决生效的法律文书。

案例 2

2004 年 10 月，某资产管理公司与某拍卖公司签订委托拍卖合同，委托拍卖公司将其面积为 7446.81 平方米的房地产及其租赁收益权进行拍卖，双方还就付款期限、协助办理产权过户手续、拍卖佣金等进行了约定。2004 年 10 月 11 日，根据委托人的要求，拍卖公司发布了拍卖公告，公告中对标的瑕疵做了特别的说明：“本标的现租赁使用中，租赁期间因各种原因，承租人欠付租金，同时，本标的拍卖成交后须按原房屋租赁合同的约定对房屋的改、扩建进行相关处理”。

拍卖会前，有两个竞买人办理了竞买登记手续，签订了竞买协议。竞买协议中对标的物的现状、瑕疵、拍卖后付款、实物移交、产权证的办理等作了明确约定，同时将原房屋租赁合同复印件作为重要的附件。2004 年 10 月 18 日，拍卖公司对上述房产进行了拍卖，工商局工作人员现场监督，委托人代表现场送来了密封的拍卖保留价通知书。拍卖会上，竞买人王某以 390 万元竞买成功，双方签订了拍卖成交确认书。次日，拍卖公司将拍卖结果报告书送交委托人。

拍卖后第七日，买受人王某未按约定付款。委托人资产管理公司向拍卖公司来函称：因买受人没有按约定付款，已经违约，故认为本次拍卖无效，要求拍卖公司撤消拍卖成交确认书。拍卖公司立即与买受人王某联系，王某表示一个月内保证付清，并愿意按照约定承担滞纳金。一个月期满，买受人王某将拍卖款和滞纳金全部支付给拍卖公司，拍卖公司随后转交给了资产管理公司。因拍卖标的物原承租人在租赁期间改扩建投资由谁承担的问题，王某与资产管理公司产生纠纷。资产管理公司便将拍卖公司转交的拍卖款及滞纳金退回了拍卖公司，并拒绝为王某办理过户手续。

2004 年 12 月，买受人王某将资产管理公司和拍卖公司诉至法院，要求资产管理公司和拍卖公司为其办理竞得房产的产权过户。2004 年 12 月 24 日，法院作出一审判决：拍卖合法有效，判令资产管理公司在五日内将拍卖房产过户给王某。资产管理公司以买受人没有承担原承租人房屋改造费为由，不服一审判决，提起上诉。2005 年 3 月，上诉法院作出了“驳回上诉，维持原判”的终审判决。生效判决履行后，王某重新向资产管理公司支付了拍卖款 300 万元，余款 90 万元及滞纳金 11739.6 元交由拍卖公司转交。但拍卖公司仅支付给资产管理公司 50 万元，余款始终未付。经多次催收未果，资产管理公司又将拍卖公司起诉至法院，请求判令拍卖公司支付剩余款项及滞纳金，承担违约责任并支付违约金 40 万元。庭审中，拍卖公司表示愿意支付剩余的拍卖款及滞纳金，但认为前期已履行付款义务，该案系资产管理公司不履行交付拍卖标的物义务，并退回了王某交纳的拍卖款才导致的纠纷，故拍卖款未付清的责任应由资产管理公司自行承担，且不同意承担违约责任。在法院的主持下，双方最终达成调解协议。拍卖公司向资产管理公司转交了全部拍卖款，资产管理公司则按照约定支付拍卖公司拍卖佣金97500元，并退还了拍卖公司交付的履约风险金39000元。

法律问题

1. 拍卖成交后谁负有为买受人办理产权过户的义务？
2. 第二个案件中，拍卖人拒不转交成交价款的行为是否合法？

法理分析

拍卖成交后，委托人应当协助买受人办理产权过户手续。本案例中，资产管理公司作为委托人，在拍卖成交后，应该按照《拍卖法》的规定，协助买受人王某办理拍卖标的的产权过户手续。资产管理公司拒绝为买受人王某办理产权过户的行为是违法的。第二个案件中，拍卖人拒不转交成交价款的行为不合法。就拍卖人与委托人之间的关系而言，拍卖人是受委托人的委托办理拍卖事务的被委托人。拍卖人可以为自己付出的服务向委托人收取佣金作为报酬，拍卖标的的成交价款属于委托人出售物品或权利的对价，应该归委托人所有，拍卖人应当按照委托拍卖合同的约定将成交价款交付给委托人。本案例中，拍卖人拒绝向委托人转交成交价款的行为是不合法的。

拍卖作为一种特殊的商品交易行为，无论拍卖标的是物品，还是财产权利，都涉及所有权的转移。拍卖成交后谁负有向买受人移交拍卖标的的义务呢？由于拍卖人与买受人之间的合同关系是独立与拍卖人与委托人之间的委托合同的，因此，在买受人支付了全部成交价款及拍卖佣金后，拍卖人应将标的交付给买受人。但是由于拍卖是一种特殊的商品交易行为，在这种交易中，拍卖人并不是拍卖标的的所有权人，拍卖人事实上只是拍卖标的真正所有权人和买受人之间的中介。按照我国《民法通则》第72条规定，“按照合同或其他方式取得财产的，财产所有权从财产交付时转移。”进入拍卖程序的物品可以分为一般物品和特殊物品，两种标的交割标准不一。在实践中，一般物品的交割遵循“银货两讫”的原则，即款齐交货。如果委托人已交给了拍卖人，则由拍卖人直接将标的移交给买受人，并开具相关票据，以资证明货款两清。如果标的属于没有移交给拍卖人的物品，根据《拍卖法》第31条“按照约定由委托人移交拍卖标的的，拍卖成交后，委托人应当将拍卖标的移交给买受人”的规定，则由委托人按照《委托拍卖合同》中的约定，在收到拍卖人的付货通知单后，直接交付给买受人。特殊物品交割主要指需要办理证照变更、产权过户的标的，如机动车、房地产、企业资产、股权、专利权等。这些标的的转移并不意味着其所有权自然也转移到了买受人，只有办理了有关的证照变更、产权过户手续，买受人才能取得拍卖标的所有权。依据《拍卖法》第55条规定，“拍卖标的需要依法办理证照变更、产权过户手续的，委托人、买受人应当将拍卖人出具的成交证明和有关资料，向有关行政管理机关办理手续。”因此，拍卖成交后，拍卖人出具成交确认书、发票、出库清单等有关成交证明，委托人、买受人应该持拍卖人出具的上述材料及拍卖标的的财产权利凭证，到有关行政管理机关办理证照变更、产权过户手续。

四、补充思考案例

2006年3月20日，某拍卖公司接受人民法院的委托举行拍卖会，拍卖一栋写字楼，同场拍卖的还有拍卖公司接受司法部门委托的其他房地产等数十项标的，拍卖前有两家企业报名登记竞买该写字楼，并按照要求交纳了保证金，领取了竞买号牌。该写字楼是本场拍卖会的一号拍卖标的，拍卖会开始后，当拍卖师报出该标的起拍价时，场上无人应价，拍卖师经询问再三后，继续进行其他拍品的拍卖。拍卖会进行当中，又有一位竞买人赶到，并向拍卖公司申明因为交通拥堵，延误了时间，要求对该写字楼再次竞价。但是拍卖仍在进行当中，并有少部分竞买人退场。拍卖公司发现，登记竞买该标的的两位竞买人仍在现场。经过征询委托人的意见，委托人同意仍以原来的起拍价位起拍，拍卖公司又征询了在场的两位竞买人的意见，他们也都同意再次竞价，于是拍卖公司通知拍卖师再次就该写字楼进行竞价。拍卖师在进行了第17项拍卖标的之后，宣布就该标的再次竞价，并说明了再次竞价的原因。经过竞价该标的顺利拍卖成交。事后，有人提出异议，认为在同一场拍卖中，如果拍卖标的已经流标，应当重新发布拍卖公告，重新举行拍卖会进行拍卖，否则，应当认定为无效拍卖。

何为流拍？在一场拍卖会中，同一个标的可否多次竞价？

第三节 其他问题

一、法律原理概要

做好房地产拍卖前的各项准备和审查工作很重要。对司法拍卖中的房地产，需要核查是否存在重复查封，各法院必须协调一致才可执行。如果由执法部门查封，而被执行人拒绝提供产权证时，拍卖人必须对产权证来源作进一步取证。产权人为国有单位和集体单位时，房地产委托拍卖需要取得上级部门的书面许可意见。对于发生用途转换的房地产，为了保证拍卖成交后的产权变更，补办规定的用途转性手续，必须进一步收集取证原始产权证办理过程的必要文件，如房屋平面图、地籍图、规划设计批文、建筑竣工图、上级主管部门批文等。对于有共有人的房地产，必须有共有人的书面同意转让意见，同时，共有人享有优先购买权。如果拍卖公告前已签订租赁合同并到房产部门进行了登记，则应该将租赁行为告知买受人，将拍卖行为告知承租人，承租人享有优先购买权。房屋分层、分套拍卖时，该房屋占有范围内的使用权不可分隔，该房地产买受人要按照分层、分套的建筑面积分摊取得相应比例的土地使用权。按照房屋建筑设计为成套的房屋，一般不得分隔拍卖。房屋拍卖时，房屋的附属设施需要一并拍卖的，应在公告中说明并可一起拍卖。

房地产变更（过户）的税费及相关手续的补办费用问题，关系到买受人实际成本，影响其切身利益。拍卖公司应该在拍卖前去相关部门了解相关的手续费、税费，特别是补办程序及应补缴费用金额。另外对于已确权的房地产有时会存在二次过户情况，即拍卖标的存在至少一次转让行为，但未办理过户手续。按照规定每次转让都必须办理过户和缴纳相应过户费用。如果忽略了两次过户税费的存在，会给买受人造成损失并可能引起纠纷。在拍卖前，必须向竞买人说清楚拍卖后尚需手续和办理完产权过户的大致金额，同时明确这些费用由谁承担，使竞买人事先有充分的预算，以控制应价的承受能力，成交后，买受人对相应的费用支付也无异议。除了拍卖佣金外，房地产拍卖中可能涉及的税费项目包括：营业税及其附加；合同和权证印花税；契税；交易手续费；评估费；登记费；合同公证费等。

在建工程属于比较特殊的房地产项目，因为其涉及的关系更复杂，做好此类房地产的拍卖除了需遵循一般的要求外，还需特别注意查明：土地使用权以出让方式取得的，是否已经支付了全部出让金，并经依法登记，取得产权证书；发改委、规划、土地、施工管理等部门的批准文件是否齐全；包括建设用地规划许可证、建筑工程许可证、施工许可证、预售许可证是否取得等；房地产建设的开发投资总额是否已经完成25%；政府各相关部门的市政配套和基础设施配套的协议，以及配套费用的支付状况；与项目其他参与人的合同和费用支付情况。在建工程项目是否存在抵押行为。在建工程项目是否预售。拍卖房地产在建工程，其权利人应当向城市房产主管部门提出申请，并提交相关的证明文件，经审批取得书面批准文件后方可拍卖。拍卖成交后，转让人应当向买受人出示在建工程项目拍卖的书面批准文件，与买受人签订转让合同。拍卖的当事人应该在转让合同生效后，按照有关步骤办理过户手续，并接受该在建项目的所有合法文件，需要变更的，重新办理。

建成在售房地产拍卖应注意的问题。首先要了解房地产所属物业的土地产权状况和商品房销售许可证办理情况，否则会影响过户。房地产权属经确认后，还要了解房地产的当前使用和租赁费用拖欠情况、同委托人明确欠债责任。

手续不全和规定不允许转让，但经有关部门、单位协商和政府审批后可以拍卖的房地产在拍卖中称为有瑕疵房地产。主要类型包括：拍卖标的有房屋所有权证，未办理土地使用权证。经政府相关部门审批通过，如果是国有建设用地，则补缴出让金；如果是集体土地，则补缴征地费和出让金，补办土地使用权证。拍卖标的有国有建设用地使用权证，未办理房屋所有权证，必须报请有关部门审批。如果不准予转让，则该标的不可拍卖；如果准予转让，并同意补办手续，则应由买受人按照相应程序补办房产权证。对于违章建筑，若规划管理部门认定必须拆除，则该标的不可拍卖；如果通过协商，政府有关部门允许不拆除，则按照相应程序补办房产权证，如开发项目的超容积率建筑就可如此处理。拍卖标的既无国有建设用地使用权证，又无房屋所有权证，如果政府不予批准补办房地产权证，则该房地产不可拍卖。参建、联建、合作、集资建设的房地产多属历史遗留问题，权属表现形式和关系较复杂，各地方、各房地产情况都不尽相同，应根据各地方的具体规定进行属地化处理。划拨土地上有合法产权证的房地产转让时，应当按照国务院规定，报有批准权的人民政府审批。如果补办出让手续准予转让的，应当由受让方办理土地使用权出让手续，并依照国家有关规定缴纳土地使用权出让金。以划拨方式取得土地使用权的，转让房地产报批时，有批准权的人民政府按照国务院规定决定可以不办理土地使用权出让手续的，转让方应按规定将转让房地产所获收益中的土地收益上缴国家或作其他处理。对于不可转让的国家公益型房地产，不可作为拍卖标的。对于房地产开发过程未予交清的款项，或未办完手续的房地产，应补缴清剩余款项和补办完全部手续再拍卖。拍卖标的设定抵押权的，应通知抵押权人，或解除抵押，或拍卖成交后根据国家规定的受偿顺序受偿。如果拍卖标的存在重复抵押即同一宗房地产抵押给了不同抵押权人，则抵押权人并成了当事人，其意见必须和法院、被执行人、拍卖公司协调统一，方可拍卖。

二、典型案例剖析

案例 1

某商业银行委托拍卖公司对一幢住宅楼进行整体拍卖。由于该标的物地处城市中心，地理位置极佳，因此拍卖公告登出后，前来咨询的人很多，但是绝大部分客户都表示整体拍卖需要资金太高，无力承担。拍卖公司将情况如实汇报给委托人，要求考虑分割拍卖，但委托人不同意，仍要求按原定方案整体拍卖。有三个竞买人顾某、魏某和许某最后交纳了保证金，办理了竞买手续。经过公开竞价拍卖，竞买人许某以1300万元的最高应价竞得该标的，当场与拍卖公司签订了拍卖成交确认书，并办理了将保证金转为定金的手续。

按照约定，买受人许某应当于2005年10月15日前付清余款和佣金。2005年10月11日上午，买受人许某与竞买人魏某来到拍卖公司，共同向拍卖公司提出改签拍卖成交确认书的要求，请求将买受人由许某变更为魏某。魏某表示保证在2005年10月15日前付清全部成交价款和佣金，由许某为其付款义务承担连带保证责任。并表示，许某与魏某愿意为拍卖公司写下承诺书，承担由与变更买受人而造成的一切法律后果和责任，一切责任均与拍卖公司无关。

经了解，由于没有竞买成功，竞买人魏某在拍卖会后后悔不已，多次找到买受人许某，表示在原来成交价的基础上再给许某加价，希望许某将该标的转给他。经过协商，许某最后同意了魏某的要求。拍卖公司对许某和魏某改签拍卖成交确认书的要求感到为难，因为《拍卖法》中没有相关规定，担心会有法律风险。

法律问题

1. 拍卖成交后，可否变更拍卖成交确认书中的买受人？
2. 变更买受人这种现象的法律本质是什么？

法理分析

拍卖成交后可否变更买受人，这个问题比较复杂，不能一概而论，要具体情况具体分析。但是拍卖人不应通过改签拍卖成交确认书的方式来变更买受人。变更买受人，从理论上讲这种情况属于《合同法》上的合同主体变更，即合同转让问题。合同转让指合同当事人一方经与第三方协商，依法将合同权利或义务全部或部分地转让给第三人的法律行为。合同转让涉及原合同当事人双方及受让人第三方之间法律关系的变化。作为受让方的第三人，可以是代替原合同中的债权人或债务人，也可以是加入到合同关系中，作为当事人一方而存在。由于合同主体的改变是合同构成要素的改变，因此合同转让将导致原合同关系的消灭，并产生新的合同关系。但无论如何，合同转让的特点之一是合同内容并不因合同转让即合同主体的改变而改变。正因如此，合同转让不属于合同终止的原因，因为尽管对转让人而言，转让后转让人的债权债务消灭了，但原合同的债权债务并未终止，只是转移给了受让人。

从合同转让的内容看，合同转让可以分为合同权利的转让、合同义务的转让、合同权利义务的概括转让三种形式。买受人要求变更拍卖成交确认书中的买受人，一般是要求完全变更，不是单纯将买受人的权利转让给第三人或单纯将买受人的义务转移给第三人，而是将权利和义务一并转给第三人，这一现象属于合同权利义务的概括转让。合同权利义务的概括转让指由原合同的当事人一方将其债权债务一并转移给第三人，由第三人概括地继受这些债权债务。此类转让产生的原因有约定和法定两种。法定的合同继受的主要原因有企业合并、分立引起的债权债务概括转移。我国《民法通则》第 44 条规定，“企业法人分立、合并，它的权利义务由变更后的法人享有或承担。”《合同法》第 90 条规定，“当事人订立合同后合并的，由合并后的法人或者其他组织行使合同权利，履行合同义务。当事人订立合同后分立的，除债权人和债务人另有约定的以外，由分立的法人或者其他组织对合同的权利和义务享有连带债权，承担连带债务。”此外还有继承人因继承法的规定而承受被继承人在合同中的债权债务。约定的合同转移，也称为合同承担，指合同一方当事人与第三人之间订立合同，并经原合同的另一方当事人同意，由第三人承担合同该当事人在合同中的全部权利义务。本案例中的情况就属于约定的合同转移。

从拍卖实践中来看，买受人要求变更拍卖成交确认书主体的拍卖，其标的一般都属于需要办理产权过户手续才发生交付效力的特殊标的。在房地产拍卖中常有发生。这一点不难理解，如果拍卖标的是那些不需要办理产权过户手续就能产生交付效力的普通标的物，则买受人完全可以在取得拍卖标的物后，自行再转让，而不需要麻烦拍卖人变更拍卖成交确认书。那么，拍卖人是否应当同意买受人变更拍卖成交确认书主体的要求呢？首先，拍卖人完全有权利不同意买受人的这一要求。根据《合同法》第 87 条的规定，“当事人一方经对方同意，可以将自己在合同中的权利和义务一并转让给第三人”。买受人要想将其在拍卖成交确认书中的权利和义务一并转让给第三人（变更买受人）的，必须取得拍卖人的同意方可。因为在合同概括转让中，存在着合同义务的转移，即合同义务的承担问题，对于合同义务的转移必须要经对方（债权人）的同意。因此，拍卖人可以不同意买受人的要求。

拍卖人可否同意买受人的要求，变更拍卖成交确认书中的买受人呢？一种观点认为拍卖人不能变更买受人，理由是《拍卖法》规定“买受人是指以最高应价购得拍卖标的的竞买人”，买受人必须首先是参与拍卖活动的竞买人，具有竞买人身份。变更后的“买受人”没有参加过竞买活动，不曾具有竞买人身份，因此，不能成为买受人。即便是买受人要求将拍卖成交确认书中的买受人变更为曾经参与过本场拍卖会的其他竞买人，也不可以，因为这个竞买人不具备“以最高应价购得拍卖标的竞买人”的条件。另一种观点则认为，拍卖人可以同意买受人的要求，变更拍卖成交确认书中的买方主体。理由是拍卖成交以后，竞价程序已经完成，变更拍卖成交确认书中的买方主体与拍卖本身没有关系，即不损害委托人的利益，也不损害其他曾参加过拍卖活动的竞买人的利益。《合同法》是允许当事人协商一致变更合同主体的，条件只有一个，就是“经对方同意”。因此，只要拍卖人同意即可。

上述两种观点都有一定的道理。从理论上讲，拍卖成交后，是可以变更买受人的，但是要注意四点：第一点是根据《拍卖法》第33条规定，“法律、行政法规对拍卖标的的买卖条件有规定的，竞买人应当具备规定的条件”，因此，在变更买受人时要注意买受人的资格；第二点是不能利用变更买受人的方式来损害国家、集体或他人的合法权益。比如不能以此来逃避国家税收。否则，变更行为无效。第三点是《合同法》第77条第2款规定，“法律、行政法规规定变更合同应当办理批准、登记等手续的，依其规定”。第四点是这种买受人的变更从本质上讲，并不是拍卖法律关系中“买受人”的变更。因为在拍卖活动中，买受人具有特定的含义，即买受人只能是以最高应价购得拍卖标的的竞买人。当我们讲“买受人”的变更时，实际上是指广义上的买卖合同中的买受人，而不是指拍卖活动中的买受人。

是否可以通过转让合同而牟利？这个问题在《合同法》实施前后情况有所不同。我国在1986年颁布的《民法通则》第91条规定，“合同一方将合同的权利、义务全部或部分转让给第三人的，应当取得合同另一方的同意，并不得牟利”。而1999年颁布的《合同法》则取消了合同转让不得以牟利为目的的规定。但是如果通过合同转让来牟利，则意味着发生了两次财产转移，这里可能会涉及税收的问题，拍卖人应特别加以注意。本案例就可能涉及这个问题。

变更买受人是否要取得委托人的同意呢？这个问题应具体分析。有时候，在拍卖成交后，根据拍卖人与委托人之间委托拍卖合同的约定，买受人应当与委托人签订正式的买卖合同。在这种情况下，变更买受人的问题事实上变成买受人与委托人之间问题了，与拍卖人无关，因此，也就不存在拍卖人征得委托人同意的问题。但是买受人必须取得委托人的同意方可进行合同转让。在买受人未与委托人签订买卖合同的情况下，买受人与委托人之间没有直接的关系，变更买受人一般不以取得委托人同意为前提条件。但是由于标的物的最终交付可能会涉及委托人，另外拍卖人有向委托人通报拍卖情况的义务，因此拍卖人应当将变更买受人的情况通知到委托人。

拍卖实践中，有些拍卖公司在变更买受人时，采取了变更原有拍卖手续的办法，即通过给新的买受人补办一套完整的拍卖手续的方法来变更买受人。这种弄虚作假的方法我们认为是错误的。另外，在已经签订了拍卖成交确认书的情况下，也不宜采取重新签订新的拍卖成交确认书的方式来变更买受人。较为可取的办法是在保留原有手续的前提下，另行依法签订合同转让协议。

总之，《合同法》虽然规定了合同转让的制度，但是拍卖毕竟是一种特殊的交易方式，在变更买受人问题上应当谨慎从事。

案例2

某拍卖公司于2005年9月12日受当地工商银行的委托拍卖一处房产。工商银行要求按该标的现状净价拍卖，规定过户风险和过户所产生的所有税费、土地出让金均由买受人自行承担。为了让竞买人了解的更清楚，拍卖公司在竞买协议中对净价拍卖作了进一步表述：标的为现状净价拍卖，面积差、产权瑕疵和其他瑕疵不影响成交价格；过户手续由买受人自行办理，过户风险、产权过户过程中买卖双方应交纳的一切相关税费、土地出让金及其他一切费用由买受人承担。拍卖非常成功，以高出保留价一倍的价格成交。买受人在交完成交价款和佣金后办理了有关产权证书移交手续。但是在过户过程中，买受人以营业税、土地增值税是销售过程中产生的税，应由委托方承担为由，而拒绝交纳。经拍卖公司多次催收，买受人仍拒绝交纳。国家税收管理部门和土地管理部门依法向委托人催缴了“销售不动产营业税”和“土地出让金”。委托人履行了法定义务后，将买受人和拍卖公司列为共同被告，向法院提起了诉讼。

法律问题

1. 营业税和土地增值税的纳税主体是否发生了转移？
2. “净价拍卖”的方式是否合法？

法理分析

本案中营业税和土地增值税的纳税主体没有发生转移，纳税主体仍然是委托人。《税收征管法实施细则》规定：“纳税人应当依照税收法律、行政法规的规定履行纳税义务；其签订的合同、协议等与税收法律、行政法规相抵触的，一律无效”。因此，本案例中当事人的约定不能产生变更行政法义务主体的效力。合同是当事人自愿和协商一致的结果。当事人可以就交易的风险分担和交易成本的分配等问题进行协商约定。依法成立的合同，受法律保护，对当事人具有法律约束力。但是《合同法》第 52 条规定，“违反法律、行政法规的强制性规定的合同无效。”第 54 条规定，“在订立合同时显失公平的，当事人一方有权请求人民法院或者仲裁机构变更或者撤销。”即当事人就交易的风险分担和交易成本的分配等问题进行的约定，不能违反法律、行政法规的强制性规定，不能显失公平，否者将导致合同无效或被当事人申请撤消。本案例中，拍卖成交合同约定“过户手续由买受人自行办理，过户风险、产权过户过程中买卖双方应交纳的一切相关税、费、土地出让金及其他一切费用由买受人承担”。这里应当由委托人承担的税、费和土地出让金的义务都属于行政法上的义务。委托人作为纳税义务人和交纳相关费用和土地出让金的义务人，其行政法上的义务主体资格不能通过当事人协议的方式而转移。《税收征管法实施细则》第 3 条规定，“纳税人应当依照税收法律、行政法规的规定履行纳税义务；其签订的合同、协议等与税收法律、行政法规相抵触的，一律无效”。因此，本案例中，当事人的约定不能产生变更行政法义务主体的效力。国家税收管理部门和土地管理部门依法向委托人催缴“销售不动产营业税”和“土地出让金”的行为是合法的，委托人应当依法履行其法定义务。

“净价拍卖”不是一个法律术语。我国拍卖法中没有“净价拍卖”的相关规定，合同法中也没有关于“净价买卖”或“净价交易”的相关规定。从法理上讲，“净价交易”可以理解为是一种附交易条件的民事行为，即卖方同意交易的前提条件是买方必须承担原本应当由卖方承担的一些义务。本案例中，委托方同意交易的条件是：买受人应承担拍卖标的过户风险、过户所产生的双方所有税、费和土地出让金。当事人的约定虽然不能产生行政法上变更行政义务主体的效力，但是仍然具有民法上的效力。委托人依法缴纳了税、费和土地出让金后，可以凭民事合同向买受人行使追偿权。由于委托人承担的税、费和土地出让金构成了合同价款的必要组成部分，因此委托人在实现了追偿权后，应当向买受人出具相应的合同价款凭据，以便买受人入账。如果买受人认为承担的税费过高或风险过大，合同约定显失公平，可以在法定的时效期间内向人民法院或合同约定的仲裁机构申请撤消合同。在实施“净价拍卖”活动时，一定要注意行政法义务是不能通过当事人的约定而擅自转移的。如果要将委托人应当承担的行政法的金钱义务作为交易价格的一部分由买受人承担，应当在拍卖合同中明确予以表述，以免造成“擅自转移行政法义务主体资格”的误解。另外，涉及买受人代委托人缴纳交易税费问题时，拍卖人应当在拍卖前将相关税率和收费标准明确向竞买人披露，以便竞买人在竞买时作出理性的选择。

三、补充思考案例

原告华鹏公司诉称，2004 年 8 月，被告银行委托被告拍卖公司拍卖文化街 31 - 33 号一层、二层右商业用房。原告以竞买人的身份参加拍卖公司组织的公开拍卖，并以 1200 万元总价款最高应价成交。当日与拍卖公司签订了《拍卖成交确认书》，约定：原告已交纳的 200 万元保证金转为成交拍卖标的的定金（一层右房屋定金为 50 万元，二层右房屋定金为 150 万元）；银行需在 2004 年 12 月 30 日前完善消防工程并达到原告设立农贸市场的消防要求且由消防管理机关出具消防验收合格证。此后，原告按约定向银行支付了二层右商业用房的全部价款和解决成交拍卖标的的物业管理、搬迁、消防等遗留问题的款项。根据《竞买协议书》的约定和行政审批，原告开始着手对二层右的商业用房进行改造拟建立“农贸超市”，以便对外出售、出租和组建市场，并确定在 2004 年 12 月 18 日正式开业。但银行承诺的消防设施验收却迟迟不能完成，始终未向原告出示完备的消防验收手续。其间，原告多次要求二被告履行义务，但均无成效。由于消防设施未按时完成验收，原告组建的市场也无法如期开业，给原告带来了严重负面影响并给原告造成了重大经济损失。就一层商业用房而言，已丧失处置时机，直接导致合同目的无法实现，依法应解除相应协议并由被告退还原告已支付的费用，并向原告双倍返还定金。就二层右商业用房而言，因被告的违约行为而给原告造成的经济损失，依法应当由被告偿付给原告。为维护原告的合法权益，特向人民法院起诉，请求：判令解除原告与被告拍卖公司于 2004 年 8 月 27 日签订的拍卖成交确认书及竞卖协议书中涉及文化街 31 - 33 号一层右商业用房部份之条款；判令二被告退还原告支付的文化街 31 - 33 号一层右商业用房佣金、搬迁费、物管费、消防整改支出、分摊电费等共计 521778 元；判令二被告双倍返还原告文化街 31 - 33 号一层右商业用房定金共计 100 万元；判令二被告向原告赔偿文化街 31 - 33 号二层右商业用房违约损失 794640 元；本案全部诉讼费用由二被告承担。

被告银行辩称：我行委托拍卖公司拍卖，对标的物状况履行了告知义务，竞买人应当知道；原告取得标的物，我行尽了协助义务；原告请求解除的条款及其他三项请求，无合同和法律依据。

被告拍卖公司辩称，我公司于 2004 年 8 月 17 日就公开拍卖文化街 31 - 33 号二层右商业用房（建面1906.81平方米）和一层商业用房（建面1367.31平方米）与银行依法签订了委托拍卖合同。于2004年8月20日在报纸等新闻媒体上依法进行了公告。原告闻讯后，多次前来公司咨询和查阅有关资料，多次到银行与有关人员了解情况，并于拍卖日前分别缴纳了一层右50万元、二层右150万元的竞买保证金。同年8月27日，在区工商行政管理部门的监督下，我公司公开举行了拍卖会。拍卖会上，拍卖师重点对上述拍卖标的做了说明：即按现状拍卖，消防未验收；过户费用全部由买方承担；委托人可协助买方办理消防工程完善工作，协助买方清理原租用单位，所发生的费用由买方承担；原欠物管费由买方承担，两证齐全。在该场拍卖会上，原告分别以463万元和737万元的最高应价竞得上述拍卖标的成为买受人。拍卖会当日我公司与原告签订了拍卖成交确认书，并按竞买协议书的约定将其200万元保证金转为定金。后原告依约缴足了第二层右房产的成交价款463万元并与委托银行办理了拍卖标的移交过户手续。移交后，原告已于2004年12月18日将第二层右商业用房改造成农贸市场并开业投入使用。鉴于原告竞买成交的第一层右商业用房迟迟未按拍卖成交确认书和竞买协议书约定的条款缴纳成交价款，我公司多次电话和派员前往其办公地催促其缴纳该款项，并于2004年10月8日、11月9日、12月6日、12月28日多次函告原告缴纳该款项，而原告总是以资金紧张搪塞或置之不理，拒不支付应缴款项。综上所述，在本案中，我公司依法接受委托、依法进行公开拍卖，整个拍卖活动合法、真实、有效。且我公司没有任何过错，没有违约行为。而原告违反了《拍卖法》第39条规定的“买受人应当按照约定支付拍卖标的的价款，未按照约定支付价款的，应当承担违约责任，或者由拍卖人征得委托人的同意，将拍卖标的再行拍卖。拍卖标的再行拍卖的，原买受人应当支付第一次拍卖中本人及委托人应当支付的佣金。再行拍卖的价款低于原拍卖价款的，原买受人应当补足差额”和竞买协议书第三条、第七条第二款“在付清二层的购房款后，卖方交付第一层房屋，交付三个工作日内支付600万元房款。余款在2004年12月15日前付清。若不能按上述约定支付款项，应当按总金额万分之一/日的滞纳金计收。逾期最迟不能超过10日”的约定。故特请求人民法院以事实为根据，以法律为准绳，依法驳回原告的诉讼请求，判令原告及时向我公司交清拍卖成交价款687万元和滞纳金298158元，共计7168158元（以滞纳金缴清日为止）。

法院经审理查明：2003年8月8日，被告银行因对旧城改建工程处享有到期债权而取得其位于文化街31号、33号的房产处分权后，即与金威智能控制工程有限公司约定由该公司对该房产进行消防改造。2004年8月17日，被告银行与被告拍卖公司签订委托拍卖合同一份，主要约定，被告银行将其位于文化街31号、33号的房产委托被告拍卖公司拍卖，拍卖成交的，由委托人将标的交付（转移）买受人，保留价为1200万元。2004年8月20日，被告拍卖公司发布拍卖公告。拍卖日前，原告华鹏公司向被告拍卖公司缴纳了200万元竞买保证金。2004年8月27日，原告华鹏公司与被告拍卖公司签订竞买协议一份，其中约定，“二层右商业用房在竞买方与委托人签订书面转让协议后，竞买方所交的定金150万元转为购房款，其余购房款在交房后五个工作日内付250万元，余款在2004年12月1日前付清。交房时间为2004年9月30日前。一层右商业用房在竞买方与委托方签订书面转让协议后，竞买方所交的定金50万元转为购房款，在付清二楼的购房款后，卖方交付第一层房屋，交房后三个工作日内支付600万元房款。余款2004年12月15日前付清，若不能按上述约定支付款项，应当按总金额万分之一/日的滞纳金计收。逾期最迟不能超过10日。交房时间：在二层右商用房的成交款已付清时交付。交房时间为2004年12月1日前。标的物现状拍卖，标的物原所欠物管费、消防工程完善费及所需要的租赁人提前搬离和赔偿费用约100万元由买方承担。拍卖成交后，由买方在银行设立专用账户，存入100万元，由买、卖双方监管使用于消防工程完善并在达到买方设立农贸市场的消防要求且由消防管理机关出具消防验收合格证、清偿原欠物管费、鼓励租用人提前搬离和损失赔偿费。该费用限额在110万元（含）以内，若超支，由委托人自理，若有节余，则留归买方。在处理上述事务中，应通知买方派员参与，在支付相关费用时必须经买方派员同意。在双方意见不一致时，以卖方人员意见为主。委托人应协助竞买方按照竞买方的要求对转让的一层右、二层右商业用房进行产权分割，并按分割后的面积办理相关的多个产权证书，产权证书的权属人由竞买方确认后，以委托人名义与竞买方确定的产权人签订产权转让协议。消防验收合格期限为2004年12月30日前，如因委托人原因未能按期验收合格，委托人承担成交价总额万分之一/日的违约金。买受人凭拍卖成交合同与委托人按楼层分别签订房屋买卖合同，房产过户由委托人协助买方办理，过户费用全部由买方承担。”同日，原告华鹏公司以1200万元价格拍得标的物后，即与被告拍卖公司签订拍卖成交确认书两份，主要载明，拍卖成交标的及价款分别为：文化街31、33号二层右商业用房，建面1906.81平方米，成交463万元，佣金3万元；文化街31、33号一层右商业用房，建面1367.31平方米，成交737万元，佣金3万元。付款方式按竞买协议执行，其他约定见竞买协议。由于消防一直没有验收合格，致使原告按合同约定接收一楼商业用房的计划无法实现。

1. 取得消防验收合格证是谁的义务？
2. 原告解除合同的请求是否应当支持？
3. 拍卖公司是否应当承担民事责任？

第八章
文物艺术品拍卖

第一节　文物拍卖资质

一、法律原理概要

（一）文物基本知识

文物是人类社会活动中遗留下来的具有历史、艺术、科学价值的遗物和遗迹。《文物保护法》第2条规定，“在中华人民共和国境内，下列文物受国家保护：具有历史、艺术、科学价值的古文化遗址、古墓葬、古建筑、石窟寺和石刻、壁画；与重大历史事件、革命运动或者著名人物有关的以及具有重要纪念意义、教育意义或者史料价值的近代现代重要史迹、实物、代表性建筑；历史上各时代珍贵的艺术品、工艺美术品；历史上各时代重要的文献资料以及具有历史、艺术、科学价值的手稿和图书资料等；反映历史上各时代、各民族社会制度、社会生产、社会生活的代表性实物。”文物认定的标准和办法由国务院文物行政部门制定，并报国务院批准。具有科学价值的古脊椎动物化石和古人类化石同文物一样受国家保护。

文物可以从不同的角度进行分类。根据文物存在的形态，可以将文物分为不可移动文物和可移动文物。以文物年代为标准，可以将文物分为古代文物和近现代文物。根据文物的价值，可以将文物分为珍贵文物和一般文物；珍贵文物又分为一级文物、二级文物、三级文物。

文物和艺术品两个概念既有重合又有区别，艺术品可以是文物，但文物不完全是艺术品。艺术品是指艺术家创造的有审美价值的艺术载体。文物的范围更宽泛，它的范围由所在国家的法律来确定，即把一定年限内和一定范围内的实物定为文物。一般来说，文物类艺术品兼具了文物价值和艺术品审美价值，在拍卖市场中尤其受到人们的青睐。

（二）设立文物拍卖企业的条件

文物拍卖企业是指依法取得国家文物局颁发的文物拍卖许可证，有权开展法律规定的文物种类拍卖活动的拍卖企业。根据《文物拍卖管理暂行规定》第2条的规定，“拍卖企业拍卖下列文物需要依法取得文物拍卖许可证：1949年以前的各种艺术品、工艺美术品；1949年以前的文献资料以及具有历史、艺术、科学价值的手稿和图书资料；1949年以前，反映各民族社会制度、社会生产、社会生活的代表性实物；1949年以后，与重大历史事件、革命运动或者著名人物有关的，具有重要纪念意义、教育意义或者史料价值的实物；1949年以后，国家文物局公布的列入限制出境范围的中国已故著名书画家作品。”

《拍卖法》、《文物保护法》、《文物保护法实施条例》、《拍卖管理办法》和《文物拍卖管理暂行规定》等法律文件，都分别对在我国设立文物拍卖企业的条件作出了具体的规定。设立文物拍卖企业的条件与设立一般内资拍卖企业的条件有许多是相同的，比如企业名称核准、申领拍卖经营许可证、办理工商登记和领取营业执照等，但也存在着较大的不同。

设立文物拍卖企业除了必须符合设立一般拍卖企业的条件外，还应当具备下列条件：

1. 股东条件。设立文物拍卖企业的股东必须是中华人民共和国的公民或法人。《文物保护法》第55条规定，“禁止设立中外合资、中外合作和外商独资的文物商店或者经营文物拍卖的拍卖企业。”

2. 注册资本。文物拍卖活动具有较强的特殊性，拍卖标的物的价值也较高，因此在《拍卖法》立法时，对文物拍卖企业注册资本的要求比对一般拍卖企业高的多。《拍卖法》第13条规定，“拍卖企业经营文物拍卖的，应当有一千万元人民币以上的注册资本”。

3. 文物拍卖专业人员。《文物保护法实施条例》规定，“依法设立的拍卖企业，从事文物拍卖经营活动的，应当有5名以上取得高级文物博物专业技术职务的文物拍卖专业人员，并取得国务院文物行政主管部门发给的文物拍卖许可证。”

4. 文物拍卖许可证。设立文物拍卖企业，除了要按照《拍卖法》的规定取得商务主管部门颁发的拍卖经营批准证书和工商部门颁发的营业执照外，还必须要依法取得文物拍卖许可证。《文物保护法》第54条规定，“依法设立的拍卖企业经营文物拍卖的，应当取得国务院文物行政部门颁发的文物拍卖许可证。”《文物拍卖管理暂行规定》第3条规定，“依法设立的拍卖企业从事本规定第二条所列文物拍卖活动的，须经所在地的省、自治区、直辖市文物行政部门审核同意后，向国家文物局申请文物拍卖许可证。”《文物保护法实施条例》规定，“依法设立的拍卖企业申请文物拍卖许可证，应当向国务院文物行政主管部门提出申请。国务院文物行政主管部门应当自收到申请之日起30个工作日内作出批准或不批准的决定。决定批准的，发给文物拍卖许可证；决定不批准的，应当书面通知当事人并说明理由。”我国现行文物拍卖许可证根据文物拍卖经营的品种范围可分为三类。一类文物资质：陶瓷、玉、石、金属器等；二类文物资质：书画、古籍、邮品、手稿及文献资料等；三类文物资质：竹、漆、木器、家具、纺织品等。

（三）文物拍卖法律依据

1960年11月17日国务院制定的《文物保护管理暂行条例》规定，“在中华人民共和国国境内，一切具有历史、艺术、科学价值的文物，都由国家保护，不得破坏和擅自运往国外。”全国人民代表大会常务委员会1982年制定的《文物保护法》规定，“中华人民共和国境内地下、内水和领海中遗存的一切文物，属于国家所有。”“古文化遗址、古墓葬、石窟寺属于国家所有。”

1997 年《拍卖法》规定了设立文物拍卖企业的条件，即拍卖企业经营文物拍卖的，应当有 1000 万元人民币以上的注册资本，有具有文物拍卖专业知识的人员。

2002 年 10 月，修订后的《文物保护法》正式颁布，随后又颁布了《文物保护法实施细则》，首次明确了民间文物收藏与文物拍卖的合法性，详细规定了文物艺术品拍卖过程中的操作规范和法律责任，文物拍卖机构的设立、资质许可也被纳入了法定的管理轨道。《文物保护法实施细则》明确规定，文物收藏单位以外的公民、法人和其他组织，可以依法收藏文物，其依法收藏的文物所有权受法律保护。公民、法人和其他组织依法收藏的文物，可以要求文物行政主管部门对其收藏的文物提供鉴定、修复、保管等方面的咨询。《文物保护法》规定，文物商店应当由国务院文物行政部门或者省、自治区、直辖市人民政府文物行政部门批准设立，依法进行管理。文物商店不得从事文物拍卖经营活动，不得设立经营文物拍卖的拍卖企业。经营文物拍卖的拍卖企业不得从事文物购销经营活动，不得设立文物商店。禁止设立中外合资、中外合作和外商独资的文物商店或者经营文物拍卖的拍卖企业。此外，禁止从事文物经营或禁止参与文物拍卖的规定还有：文物行政部门的工作人员不得举办或者参与举办文物商店或者经营文物拍卖的拍卖企业；文物收藏单位不得举办或者参与举办文物商店或者经营文物拍卖的拍卖企业；除经批准的文物商店、经营文物拍卖的拍卖企业外，其他单位或者个人不得从事文物的商业经营活动。拍卖企业拍卖的文物，在拍卖前应当经省、自治区、直辖市人民政府文物行政部门审核，并报国务院文物行政部门备案；省、自治区、直辖市人民政府文物行政部门不能确定是否可以拍卖的，应当报国务院文物行政部门审核。拍卖企业拍卖文物，应当按照国家有关规定作出记录，并报原审核的文物行政部门备案。文物行政部门在审核拟拍卖的文物时，可以指定国有文物收藏单位优先购买其中的珍贵文物。购买价格由文物收藏单位的代表与文物的委托人协商确定。《文物保护法实施条例》规定，经营文物拍卖的拍卖企业拍卖文物的，应当纪录文物的名称、图录、来源、文物的出卖人、委托人和买受人的姓名或者名称、住所、有效身份证号码或者有效证照号码以及成交价格，并报核准其拍卖文物的文物行政主管部门备案。接受备案的文物行政主管部门应当依法为其保密，并将纪录保存 75 年。

2003 年 7 月 14 日，国家文物局发布了《文物拍卖管理暂行规定》。该规定首先明确了文物拍卖的标的范围和禁止拍卖的文物范围。不得作为文物拍卖标的的文物包括：依照法律应当上交国家的中国境内出土的文物；依照法律应当移交文物行政部门的文物，包括国家各级执法部门在查处违法犯罪活动中依法没收、追缴的文物；银行、冶炼厂、造纸厂以及废旧物资回收单位拣选的文物；国有文物收藏单位以及其他国家机关、部队和国有企业、事业组织等收藏、保管的文物；国有文物购销经营单位收存的珍贵文物；非国有馆藏珍贵文物；物主处分权有争议的文物；其他依法律法规规定不得流通的文物。该规定其次明确了申请文物拍卖许可证时应提交的材料。申请文物拍卖许可证时应提交的材料包括：拍卖企业设立时，所在地的省、自治区、直辖市拍卖行业管理部门的审核许可文件和工商行政管理部门颁发的营业执照复印件；注册资本的验资证明；5 名以上取得高级文物博物专业技术职务的文物拍卖专业人员的资格证明材料；所在地的省、自治区、直辖市文物行政部门的审核意见。该规定还明确了从事文物拍卖的专业人员应符合的条件。从事文物拍卖的专业人员应当符合的条件包括：熟知国家文物保护的法律、法规和规章；具备一定的文物保护知识和鉴定能力；具备一定的文物拍卖运作知识和能力。文物拍卖专业人员资格由国家文物局认定。经认定合格的，发给文物拍卖专业人员资格证书。国家文物局对取得文物拍卖许可证的拍卖企业和取得文物拍卖专业人员资格证书的人员进行年审。

在文物拍卖实践中，为了更好地防止文物流失和鼓励海外文物回流，还通过法律、法规的形式探索出一些非常务实的制度。一是禁止出境文物的国内流通制度。该制度允许拍卖文物法禁止出境的文物，但是仅限在国内流通。二是境外回流文物复出境制度。该制度允许境外文物登记进境参加拍卖，同时允许这些文物在拍卖后复出关。三是重点文物定向拍卖制度。国家对文物拍卖企业拍卖的珍贵文物拥有优先购买权。国家文物局和省、自治区、直辖市文物行政部门可以要求拍卖企业对拍卖标的中具有特别重要历史、科学、艺术价值的文物定向拍卖，竞买人范围限于国有文物收藏单位。这些制度的建立不但最大限度地防止了文物的流失，而且为文物回流开辟了新的渠道。

（四）艺术品的基本知识

艺术品是指凝结着人类各种形式艺术劳动的，有某一具体表现和特定经济价值、文化价值、审美价值、科学价值的物品。与满足人们普通消费的物品相比较，艺术品具有以下几个方面的特点：

1. 艺术品的非统一性。艺术品通常不是大工业、标准化、大批量生产的产品，而是个性化、独立劳动的产物，它受到不同民族、不同地域或者同一民族不同历史阶段、同一历史阶段不同艺术家、同一艺术家不同创作时期诸多因素的影响。各个国家各个民族的艺术品创作风格各异，其所用材料、技法、表现形式、内涵都可能完全不同，很难统一。

2. 艺术品的非实用性。艺术品创作多是为了满足艺术家审美表达或者情感流露，不完全是为了给人使用。一些艺术品在其产生的时代可能具有实用功能，但随着时间的推移，大部分具有实用功能的艺术品因其存世量少而身价大增，实用价值却被淡化了。人们通过收藏来实现审美或者投资理财，不再使用艺术品器物本来的功能，收藏它并不是艺术品本身被使用消耗，而是它的艺术性满足了人的审美或是投资需求。

3. 艺术品的非再生性。艺术品都是艺术家在某个阶段独创的产物，具有很强的时间性，而每个人每个阶段创作的作品又是不一样的，即便是同一位艺术家创作的作品，由于时间不同或因流通后种种原因造成的过剩和稀缺等情况，其价值也是不同的。而造成不同的根本原因即在于它们是非再生的作品，非再生带来了艺术品尤其是文物类艺术品的稀缺性特点，这就为艺术品的保值、增值提供了可靠的保证。

4. 艺术品的非确定性。艺术品的价值具有特殊的不确定性特点。同样一件艺术品，在某一地拍卖可能流拍，而在另一地却可能拍出高价。人们对艺术品看法的不同，造成了艺术品价值的不确定性，而不确定性又影响了人们的出价，于是给拍卖时的竞价留下了丰富的想象空间。

艺术品具有的非统一性、非实用性、非再生性、非确定性的特点，构成了其价格的差异性，也因此成为了最适合采用拍卖方式交易的标的。

艺术品的种类很多，也很复杂，不少艺术品区别的界限并不很清晰、明显。拍卖中，一般将艺术品划分为西方艺术品和中国艺术品两大类。

西方艺术品可分为纯艺术品和亚艺术品两大类。所谓纯艺术品，主要包括油画、雕塑、摄影、邮票、海报、唱片等，其中油画是最主要的纯艺术品。所谓亚艺术品，则是从某种视角分析不属于艺术品范围，如钻石、钱币、各种纪念品等，但由于国际上拍卖公司往往把其与艺术品放在一起进行拍卖，以致形成难以分别的状况。

作为世界文明古国，中国历史悠久且自古就有收藏艺术品的传统。中国是艺术品大国，中国艺术品主要有绘画、书法、瓷器、碑刻、文房用具、竹木雕、玉器、金银器、摄影、信札、古书、家具、钱币、珠宝等组成，尤以书画、瓷器、古书、玉器等著名。

二、典型案例剖析

案例 1

某拍卖公司原来是一家小型拍卖企业，2004 年底通过增资扩股，注册资本达到了 1200 万元。2005 年年初，该公司从民间收购了一批文物，预备以零佣金方式举办一场春季文物拍卖会以扩大影响。但是，考虑到文物拍卖的特殊性，该公司在举行拍卖之前咨询了相关专家。

法律问题

1. 该公司是否具备了拍卖文物的资格？
2. 该公司的拍卖计划中存在哪些问题？

法理分析

本案例涉及的知识点是设立文物拍卖企业应具备的特殊条件。拍卖人的资格可以分为一般资格和特殊资格。从事文物拍卖业务的拍卖公司的设立条件要比一般拍卖公司的条件严格，主要表现在三个方面：第一，注册资本金高。拍卖企业经营文物拍卖的，应当有 1000 万元人民币以上的注册资本。第二，对从业人员要有专门的要求。拍卖企业经营文物拍卖的，应具有文物拍卖专业知识的人员。《文物拍卖管理暂行规定》还要求：拍卖企业经营文物拍卖的，应当具有 5 名以上取得高级文物博物专业技术职务的文物拍卖专业人员。从事文物拍卖专业的人员应当熟知国家文物保护的法律、法规和规章，具备一定的文物保护知识和鉴定能力，具备一定的文物拍卖运作知识和能力。文物拍卖专业人员资格由国家文物局认定。第三，应取得国务院文物行政部门颁发的文物拍卖许可证。《文物拍卖管理暂行规定》第 3 条规定，“依法设立的拍卖企业从事本规定第二条所列文物拍卖活动的，须经所在的省、自治区、直辖市文物行政部门审核同意后，向国家文物局申请文物拍卖许可证。”《文物保护法实施条例》规定，“依法设立的拍卖企业申领文物拍卖许可证，应当向国务院文物行政主管部门提出申请。国务院文物行政主管部门应当自收到申请之日起 30 个工作日内作出批准或者不批准的决定。决定批准的，发给文物拍卖许可证；决定不批准的，应当书面通知当事人并说明理由。”

综合上述分析可知，该拍卖公司目前尚不具备拍卖文物的资格。该公司的拍卖计划中存在的需要改进的问题主要有：第一，按照《文物保护法》的要求，拍卖企业经营文物拍卖的，仅有1000万元以上的注册资本是不够的，该公司还需要取得国务院文物行政部门颁发的文物拍卖许可证和工商行政主管部门的注册登记。建议该公司先按规定向国务院文物行政部门申请文物拍卖许可证，并向工商行政管理部门申请办理注册变更登记。第二，该公司还不具备符合法律要求的人员。按照我国《拍卖法》的要求，拍卖企业经营文物拍卖的，应当有1000万元人民币以上的注册资本，同时还应当具备文物拍卖专业知识的人员。因此，建议该公司按照法律的要求，配备齐具备文物拍卖专业知识的人员。第三，拍卖公司不应擅自举办文物拍卖。按照《文物保护法》的要求，拍卖企业拍卖文物有严格的程序要求：在拍卖前，拍卖的文物应经省、自治区、直辖市文物行政部门的审核；国家对拍卖的珍贵文物享有优先购买权；进行拍卖的过程中，还应当按规定作出记录，报审核部门备案。建议该公司举行文物拍卖之前应办理相关的审核手续。第四，该公司不能拍卖自己收购的文物。按照我国《拍卖法》的规定，拍卖人不得在自己组织的拍卖活动中拍卖自己的物品或者财产权利。建议该公司可以取得文物所有者的委托进行拍卖，不要自行收购后拍卖。第五，该公司不能以零佣金方式举行拍卖。《拍卖管理办法》第30条规定了拍卖企业不得从事的行为，其中包括：不得采用恶意降低佣金比例或低于拍卖活动成本收取佣金，甚至不收取佣金（义拍除外）或给予委托人回扣等手段进行不正当竞争。该公司以零佣金举行拍卖，实质上属于低于成本销售商品的行为，属于不正当的竞争行为。建议该公司取消零佣金拍卖的做法。

案例2

某拍卖企业原是一家小型拍卖企业，因看好文物拍卖市场，一直想扩大经营范围，经营文物拍卖。经过两年的精心筹备，取得了《文物拍卖许可证》，在工商部门进行了增资，办理了工商变更登记手续，并且按照法律要求配齐了相关工作人员。最近该企业在民间征集到一批文物艺术品，准备举办首届文物艺术品拍卖会。这批文物艺术品包括：一位已故现代画家1976年创作，被国家文物局列入限制出境范围的国画；一位著名红军将领当年参加秋收起义时使用过的长矛；两枚“文革”时期流行的铁制领袖头像；一位民间收藏家收藏的几件艺术精美的当代仿宋代汝窑瓷器；两幅当代中央领导人的题字。由于是首次举办文物艺术品拍卖，对我国法律关于文物拍卖方面的规定不十分清楚，于是决定向有关专家进行咨询。

法律问题

1. 拍卖文物前应当履行哪些法定手续？
2. 拍卖企业征集到的拍品中哪些属于文物？

法理分析

《文物拍卖管理暂行规定》第10条明确规定，“文物拍卖企业拍卖的文物，在拍卖前必须经所在地的省、自治区、直辖市人民政府文物行政部门审核。省、自治区、直辖市人民政府文物行政部门审核拍卖标的时应当征求有关文物专业机构或专家意见。不能形成一致意见的，应当报国家文物局审核。”

《文物拍卖管理暂行规定》第2条明确了该规定适用的范围：1949年以前的各种艺术品、工艺美术品；1949年以前的文献资料以及具有历史、艺术、科学价值的手稿和图书资料；1949年以前，反映各民族社会制度、社会生产、社会生活的代表性实物；1949年以后，与重大历史事件、革命运动或者著名人物有关的，具有重要纪念意义、教育意义或者史料价值的实物；1949年以后，国家文物局公布的列入限制出境范围的中国已故著名书画家作品。因此，本次拍卖的拍品中，已故现代画家1976年创作被国家文物局列入限制出境范围的国画、一位著名红军将领当年参加秋收起义时使用过的长矛应当属于文物的范畴。

本案例涉及我国关于文物拍卖的具体规定。1952年联合国教科文组织发起组织17个国家签署了《佛罗伦萨协定》，互相保护签约国的文物，并把1830年确认为文物的下限。我国的《文物保护法》规定境内具有历史、艺术、科学价值应受国家保护的文物包括：具有历史、艺术、科学价值的古文化遗址、古墓葬、古建筑、石窟寺和石刻、壁画；与重大历史事件、革命运动和著名人物有关的以及具有重要纪念意义、教育意义或者史料价值的近代现代重要史迹、实物、代表性建筑；历史上各时代珍贵的艺术品、工艺美术品；历史上各时代重要的文献资料以及具有历史、艺术、科学价值的手稿和图书资料等；反映历史上各时代、各民族社会制度、社会生产、社会生活的代表性实物。

近年来，出现了文物收藏热，文物拍卖业也得到迅猛发展，然而，在文物拍卖业迅猛发展的同时，也暴露出许多不容忽视的问题。为了加强对文物拍卖业的规范管理，保护祖国历史文化遗产，国家文物局根据有关法律法规，制订了《文物拍卖管理暂行规定》，2003年7月14日发布实施。根据该规定，适用本规定的物品包括：1949年以前的各种艺术品、工艺美术品；1949年以前的文献资料以及具有历史、艺术、科学价值的手稿和图书资料；1949年以前，反映各民族社会制度、社会生产、社会生活的代表性实物；1949年以后，与重大历史事件、革命运动或者著名人物有关的，具有重要纪念意义、教育意义或者史料价值的实物；1949年以后，国家文物局公布的列入限制出境范围的中国已故著名书画家作品。

文物拍卖企业拍卖的文物，在拍卖前必须经所在地的省、自治区、直辖市人民政府文物行政部门审核。省、自治区、直辖市人民政府文物行政部门审核拍卖标的时应当征求有关文物专业机构或专家意见。不能形成一致意见的，应当报国家文物局审核。文物行政部门不负责对文物拍卖标的出具真伪鉴别证明或价格评估证明。参加文物拍卖标的审核的专家，不得在文物拍卖企业任职。省、自治区、直辖市人民政府文物行政部门应当在拍卖公告发布日15日前将拍卖标的资料及审核意见报国家文物局备案。

不得作为拍卖标的的文物包括：依照法律应当上交国家的中国境内出土的文物；依照法律应当移交文物行政部门的文物，包括国家各级执法部门在查处违法犯罪活动中依法没收、追缴的文物；银行、冶炼厂、造纸厂以及废旧物资回收单位拣选的文物；国有文物收藏单位以及其他国家机关、部队和国有企业、事业组织等收藏、保管的文物；国有文物购销经营单位收存的珍贵文物；非国有馆藏珍贵文物；物主处分权有争议的文物；其他依法律法规规定不得流通的文物。

文物拍卖企业在境外征集的文物拍卖标的，携运入境时，应向海关申报，经海关将文物加封后，交由当事人报文物进出境审核机构办理临时进境手续。临时进境文物在境内的滞留期一般不超过12个月，如有特殊需要，应当办理延期手续，延期不得超过6个月。

国家对文物拍卖企业拍卖的珍贵文物拥有优先购买权。国家文物局和省、自治区、直辖市文物行政部门可以要求拍卖企业对拍卖标的中具有特别重要历史、科学、艺术价值的文物定向拍卖，竞买人范围限于国有文物收藏单位。文物拍卖企业应当在文物拍卖活动结束后30天内，按照《文物保护法实施条例》第43条第1款规定的内容，将该次文物拍卖记录报所在地的省、自治区、直辖市文物行政部门备案。国家优先购买的文物的拍卖纪录，由省、自治区、直辖市文物行政部门报国家文物局备案。文物拍卖企业未经省、自治区、直辖市文物行政部门批准，不得利用互联网举行文物拍卖活动。经批准可以利用互联网举行文物拍卖活动的文物拍卖企业，在开展文物拍卖活动时，应当遵守本规定的规定。文物拍卖企业违反本规定的，由文物行政部门责令改正。情节严重的，由原发证机关吊销许可证书。

文物拍卖与艺术品拍卖统称为文物艺术品拍卖，是我国拍卖市场重要组成部分。但是艺术品拍卖并不能等同于文物拍卖，艺术品与文物是一种互相交叉的关系，它们既有联系，又有分别，艺术品不一定是文物，而文物中的一部分却是艺术品。艺术品是指艺术家创造的有审美价值的艺术载体，艺术品不等于文物，其一部分主要是已故艺术家的作品或列入文物年限的艺术品可以称为文物。但是文物不等于艺术品，因为文物的范围更宽泛，它由所在国家的法律来确定，即把一定年限内和一定范围内的实物定为文物。

三、补充思考案例

某拍卖有限公司在1995年10月7日受刘春华委托对油画《毛主席去安源》进行了公开拍卖。拍卖会上，一位印尼竞买人在日本用电话委托竞价，另一位竞买人是中国建设银行广州分行（现并入中国建设银行广东省分行）。两边一直在争，都不想放手。直到中国建设银行广州分行出到550万元时，印尼的竞买人才最终放弃。中国建设银行广州市分行以550万元价格通过竞买购得此画并向拍卖公司支付佣金55万元；刘春华收取买受人中国建设银行广州市分行支付的画款550万元并向拍卖公司支付佣金48万元，向税务机关缴纳税款76.32万元。中国建设银行广州市分行购得油画后，将油画交归中国建设银行收存。拍卖非常成功，在社会上引起了很大的轰动，但同时也给委托人刘春华招来一场同样轰动的官司。

这幅油画问世于1967年，是由刘春华在“毛泽东思想的光辉照亮了安源工人运动”展览会期间创作完成的，他当年24岁。因为当时反对突出个人，“文革”中的文艺作品都是不能署名的，所以创作完署名为“北京院校学生集体创作”。审查时有人认为这幅画构思不好，说毛主席一个人孤零零的，显得有些脱离群众。刘春华不同意再改，宁愿承担政治风险，于是他就在“集体创作”后面加上了“刘春华执笔”的署名。1968年7月1日《人民日报》、《解放军报》、《红旗》杂志刊发该画时署名“北京院校同学集体创作刘春华等执笔”。在该画的创作过程中，展览会有关负责人参与过对刘春华绘制初稿的研究、讨论，为刘春华绘画提供了帮助。有关部门拨付了经费，中国革命博物馆还提供了工作条件。这幅画面世后立即引起轰动，各种发行印刷品多达9亿份，当时的国家邮电部还将《毛主席去安源》印制成邮票发行。1969年，拨款单位决定将《毛主席去安源》油画交付给中国革命博物馆保管。1980年7月，刘春华以该画系个人创作为由申请将画从中国革命博物馆取走，中国革命博物馆在未经有关部门审批的情况下，就将画发还给了刘春华。1995年7月，刘春华将该画委托拍卖公司拍卖。

拍卖结束后3年后，1998年8月，中国革命博物馆以财产返还为由将刘春华和中国建设银行告上法庭，请求判令被告返还非法处置占有的油画《毛主席去安源》。1999年10月，“文革”时参与该画创作的郝国欣、李绍洲二人将刘春华诉至法院，请求确认该画为合作作品，著作权为集体所有。2001年3月15日，刘春华以确认作品署名权为由将李绍洲反诉至法庭。

在该案审理过程中，法院委托国家文物鉴定委员会对该画进行了鉴定。鉴定结果是，该画自中国革命博物馆收藏之日起就属于国家馆藏一级文物，《毛主席去安源》的所有权归国家，而后来将该画发还刘春华的行为，过错明显。

历经近4年诉讼后，2002年4月1日，北京市第二中级人民法院对《毛主席去安源》引发出的三起归属权、著作权纠纷官司作出了一审判决：法院认为，该画的所有权属于国家，刘春华无权向中国革命博物馆索要，亦不应将该画作为个人所有财产委托拍卖。中国革命博物馆接收该画时即将其定为一级馆藏品，后来将该画发还刘春华的行为，过错明显，但1998年8月起诉追索该画时，早已超过法律规定的诉讼时效，故中国革命博物馆已丧失了胜诉权，不能通过诉讼实现追索。加之该画目前尚在中国建设银行保管，国有状态没有改变，国家财产并未实际受损。故对中国革命博物馆的诉讼请求，法院不予支持。判决驳回了中国革命博物馆的诉讼请求。判定刘春华应是该画的唯一作者，享有著作权。法院同时指出，虽然刘春华不是《毛主席去安源》油画的所有人，不应得到拍卖价款，但出于同样的诉讼时效原因，刘春华不自愿交还价金，法院也不能强制扣还。法院同时对郝国欣、李绍洲诉刘春华侵犯著作权一案也作出判决，以创意构思不享有著作权为由判刘春华胜诉。刘春华在三起官司中赢得了其中的两场，而他反诉李绍洲作品署名权被法院驳回。

1. 委托人对拍卖标的没有处分权，拍卖是否有效？
2. 本案的审理是否适用《拍卖法》？

第二节　拍卖流程

一、法律原理概要

文物艺术品拍卖的程序与其他标的的拍卖程序大体相同，但在某些环节上有其特殊性。根据商务部颁布的《文物艺术品拍卖规程》，结合拍卖实践，可以将文物艺术品的拍卖程序大致归纳如下。

（一）文物标的征集

1. 标的征集。拍卖标的征集应遵守国家有关拍卖标的范围的规定，并与本企业的拍卖资质相符。拍卖人在征集前可通过适当的媒介对其征集活动进行宣传，主要宣传内容包括：征集时间、征集地点、征集范围以及联络方式。拍卖人征集拍卖标的时，应安排相应专业人员参加现场征集活动，携带加盖公章的拍卖人营业执照复印件或者相关证明。拍卖人境外征集拍卖标的时，应遵守国家关于拍卖标的进出境管理的相关规定。

2. 委托拍卖合同。拍卖人接受委托人拍卖委托的，应与委托人签订书面委托拍卖合同。拍卖人与委托人签订委托拍卖合同时，拍卖人应要求委托人提供身份证明。委托人为自然人的，应提供有效身份证或者护照或者中华人民共和国政府认可的其他有效身份证件；委托人为法人或者其他组织的，应提供有效注册登记文件、法定代表人身份证明或者合法的授权委托证明文件；代理人委托拍卖标的的，应提供授权委托书和委托人、代理人的有效身份证件。授权委托书应载明代理人的姓名或者名称、代理事项、代理权限和有效期。拍卖人与委托人签订委托拍卖合同时，有权要求委托人提供拍卖标的的所有权证明或者依法可以处分该拍卖标的的证明及其他资料，并有权要求委托人说明该拍卖标的的来源和瑕疵。拍卖人与委托人应准确、清晰、完整填写委托拍卖合同的各项内容。有附件的委托拍卖合同应在附件中注明主合同编号。拍卖人应建立委托拍卖合同管理制度，对委托拍卖合同的执行情况进行跟踪，采取必要的保密措施，予以妥善保存。

3. 标的鉴定与审核程序。委托拍卖合同签订前，拍卖人应对征集的拍卖标的进行初步鉴定，根据鉴定结果决定是否接受委托。委托拍卖合同签订后，拍卖人认为需要对拍卖标的做进一步鉴定的，可依法进行鉴定。拍卖标的鉴定结论与委托拍卖合同载明的拍卖标的状况不相符的，拍卖人有权要求变更或者解除合同。拍卖人应依法将拟上拍的文物拍卖标的报所在地的省、自治区、直辖市人民政府文物行政部门审核，并依据审核意见确定是否上拍。对未通过审核的拍卖标的，拍卖人应告知委托人，并与其解除该标的的委托拍卖合同。拍卖人对拍卖标的进行鉴定时，应制作鉴定记录。鉴定记录内容包括鉴定时间、地点、鉴定人或者鉴定机构、鉴定意见和结论。

4. 标的的保险与保管。委托人将拍卖标的交付拍卖人后，委托人要求为拍卖标的安排保险的，拍卖人应代为安排保险，相关费用由委托人承担。无法投保的，双方另行约定拍卖标的保管责任。拍卖标的库房应安装适合的影像采集、报警和消防系统，满足各类拍卖标的基本的保管条件。对有特殊要求的拍卖标的，应视情况配备相应的防水、防尘、防虫、防火、防盗等保管设施。库房存放拍卖标的，应依照拍卖标的材质、包装形态、质量以及安全要求，设定合理的存放方式，避免拍卖标的受损。

（二）拍卖会前的准备

1. 拍卖图录的制作。拍卖图录是拍卖人于拍卖日前制作的对拍卖标的进行介绍的图片或者文字资料。拍卖活动举办前，拍卖人应制作拍卖图录，以便相关各方了解拍卖活动以及拍卖标的的基本情况。拍卖图录的内容应符合政府行政主管部门的审核意见。对于禁止出境的拍卖标的、无保留价的拍卖标的，拍卖人应于拍卖图录上特别标注。拍卖图录内容一般包括：拍卖活动名称、预展以及拍卖的时间和地点、拍卖规则等相关各方应知悉的内容、委托竞投授权书文本、拍卖人联络方式等信息、拍卖标的基本情况以及特别说明。基本情况一般包括拍卖标的名称、作者及其生辰、年代、形式、质地、尺寸、参考价等内容。

2. 申报与备案。拍卖会举办之前，拍卖人应根据有关法律、行政法规的要求完成向有关行政主管部门的拍卖会申报、备案工作。

3. 发布拍卖公告。拍卖人应于拍卖日 7 日前发布拍卖公告，拍卖公告内容应包括：拍卖的时间和地点、拍卖标的或者拍卖场次、拍卖标的的预展时间和地点、参与竞买应当办理的手续、拍卖人联系方式、需要公告的其他事项。

4. 拍卖标的预展。拍卖人应在拍卖前展示拍卖标的，并提供查看拍卖标的的条件以及有关资料。拍卖标的的展示时间不得少于两日。预展场地应符合国家有关文物艺术品展示场地的要求，展板、展架、灯具等应符合国家安全标准。

5. 竞买人登记。竞买人为自然人的，应提供本人有效身份证件。竞买人为法人或者其他组织的，应提供有效的注册登记文件、法定代表人身份证明或者合法的授权委托证明文件。竞买人委托他人代为办理竞买登记手续的，代理人应出具授权委托书和竞买人、代理人的有效身份证件。拍卖人和竞买人应签署《竞买协议》。《竞买协议》文本的内容应包括：竞买人和拍卖人的基本情况、竞买牌号、双方在拍卖活动中的主要权利和义务、拍卖规则。拍卖人发放的竞买号牌为竞买人参与现场竞价的唯一凭证。竞买人可自行参加竞买，也可委托其代理人参加竞买，竞买结果以及相关法律责任由竞买人承担。竞买人委托拍卖人代为竞投的，竞买人应采用委托竞投授权书的形式向拍卖人提出委托竞投的请求。拍卖人接受竞买人委托竞投请求的，应在拍卖现场设置委托竞投席，为竞买人提供代为传递竞买信息的服务。

（三）拍卖会的组织实施

1. 拍卖现场布置。拍卖人应根据拍卖标的状况和竞买号牌的发放数量合理布置拍卖会场。拍卖人可在拍卖会场设置投影系统和影像采集系统，并根据需要设立委托竞投席。拍卖人应落实拍卖会场的安全消防措施。

2. 拍卖主持。拍卖师应于拍卖前宣布拍卖规则和注意事项。拍卖师原则上应按照拍卖图录中的拍卖标的顺序依次拍卖，如有调整应在拍卖前予以说明。拍卖标的无保留价的，拍卖师应在拍卖前予以说明。拍卖标的有保留价的，竞买人的最高应价未达到保留价时，该应价不发生效力，拍卖师应停止拍卖标的的拍卖。竞买人的最高应价经拍卖师落槌或者以其他公开表示买定的方式确认后，拍卖成交。拍卖成交后，买受人和拍卖人应签署成交确认书。拍卖人进行拍卖时，应制作拍卖笔录。拍卖笔录应由拍卖师、记录人签名；拍卖成交的，还应由买受人签名。

（四）结算与标的交付

拍卖成交后，买受人凭成交确认书、竞买保证金收据与拍卖人办理结算事宜。买受人委托他人代为付款的，代理人应出具买受人的授权委托书。

拍卖人收到买受人支付的价款后，应按照约定与委托人结算。委托人委托他人办理结算事宜时，代理人应出具委托人的授权委托书。

买受人持拍卖标的提取凭证办理提取手续。买受人提取拍卖标的后，拍卖人应当场收回拍卖标的提取凭证。买受人委托他人提取拍卖标的时，代理人应出具买受人的授权委托书以及拍卖标的提取凭证。

拍卖标的未上拍或者未成交，拍卖人应及时通知委托人凭有效身份证件以及相关凭证办理退还手续，领取拍卖标的。

（五）拍卖档案的管理

档案资料的内容包括：委托拍卖合同、委托人提供的对拍卖标的享有所有权或者处分权的证明以及其他资料、证照复印件等，拍卖标的的保管、保险、交付等事项的有关资料。拍卖公告，包括刊登公告的报纸等新闻媒介发布载体以及广播、电视的公告刊登证明。拍卖标的资料，包括拍卖图录、与拍卖标的相关的各类图片、文字资料、鉴定记录，以及有关部门的批复文件。预展以及拍卖现场的影像、文字资料。竞买登记文件，包括竞买协议、竞买人的身份证明复印件、委托代理竞买授权书，以及代理人的身份证件复印件。拍卖规则、注意事项、重要声明等。成交确认书、拍卖笔录、委托竞投授权书。有关拍卖业务经营活动的完整账簿和其他有关资料。

拍卖人应妥善保管档案资料，保管期限自委托拍卖合同终止之日起计算，不得少于五年。

二、典型案例剖析

案例 1

在北京某拍卖公司"2005 秋季油画雕塑拍卖会"上，上海苏女士作为竞买人看中了一幅吴冠中的油画《池塘》。《拍卖图录》对这一作品的介绍是：画于 1972 年，时年 53 岁。10 年后，他又将此画修改一下，并在画上题写"抽暇改老画，好似故地重游。一九八二年。"当时，这张《池塘》放在拍卖宣传册的封面第二张，另外还有一套 8 张安徽人民美术出版社 1984 年第 1 版的明信片，其中一张就是这幅吴冠中的《池塘》。苏女士报名参加拍卖会，署名吴冠中的这张油画《池塘》起拍价 180 万元，苏女士在没有太大竞争的情况下以 230 万元竞拍成功，加上拍卖佣金 23 万元，共付出了 253 万元。

让她高兴的是，《池塘》买回来刚半年，就有拍卖行找到她，说吴冠中的画大幅度升值，建议她出手。她把画提供给拍卖行做拍卖手册的封面，没想到，对方看到画以后说这幅画有问题。后来又有一家拍卖行到苏女士家里征集拍品，看到《池塘》后希望她能够把这幅画拿去拍卖。苏女士说："你就别拍了，我是 253 万元拍回来的，你帮我按这个底价卖掉就可以了"。这家拍卖行的人很高兴，直接联系了某位专门收藏吴冠中作品的收藏家。没过几天，画又被拍卖行退回来了。而且该收藏家还在网络上写文章说《池塘》是伪作，并指出《池塘》有许多漏洞，如年份、地点、风格、题材、题字、尺寸、材质。在这种情况下，苏女士想通过私下交易挽回损失已无可能。于是她找律师与拍卖公司交涉，但是没有结果。

2008年7月，苏女士带着《池塘》到吴冠中家中请吴冠中鉴定，吴冠中认定该画系伪作并在外裱玻璃上题写“此画非我所作，系伪作”。同时，苏女士的律师从安徽工商局查询了“安徽美术出版社”的工商信息，发现该出版社成立日期是1986年9月25日，而拍卖公司用来作拍卖品辅助说明的全套明信片是1982年3月出版的，于是认为这套明信片是虚假的。苏女士最终认定《池塘》是幅假画，将委托人萧某和拍卖公司诉到法院，请求判令撤销原告与被告之间于2005年12月29日关于原告购买萧某委托拍卖公司拍卖的作者署名为吴冠中、作品名为《池塘》的拍卖合同关系。请求判令被告向原告返还拍卖款人民币230万元，判令拍卖公司向原告返还拍卖佣金人民币23万元，且被告就前述款项返还承担连带责任。

原告认为，拍卖公司在《拍卖公告》、《拍卖图录》以及拍卖中一再表示《池塘》是吴冠中的作品，这是一种对拍品真实性的承诺和保证。原告在法庭上出示了吴冠中接受采访的录音。以此证明《池塘》系伪作。被告萧某称，委托拍卖的画作是以120万元从一名新加坡人手中购得，不知道该作品是伪作。并辩称：吴冠中如是证人，应当出庭作证；如是鉴定人，则需有鉴定资质。因为书画的鉴定主观性很强，画家本人鉴定存在弊端，不符合司法规定，画家不能既当运动员又当裁判员。拍卖公司答辩称：拍卖公司已履行了《拍卖法》所规定的全部义务，在拍卖前一个多月刊印的《拍卖图录》上刊登了业务规则，作出了免责声明，并在拍卖前7日发布拍卖公告，对拍卖标的原件进行了为期3日的展示。拍卖会前，拍卖公司要求包括苏女士在内的竞买人办理登记手续，告知《拍卖规则》内容，原告苏女士也书面认可。拍卖师在拍卖前还宣布了业务规则和注意事项，对免责条款再一次告知。拍卖结束后，履行了签署成交确认书、交付标的物的义务。因此，拍卖公司认为油画作品《池塘》的拍卖活动是有效的。拍卖公司还提出，拍卖不同于一般的买卖形式，拍卖标的真伪鉴定一直是难题。因此《拍卖法》对拍卖人保证拍品真实的义务未作任何规定，并且该法第61条中特别规定：“拍卖人在拍卖前声明不能保证拍卖标的瑕疵的，不承担瑕疵担保责任”。关于拍卖公司所制订的业务规则中的免责条款，拍卖公司认为，这并非是该公司为保护自身利益的独家创意，而是法律赋予所有拍卖人的权利。该条款的制定，就是提醒竞买人注重自身的竞买行为，符合《拍卖法》所规定的范畴，并未另外加重竞买人责任。拍卖公司认为，目前国内没有一个权威机构可以作出对真伪画作的鉴定，至于画家本人的鉴定是否可以成为佐案的证据，一直是法律界争论的焦点，因此法律为拍卖人规定了免责条款，既符合拍卖活动的现实情况，也符合国际惯例。《池塘》画作的拍卖是合法有效的民事行为，原告要求撤销双方的合同于法无据，不同意原告的诉讼请求。

原告苏女士在庭审中称，组织本次拍卖活动的拍卖公司曾提供一套署名为安徽美术出版社1984年第1版的《风景油画选辑（三）》明信片，其中第5张为“吴冠中、池塘”。根据苏女士提供的工商查询信息显示，安徽美术出版社成立于1986年9月25日。以此证明明信片是伪造的。对此，拍卖公司与萧某均否认曾向苏女士提供过该套明信片。拍卖公司称该公司提供的是“安徽人民美术出版社”1984年出版的《风景油画选辑二》明信片，而非“安徽美术出版社”出版的明信片。

法院经审理认为：在不能证实拍卖公司及萧某事先应知晓诉争拍品系伪作的情况下，拍卖公司在本次拍卖交易中就诉争拍品的真伪瑕疵作出了原告应当知晓的免责声明，并通过法律规定的拍卖展示程序有效保障了原告能够在竞买前充分了解诉争拍品的现实状况，且在对诉争拍品的介绍中亦未采用足以推翻免责声明的真确性描述或虚假宣传。为此，此案中拍卖公司针对诉争拍品真伪瑕疵所作出的免责声明应当具备我国《拍卖法》所规定的效力。而原告在知晓该免责声明并且在竞买前能够充分了解诉争拍品实际状况的情况下，参与竞买并因最高应价而成为诉争拍品的最终买受人，系其自主决定参与拍卖交易并自主作出选择所产生的结果。固然有可能因诉争拍品系伪作而遭受损失，但亦属艺术品拍卖所特有之现实正常交易风险，原告在作出竞买选择之时亦应同时承担此种风险。为此，原告基于诉争拍品系伪作，认为在拍卖交易中存在欺诈、重大误解且显失公平之事由，要求撤销拍卖合同的连带返还拍卖价款及佣金，并赔偿律师费、调查取证差旅费、证据保全费的诉讼请求，不能得到支持。

2008 年 12 月 15 日，此案在北京市第一中级人民法院一审宣判，原告基于诉争拍品系伪作，认为在拍卖交易中存在欺诈、重大误解且显失公平之事由，要求撤销拍卖合同的连带返还拍卖价款及佣金，并赔偿律师费、调查取证差旅费、证据保全费的诉讼请求，不能得到支持。法院判决称：我国《拍卖法》虽然规定"拍卖人有权要求委托人说明拍卖标的来源和瑕疵"，"拍卖人应当向竞买人说明拍卖标的的瑕疵"，但同时也规定"拍卖人、委托人在拍卖前声明不能保证拍卖标的的真伪或品质的，不承担瑕疵担保责任"。拍卖公司在拍品介绍中对该画创作过程的描述，并未对拍品"保真"，因此不构成虚假宣传。依据我国《合同法》和《拍卖法》相关规定，驳回原告全部诉讼请求。

该案判决后，原告苏女士不服北京市第一中级人民法院的判决，上诉至北京市高级人民法院。2009 年 12 月 18 日，该案终审宣判，维持原判。

法律问题

1. 《拍卖法》关于拍品鉴定是如何规定的？
2. 如何看待《拍卖法》中"声明不保证"的规定？

法理分析

我国《拍卖法》中有一个非常重要的规定，"拍卖人不得在自己组织的拍卖活动中拍卖自己的物品或者财产权利"。这意味着，拍卖公司只能拍卖别人的东西。既然不是自己的东西，拍卖公司自己既未拥有过，也未使用过，那他就不可能全面了解拍品（包括真伪）。可是拍卖作为一种特殊的买卖活动，买家的利益也要得到法律保护，不能因为拍卖的是别人的东西，拍卖公司就可以借"不了解"为由免除其担保责任，从而使买家利益受到损害得不到法律保障。这就将拍卖公司置于一个"两难境地"。一方面自己不了解拍品，另一方面却要为自己拍卖的东西承担品质和真伪等瑕疵担保责任。于是《拍卖法》就赋予拍卖公司一系列了解拍卖标的的权利：第 18 条规定，"拍卖人有权要求委托人说明拍卖标的的来源和瑕疵；"第 27 条规定，"委托人应当向拍卖人说明拍卖标的的来源和瑕疵；"第 43 条规定，"拍卖人认为需要对拍卖标的进行鉴定的，可以进行鉴定。"

《拍卖法》也规定了拍卖人的瑕疵披露义务。第 18 条规定，"拍卖人应当向竞买人说明拍卖标的的瑕疵。"这里的瑕疵包括艺术品的真伪。拍卖人应当说明自己知道的瑕疵和应当知道的瑕疵。但是艺术品毕竟不同于一般的物品，有时候即使委托人和拍卖人尽了最大的努力，但由于技术和能力所限，可能会存在他们无法掌握的瑕疵（包括真伪）。由于没有法定的鉴定权威机构，有时候即便拍卖公司认可的专家进行了鉴定，买受人随时可以找其他专家来对艺术品的真伪提出异议。在这种情况下，如果《拍卖法》规定拍卖公司必须对拍卖的艺术品保真，这样的结果是：一方面，对拍卖公司而言有些“强人所难”，而法律的基本原则是“法律不强人所难”，即法律不能强迫人们承担其无法承担的义务。另一方面，会导致在拍卖前竞买人对拍卖人的过度信赖，把艺术品当做萝卜白菜一样对待，拍卖成交后又可能对艺术品真伪异议而引起诉讼纠纷。这样的制度安排，就非常不利于交易的稳定，最终会因交易成本太高而使整个艺术品拍卖制度失效。

《拍卖法》必须赋予拍卖公司一个例外的权利，这就是《拍卖法》第 61 条第 2 款的规定，“拍卖人、委托人在拍卖前声明不能保证拍卖标的真伪或者品质瑕疵的，不承担瑕疵担保责任。”该规定就是所谓的“声明不保证”条款。“池塘案”中，法院就是据此判原告败诉的。拍卖公司在《拍卖图录》上刊印的业务规则中，第 8 条规定，“本公司在拍卖日前编印的图录或以其他形式对任何拍卖品的作者、来历、年代、尺寸、质地、装裱、归属、真实性、出处、保存情况、估价等方面的介绍，仅供买家参考，不表明本公司的任何担保。”第 21 条规定，“本公司任何人或代理人用任何方式对拍卖品所作的介绍、描述及评价属参考意见，不表示本公司对拍卖品的任何担保。”第 22 条规定，“同时具备以下条件，本公司可以考虑撤销交易并向买家悉数退款：（1）从拍卖日起 21 日内，买家向本公司提出书面报告，指出该拍卖品为赝品。（2）收到书面报告后 14 日内，本公司收回该拍卖品，该拍卖品必须保持拍卖当日原状。（3）买家提出的依据能令本公司确信该拍卖品为赝品。（4）该拍卖品确系本公司出售。”在原告苏女士于 2005 年 12 月 11 日签署的竞投登记单中载明：“买方已认真阅读拍卖公司的业务规则，并同意在拍卖交易中遵守上述业务规则中的一切条款；买方同意所有拍卖会成交之中国字画、瓷器等其他拍卖品均无需附带真确保证。”因此法院认为：“在不能证实拍卖公司及萧某事先应知晓诉争拍品系伪作的情况下，拍卖公司在本次拍卖交易中就诉争拍品的真伪瑕疵作出苏女士应当知晓的免责声明。”“拍卖公司针对诉争拍品真伪瑕疵所作出的免责声明具备我国《拍卖法》所规定的效力。”

法律的基本精神是“权利与义务对等”。没有无义务之权利，也没有无权利之义务。如果《拍卖法》仅仅授予拍卖公司“声明不保证”的权利，而拍卖公司不需要为享受该权利履行任何义务，则该权利就成了“特权”，其合理性将不复存在。因此，《拍卖法》规定了“公告义务与展示义务”来对应这项权利。第 45 条规定，“拍卖人应当于拍卖日七日前发布拍卖公告。”第 48 条规定，“拍卖人应当在拍卖前展示拍卖标的，并提供查看拍卖标的的条件及有关资料。拍卖标的展示时间不得少于两日。”也就是说，拍卖公司可以“声明不保证”，但是应当保证竞买人自己了解标的机会和权利。

从上述规定可以看出，《拍卖法》在立法时，实际上是在拍卖人与竞买人之间做权衡的。即“把保证标的真伪的义务配置给拍卖人呢？还是配置给竞买人？”配置给拍卖人的弊端是明显的，一是不能 100% 的做到保真，二是容易使竞买人产生过度依赖；三是会导致更多纠纷。最终的结果是交易安全无法保障，买家的权益最终会受到更大的伤害。如果把了解标的真伪的义务配置竞买人，情况就大不一样了：一是竞买人可以找自己信得过的鉴定人来鉴定，事后不宜因真伪异议而产生纠纷，交易结果比较稳定；二是如果竞买人不放心，可以通过谨慎竞价或不竞价来保护自己。

本案中，原告苏女士之所以败诉，正是因为她在拍卖前未行使自己的“了解标的”的权利，由于缺乏经验（进入艺术品市场仅4个月），过度信赖拍卖公司对标的的介绍而导致的。正如法院判决中分析的，“原告在知晓该免责声明并且在竞买前能够充分了解诉争拍品实际状况的情况下，参与竞买并因最高叫价而成为诉争拍品的最终买受人，系其自主决定参与拍卖交易并自主作出选择所产生的结果，固然有可能因诉争拍品系伪作而遭受损失，但亦属艺术品拍卖所特有之现实正常交易风险。”苏女士在作出竞买选择之时亦应同时承担此种风险。

案例2

原告安某、车某、张某诉称：三原告为油画《伟大的战略决策——毛主席和朱总司令、周副主席在西柏坡》（简称《伟大的战略决策》）的作者，该油画系三原告于1977年为纪念中国人民解放军建军50周年而创作的，三原告为创作这幅长近3米、高1.8米的油画搜集了大量素材，耗时1年之久，该油画在中国绘画史上有很大影响。被告某拍卖公司于2005年11月5日举办了一场名为“红色经典”拍卖专场。被告姜某委托被告拍卖公司在该拍卖专场上拍卖了一张署有三原告姓名、名为《伟大的战略决策》的油画，起拍价为30万元，最终以88万元成交。拍卖公司对该拍卖专场印制了拍卖图录。2006年2月，三原告在看到拍卖图录中所载的《伟大的战略决策》图片时，发现无论从整体风貌还是色调上都与原作品存在很大出入。经对照，有十多处明显易辨的不同。三原告认为，两被告拍卖的署有三原告姓名的《伟大的战略决策》一画系伪作。根据《中华人民共和国拍卖法》的相关规定，被告拍卖公司作为一家专业拍卖公司，在受姜某之委托拍卖画作时，应要求其说明画作来源和瑕疵，并对其提供的有关文件资料进行核实，并可根据需要对拍卖标的进行鉴定。但拍卖公司未尽到应尽的注意义务，在应当知道姜某委托拍卖的《伟大的战略决策》一画系伪作的情况下，仍对伪作进行了拍卖。根据《著作权法》的规定，二被告共同出售假冒他人署名的美术作品的行为应为侵犯著作权的行为，应对三原告受到的严重的名誉及经济损害承担连带赔偿责任。请求法院判令：两被告消除影响，公开向三原告赔礼道歉；两被告向三原告合计支付著作权侵权赔偿金人民币88万元，精神损害赔偿金3万元；两被告连带承担原告对侵权行为进行调查、取证的合理费用及律师费共计人民币30547元。

原告为证明自己的主张，向法院提交如下证据：（1）拍卖公司网站资料，显示拍卖公司接受委托拍卖了有三原告署名的油画《伟大的战略决策》，估价为30万—40万元，成交价为88万元，在该拍卖会上的成交价位居第11位，证明《伟大的战略决策》及其作者在美术界享有较高的声誉。（2）被告拍卖公司印发的《拍卖图录》，其中有其拍卖的《伟大的战略决策》一画。（3）《群众画页》登载的、天津新华书店发行的以及新华社网站登载的新华社特稿中《伟大的战略决策》原作图片。（4）三原告简历，证明原告在美术界享有很高的声誉。（5）《委托代理协议》及律师费发票，证明原告因被告的侵权行为支付了3万元的律师费。(6) 车费发票、图片复印发票，证明原告因被告的侵权行为支付的调查、取证费用。

被告拍卖公司辩称：(1) 原告称该油画是伪作缺乏充分的证据。油画《伟大的战略决策》是1976年天津市委宣传部为纪念1977年中国人民解放军建军50周年而组织创作的。在当时的历史条件下，大型的政治创作，同一作品往往绘有多幅。在拍卖公司同场拍卖中就有这种例子。现在指称涉案油画是伪作的只有原告单方的意见，没有客观的能够认定该画是伪作的证据。(2) 拍卖公司作为委托人的代理人已经履行了自己的法定义务，我国《拍卖法》对拍卖行设定的有关法律义务只有两条：一是拍卖人有权要求委托人说明拍卖标的的来源和瑕疵；二是拍卖人对委托人提供的所有权证明等文件和资料进行核实。《拍卖法》第61条更明确规定：拍卖人、委托人在拍卖前声明不能保证拍卖标的的真伪或品质的，不承担瑕疵担保责任。《拍卖法》这一规定是针对拍卖行业特点作出的，也与国际惯例一致。本案中，拍卖公司忠实地履行了自己应尽的义务，详细了解了油画的来源，收集了证实来源的证据，因此不应承担侵权责任。(3) 拍卖公司在得知涉案画作存在争议后，已采取了积极和慎重的态度，促成了有关交易的撤销。即使涉案油画确为伪作，拍卖公司也已主动采取措施停止了有关的行为并恢复原状。(4) 原告所主张的各项侵权民事责任没有事实和法律依据。拍卖公司主动采取措施撤销了有关交易，并将有关事实告知了原告，不存在消除影响和赔礼道歉的基础。原告没有证明拍卖公司存在过错，而且由于有关交易已经撤销，拍卖公司从中没有获得任何收益，原告关于经济方面的赔偿请求没有依据。原告也没有证据证明拍卖公司的代理行为给其造成了何种精神损害，因此关于精神损害赔偿金的请求也不应得到支持。综上，请求法院驳回原告的诉讼请求。

被告向法院提交如下证据：(1)《委托拍卖合同》，证明《伟大的战略决策》拍品的委托人姜某与拍卖公司之间是委托关系。(2) 姜某的身份证、证书等，证明姜某的身份为职业收藏家，具有丰富的专业经验，拍卖公司有理由信赖委托人对拍品的认定。(3) 拍卖公司的《拍卖规则》，证明拍卖公司与委托人是委托代理关系，买卖合同直接存在于委托人与买受人之间，且拍卖公司已明确声明对拍品的真伪及/或品质不承担瑕疵担保责任。(4) 国防大学1978年年历，证明拍卖公司在拍卖前向委托人了解和核实了拍卖品的来源，有充分依据相信委托人的陈述。(5) 京广新世界饭店的租赁合同，证明包括《伟大的战略决策》在内的所有拍卖品在2005年11月1日—3日在京广中心进行了公开展示，拍卖公司已向社会公众提供了对展品进行公示和社会鉴定的机会。(6)《新京报》2006年2月23日报道中证明2006年2月底拍卖公司从记者处方得知拍品《伟大的战略决策》被指为“伪作”，在此之前没有任何人以任何方式向拍卖公司提出此问题。(7) 原告的律师函，证明原告曾于2006年4月18日向拍卖公司提出过索赔。(8) 拍卖公司的律师函，证明2006年4月拍卖公司明确告知原告有关拍卖交易已撤销，拍卖公司系拍品委托人的代理人，不应当承担侵权责任。(9) 姜某证词，证明其委托拍卖公司拍卖的有关过程，证明拍卖公司在拍卖过程中没有任何违反拍卖法规定的情形，同时证明有关交易在拍卖公司的建议下已被撤销，拍卖公司没有从拍卖中获取任何利益，不应承担侵权责任。(10) 姜某签名的退画收据，证明有关拍卖交易已被取消，委托人已收回拍品。

姜某未提交答辩意见，其向法院提交两份证据，分别是王某和高某的证人证言，高某原为国防大学上校参谋，其证言称《伟大的战略决策》油画原陈列在国防大学校史馆内，后因校史馆重新装修，将该画以 6 万元的价格卖给王某。王某证言称其从国防大学高某处购得《伟大的战略决策》一画，之后卖给姜某。

法院经审理查明：1979 年第 1 期《群众画页》载有《伟大的战略决策》画作，注明“安某、车某、张某作，选自《庆祝中国人民解放军建军五十周年美术作品展览》”。天津人民美术出版社出版、天津市新华书店发行、天津人民印刷厂印刷有《伟大的战略决策》画作，署名安某、车某、张某作。新华社的网站上载有该画作图片，旁附说明：《庆祝中国人民解放军建军 50 周年美术作品展览》作品选，作者安某、车某、张某。2005 年 10 月 10 日，被告姜某与被告拍卖公司签订委托拍卖合同，委托拍卖品为《伟大的战略决策》一画，保留价为 30 万元。姜某向拍卖公司工作人员介绍该画称：该油画创作于 20 世纪 70 年代，是其从国防大学买到的。国防大学曾用该画出过年历。据国防大学的人讲，70 年代创作这幅画时共画有两幅，略有差异：一张右下角有军事指挥棒，一张没有，其委托拍卖的是没有指挥棒的那幅。姜某同时向拍卖公司提供了国防大学以该油画制作的 1978 年年历。姜某持有“华夏收藏家”证书，且 1996 年被华夏收藏家评选委员会评选为“书画收藏家”，1998 年在第二届华夏民间收藏品艺术节中被评为“优秀会员”。2005 年 11 月 1—3 日，拍卖公司在北京京广新世界饭店对拍卖品进行了预展。同年 11 月 5 日举行了拍卖会，《伟大的战略决策》一画以人民币 88 万元价格成交。2006 年 2 月 23 日，《新京报》“C10 文化新闻重点”版刊登了题为“拍卖‘伪画’？某某公司被指侵权”一文，其中提到三位原告称拍卖公司 2005 年 11 月拍卖的《伟大的战略决策》一画系伪作，并指出了其认为的原画与伪作之间包括画作右下角有无指挥棒在内的 10 处不同。2006 年 4 月 18 日，原告安某、车某、张某的委托代理人向拍卖公司发送律师函，指出其拍卖的《伟大的战略决策》一画系伪作，要求其采取措施并对作者承担相应的侵权赔偿义务。2006 年 4 月 27 日，拍卖公司回函一封，表明拍卖公司尊重知识产权的态度，并告知其已建议委托人和买受人终止了尚未完成的交易过程，撤销了拍卖交易。2006 年 4 月 22 日，姜某签署“退画收据”，称因委托方与拍卖方解除合同，拍卖方特退回委托拍品《伟大的战略决策》。姜某于 2006 年 7 月 3 日出具《关于我委托北京某某拍卖有限公司拍卖油画的事实经过的说明》，其中除提到上述委托拍卖过程外，也提及在拍卖公司的建议下，其与买受人撤销了尚未完成的拍卖交易，并已将该幅油画从拍卖公司取回。另外，被告拍卖公司的《拍卖规则》有如下内容：第四条：瑕疵之担保。本公司对拍卖品的真伪及/或品质不承担瑕疵担保责任。竞买人及（或）其代理人应当亲自审看拍卖品原物，并对自己所竞投某拍卖品的行为承担法律责任。该《拍卖规则》作为合同的组成部分提供给委托人及竞买人。

法律问题

1. 拍卖公司对委托人委托的拍品负有何种审核义务？
2. 本案拍卖公司的拍卖行为是否侵犯了原告的著作权？

法理分析

原告安某、车某、张某是油画《伟大的战略决策》的作者。本案争议起源于被告拍卖公司接受被告姜某的委托、拍卖了署名为三原告的《伟大的战略决策》的画作。根据我国

《拍卖法》的相关规定，拍卖人、委托人在拍卖前声明不能保证拍卖标的的真伪或者品质的，不承担瑕疵担保责任。拍卖公司的《拍卖规则》第四条关于瑕疵之担保的内容，正是基于《拍卖法》上述规定所作的声明。根据《拍卖法》的相关规定，法律并不要求拍卖人保证其所拍卖的标的必须为真品，这也是符合该行业特点尤其是艺术品拍卖的实际情况的。因此，拍卖公司拍卖的《伟大的战略决策》是否系伪作与其是否要对三原告承担侵犯著作权的责任之间并不存在必然的关系。

本案争议的焦点实际上在于，对于姜某委托拍卖的《伟大的战略决策》画作，拍卖公司作为拍卖人、姜某作为委托人是否尽到了法律要求其履行的义务。我国《拍卖法》第 18 条规定，“拍卖人有权要求委托人说明拍卖标的的来源和瑕疵。”《拍卖法》第 41 条规定，“委托人委托拍卖物品或者财产权利，应当提供身份证明和拍卖人要求提供的拍卖标的的所有权证明或者依法可以处分拍卖标的的证明及其他资料。”《拍卖法》第 42 条规定，“拍卖人应当对委托人提供的有关文件、资料进行核实。”从上述规定可知，拍卖人的义务限于要求委托人说明拍卖标的的来源和瑕疵以及证明其所有权。本案中，原告对被告姜某的所有权并无争议。拍卖公司在接受姜某委托时，按法律要求其说明拍卖品的来源，姜某称该画作系从国防大学购得。基于其收藏家的身份，拍卖公司对其给予较普通人更大的信任并无不当。拍卖公司在拍卖前对拍卖品进行了预展，在无人对涉案画作提出异议的情况下进行了拍卖。因此，拍卖公司已经尽到了法律规定的要求委托人说明来源的义务，原告关于拍卖公司作为专业的拍卖公司未与作者进行核实、未尽审查义务而应承担侵权责任的主张缺乏法律依据。

委托人姜某支付了对价从他人手中购得涉案画作，之后委托拍卖，这是艺术品、字画流通的正常情形，在没有证据证明姜某明知或应知该画系伪作而进行委托拍卖的情况下，其亦不应对原告所称的侵犯著作权事由承担责任。同时，两被告在原告对所拍卖画作提出质疑后，已经主动撤销了相关交易并告知了原告，两被告并无主观故意或过失，且主动采取措施促使恢复原状，故均不应对原告承担侵权责任。

三、补充思考案例

原告北京某拍卖公司诉称：该公司于 2010 年 11 月 22 日在北京千禧大酒店举办了 2010 年秋季拍卖会（以下简称拍卖会）。唐某在拍卖会前以自己名义办理了竞买手续。后其在拍卖会上竞买了图录号为 5016 号的“清乾隆青花缠枝莲纹小瓶”（以下简称 5016 号拍卖品），落槌价为 16 万元，酬金为 19200 元，拍卖品购买价款合计为 179200 元。后唐某签署了 5016 号拍卖品的《拍卖成交确认书》。在举办拍卖会前，拍卖公司与 5016 号拍卖品的委托人签署了《委托拍卖合同》，约定：拍卖成交后委托人按照拍卖品落槌价一定比例向拍卖公司支付佣金、保险费以及 1500 元的图录费。由于唐某一直未如约付款，经拍卖公司多次催讨，唐某至今仍未按照拍卖公司《拍卖规则》的规定支付 5016 号拍卖品的落槌价、酬金、保管费等，致拍卖公司遭受巨大经济损失。故诉至法院，要求法院判令：（1）解除拍卖公司与唐某之间的拍卖合同关系。（2）唐某赔偿拍卖公司按照 5016 号拍卖品落槌价的 12% 比例应收取的佣金损失 19200 元。（3）赔偿拍卖公司按照 5016 号拍卖品落槌价应收取的委托人的佣金、保险费、图录费损失 14300 元。（4）支付利息。（5）支付保管费。（6）诉讼费由唐某承担。

被告唐某辩称：(1) 根据竞投者登记单的相关条款规定，竞买人参加拍卖公司的拍卖活动，应在交纳竞投号牌押金后领取竞投号牌，否则不视为正式竞买人。根据该规定，唐某未交纳竞买号牌押金，所以不是正式竞买人。(2) 根据《拍卖法》规定，拍卖成交后，买受人和拍卖人应当签署成交确认书。根据该规定，拍卖公司提交的成交确认书，并非唐某所签，唐某并非本案适格被告。(3) 拍卖公司提交的其与委托人签订的委托拍卖合同，委托人并非闫某签字；委托人取走5016号拍卖品的提货证明上，亦非闫某签字。拍卖公司无法证明5016号拍卖品是否存在，是否经过北京市文物局审核批准。拍卖公司应当出示拍卖笔录，查看是否有唐某本人签名。(4) 唐某并未举牌竞拍过5016号拍卖品，5016号拍卖品的拍卖成交确认书上非唐某本人签字，即使拍卖合同成立，亦与唐某无关。(5) 拍卖公司未向唐某提供《拍卖规则》，故该规则对其无约束力。拍卖公司依据《拍卖规则》的规定，在没有唐某书面授权委托书的情况下，将他人签名的拍卖成交确认书视为唐某签订的拍卖成交确认书，不符合法律规定，也不符合常理。根据拍卖公司网站公布的《拍卖流程》规定：拍卖人向竞买人收取一定数量的竞买保证金，是为了保证拍卖的成功，防止竞买人不负责任的出价，维护委托人的利益；竞买人必须按照拍卖公告中规定的期限和数额支付拍卖保证金，逾期或未付足额保证金的竞买人都被视为放弃竞买。由于唐某未缴纳保证金应视为放弃竞买。综上，唐某与拍卖公司不存在拍卖合同关系，不存在解除合同问题。即使双方存在拍卖合同关系，唐某也不同意解除合同，亦不同意承担拍卖公司主张的各项费用。

法院审理查明：2010年11月22日原告北京某拍卖有限公司在北京千禧大酒店举办拍卖会。拍卖当日，被告唐某本人持身份证填写竞投者登记单并领取250号竞买号牌。该登记单载明：竞买人已详细阅读并理解《拍卖规则》，同意按该规则各项条款之规定参加拍卖公司的拍卖会，并接受如下条款：竞买人参加本公司的拍卖活动，应在交纳竞投号牌押金后领取竞投号牌，否则不视为正式竞买人。竞投号牌是竞买人具备竞买权的标志，应妥善保管，竞买人不得擅自将竞投号牌转给第三方，因竞买人丢失或转让竞投号牌等原因引起的一切后果由竞买人自负；竞买人竞投成功后，即成为该拍卖品的买受人，买受人应当自拍卖成交日7日内支付本公司相当于落槌价12%的佣金，同时支付其他各项费用，且不得干涉本公司向委托人收取佣金和其他各项费用；关于滞纳金的规定，在拍卖成交日（含成交日）起7日内，如买受人仍未足额支付购买价款，拍卖公司有权自拍卖成交日后第8日起就买受人未付款部分按照日息万分之三收取利息和每日万分之一收取保管费直至买受人付清全部款项之日止，买受人与拍卖公司有协议除外。拍卖公司未收取唐某的竞投号码押金和保证金。

唐某参加了拍卖会的瓷器、玉器工艺品专场。拍卖会现场的视频资料显示：在拍卖5016号拍卖品时，视频中无唐某本人及举牌人的画面，拍卖师宣布5016号拍卖品由250号竞买号牌以16万元落槌成交；在拍卖5061号拍卖品时，坐在唐某旁边的男子举250号竞买号牌应价，拍卖师宣布5061号拍品由250号竞买号牌以10万元落槌成交。5016号拍品的拍卖成交确认书载明：拍卖场次为2010秋季拍卖会；拍品图录号为5016；拍品名称为"清乾隆青花缠枝莲纹小瓶"；竞买牌号为250；成交价为16万元；佣金为12%；买受人签字处由张某签字。该拍卖成交确认书同时注明：竞买人竞投成功后，即成为该拍卖品的买受人；买受人应自拍卖成交日起7日内支付本公司相当于落槌价12%的佣金，同时支付其他各项费用，且不得干涉本公司向委托人收取佣金和其他各项费用；买方已认真阅读拍卖公司《拍卖规则》及《敬请注意》，并遵守其中一切条款。5061号拍卖品的拍卖成交确认书载明：拍卖会场次为2010秋季拍卖会；拍品图录号为5061；拍品名称为“清康熙墨地五彩云龙纹小罐”；竞买牌号为250；成交价为10万元；佣金为12%；买受人签字处由张某签字。拍卖成交确认书下方注明部分的内容同5016号拍卖品的拍卖成交确认书。拍卖会中，唐某还竞拍了5046号拍卖品。5046号拍卖品的拍卖成交确认书载明：拍卖会场次为2010秋季拍卖会；拍品图录号为5046；拍品名称为“清道光粉彩太平有象纹杯”一对；竞买牌号为250；成交价为7万元；佣金为12%；买受人签字处由唐某签字。唐某已支付了5061号拍卖品和5046号拍卖品的相关购买价款，一直未支付5016号拍卖品的购买价款。庭审中，唐某表示不认识张某，其确认5016号拍卖品和5061号拍卖品的拍卖成交确认书均由同一人所签，但对拍卖会视频资料中显示的其登记领取的250号竞买号牌由张某举牌应价，未作出合理解释。诉讼中，拍卖公司曾致电唐某协商解决本案纠纷，唐某在通话中认可5016号拍卖品由其朋友张某用其250号竞买号牌竞买，张某签署了拍卖成交确认书；唐某同意由其或张某赔付拍卖公司双倍佣金。后双方就赔偿数额未能达成一致意见。

根据拍卖公司提交的拍卖会的《瓷器工艺品图录》显示：5016号拍卖品为清乾隆青花缠枝莲纹小瓶，参考价格为15万—25万元。图录使用一整页对5016号拍卖品进行文字介绍并附有照片。《瓷器工艺品图录》后附有《拍卖规则》。该《拍卖规则》载明：竞买人为自然人的，应在拍卖日前凭有效身份证件填写并签署登记档，领取竞投号牌，即视为正式竞买人。竞买人请妥善保管竞投号牌，非经双方事先达成书面一致，拍卖活动现场持相应竞投号牌者拍卖公司将视为竞买人本人；拍卖成交后，买受人应自拍卖成交日（含成交日）起7日内一次付清购买价款并领取拍卖品（包装及搬运费用自负），否则应承担违约责任；若买受人未能按照约定的时间足额付款，拍卖公司有权解除拍卖合同，并按有关法律法规的规定及本规则的约定，追究买受人相应的法律责任，在拍卖成交日（含成交日）起7日内，如买受人仍未足额支付购买价款，拍卖公司有权自拍卖成交日（含成交日）后第8日起就买受人未付款部分按照日息万分之三收取利息，直至买受人付清全部款项之日止；若买受人未能按照约定的时间领取拍得的拍卖品，则拍卖公司有权就拍卖品储存在拍卖公司或其他地方，由此发生的一切费用/或风险均由买受人承担，买受人应向拍卖公司支付自拍卖成交日（含成交日）后第8日起至实际领取之日止期间的保管费，每日保管费按落槌价日万分之三的标准计算。庭审中，原告拍卖公司主张其曾以邮寄方式向唐某送达《瓷器工艺品图录》，并在唐某办理竞投手续时向唐某送达《瓷器工艺品图录》。唐某对此予以否认。拍卖公司未就其已将《瓷器工艺品图录》送达唐某提交证据予以证明。同时，唐某提交拍卖公司网站公示的拍卖流程打印件，认为按照该流程的规定，竞买人必须支付拍卖保证金，否则视为放弃竞买。该拍卖流程载明：拍卖人向竞买人收取一定数量的竞买保证金，是为了保证拍卖的成功，防止竞买人不负责任的出价，维护委托人的利益；竞买人必须按照拍卖公告中规定的期限和数额支付拍卖保证金，逾期或未付足额保证金的竞买人都将被视为放弃竞买；当竞买人成为买受人后，应与拍卖人签署《拍卖成交确认书》，确认书是买受人与拍卖人之间约定的再确认；确认书也是确定拍卖人和买受人权利、义务的一种买卖合同，具有法律约束力；确认书内容包括：买受人的号牌编号、买受标的的编号、名称、数量、成交价格、成交手续费比例、金额及全部应付价款数额、拍卖人和买受人的签名；确认书必须经拍卖人和买受人签署后方能生效。

拍卖公司认可唐某提交的拍卖流程内容与其网站公布的一致，但提出拍卖流程仅是其网站公布内容的一部分，其在网站还公示了《拍卖规则》，拍卖公司网站公示的《拍卖规则》载明："竞买人"指参加拍卖公司举办的拍卖活动，在拍卖公司登记并办理了必要手续，且根据中国法律规定具有完全民事行为能力的参加竞购拍卖品的自然人、法人或者其他组织；法律、法规对拍卖品的买卖条件或对竞买人的资格有规定的，竞买人应当具备规定的条件或资格；本规则中，除非另有说明或根据文义特殊需要，竞买人均包括竞买人的代理人。"购买价款"指买受人因购买拍卖品而应支付的包括落槌价、全部酬金、应由买受人支付的其他各项费用以及因买受人不履行义务而应当支付的所有费用在内的总和。除非委托人与拍卖公司另有约定，拍卖成交后，委托人应支付相当于落槌价1%的保险费；竞买人为自然人的，应在拍卖日前凭有效身份证或护照或中华人民共和国认可的其他有效身份证件填写并签署登记文件，领取竞投号牌，否则不视为正式竞买人；竞买人参加拍卖公司拍卖活动，应在领取竞投号牌前交纳保证金，保证金的具体数额由拍卖公司在拍卖日前公布；竞买人竞投成功后，即成为该拍卖品的买受人。除委托人与拍卖公司另有约定外，委托人授权拍卖公司按落槌价12%扣除佣金并同时扣除其他各项费用。尽管拍卖公司是委托人的受托人，但委托人同意拍卖公司可根据本规则的规定向买受人收取酬金及其他各项费用。买受人应支付拍卖公司相当于落槌价12%的酬金，同时应支付其他各项费用，且其承认拍卖公司可根据本规则规定向委托人收取佣金及其他的各项费用；拍卖成交后，买受人应自拍卖成交日起7日内一次付清购买价款并领取拍卖品（包装及搬运费用自负），否则应承担违约责任；在拍卖成交日起7日后，如买受人仍未足额支付购买价款，拍卖公司则自拍卖成交日后第8日起就买受人未付款部分按照日息万分之三收取利息，直至买受人付清全部款项之日止，买受人与拍卖公司另有协议者除外。

拍卖会前，拍卖公司曾与委托人闫某签订《委托拍卖合同》，约定：闫某委托拍卖公司拍卖两件拍品，其中名为"青花缠枝莲纹小瓶"的拍品，年代为乾隆，序号为77，拍卖保留价为15万元；委托人同意在拍卖成交时向拍卖公司支付相关费用，收取标准为按落槌价的1%支付保险费、按落槌价的7%支付佣金，图录费的标准为整页1500元、1/2页1000元、1/4页500元。2011年1月28日，闫某委托张某取回5016号拍品"清乾隆青花缠枝莲纹小瓶"，张某向拍卖公司出具提货证明，闫某未向拍卖公司支付保险费、佣金、图录费等。此外，2010年11月11日北京市文物局下发《关于2010年秋季专场拍卖会文物拍品审核的批复》，审核同意被告拍卖公司于2011年11月19日—22日举办秋季专场拍卖会的文物拍卖标的物，该文件所附《拍卖标的审核清册》中包括第5016项"清乾隆—青花缠枝莲纹小瓶"、第5046项"清道光—粉彩太平有象纹杯"、第5061项"康熙—墨地五彩云龙纹小罐"。2010年11月15日和11月26日，拍卖公司就拍卖会向北京市工商局朝阳分局办理了会前备案和会后备案手续。

1. 缴纳号牌押金和保证金是否为获得竞买人资格的必要条件？

2. 在拍卖过程中，登记的竞买人是否应对他人持有其所领竞买号牌参与竞拍的行为承担法律责任？